ESTUDOS COMPARADOS DAS LEGISLAÇÕES TRABALHISTAS DO BRASIL E DE PORTUGAL

RENATO RUA DE ALMEIDA
coordenador

ADRIANA CALVO
organizadora

ESTUDOS COMPARADOS DAS LEGISLAÇÕES TRABALHISTAS DO BRASIL E DE PORTUGAL

EDITORA LTDA.

© Todos os direitos reservados

Rua Jaguaribe, 571
CEP 01224-001
São Paulo, SP — Brasil

Fone (11) 2167-1101

Produção Gráfica e Editoração Eletrônica: RLUX
Projeto de capa: FABIO GIGLIO
Impressão: CROMOSETE

LTr 4436.3
Junho, 2011

Visite nosso site
www.ltr.com.br

Dados Internacionais de Catalogação na Publicação (CIP)
(Câmara Brasileira do Livro, SP, Brasil)

Estudos comparados das legislações trabalhistas do
  Brasil e de Portugal / Adriana Calvo, Renato Rua de
  Almeida , (coordenadores) . — São Paulo : LTr, 2011.

Bibliografia.
ISBN 978-85-361-1781-2

1. Trabalho — Leis e legislação — Brasil 2.
Trabalho — Leis e legislação — Portugal I. Calvo,
Adriana. II. Almeida, Renato Rua de.

11-05505

CDU-34:331(81)(094)
-34:331(469)(094)

Índice para catálogo sistemático:

1. Brasil : Leis trabalhistas : Estudos
comparados 34:331(81)(094)
2. Portugal : Leis trabalhistas : Estudos
comparados 34:331(469)(094)

SUMÁRIO

Apresentação 7

Vigilância a distância. Colisão entre direitos fundamentais. Prevalência *prima facie* do direito à privacidade 9
Aldo Augusto Martinez Neto

Função social do contrato de trabalho. Breves considerações sob a ótica das legislações brasileira e portuguesa 25
Dóris Ribeiro Torres Prina

O assédio moral individual: estudo sob a ótica dos direitos brasileiro e português 44
Eliane Ballestero

O monitoramento da utilização do *e-mail* no meio ambiente corporativo pelo empregador em face de seu poder diretivo e à intimidade e à vida privada do empregado 69
Elisa Jaques

Conflito entre normas coletivas de trabalho: tendência de aplicação da teoria da especificidade adotada pelo Código do Trabalho de Portugal 98
Graziella Ambrosio

A existência das cláusulas de não concorrência e de permanência nos ordenamentos jurídicos brasileiro e português 115
Luciana Helena Brancaglione

A despedida coletiva nos ordenamentos jurídicos brasileiro e português: uma análise comparativa à luz da atual sistemática dos direitos fundamentais 136
Ludmilla Souza Ribeiro

Proteção contra a despedida arbitrária ou sem justa causa 158
Renato Rua de Almeida

O princípio da proporcionalidade como mecanismo de limitação aos direitos fundamentais — análise do art. 18º, 2, da Constituição Federal portuguesa ... 165
Renato Sabino Carvalho Filho

APRESENTAÇÃO

Na condição de professor e coordenador do Núcleo de Pesquisa em Direito do Trabalho do Programa de Pós-Graduação *Stricto Sensu* em Direito da Faculdade de Direito da Pontifícia Universidade Católica de São Paulo ofereci no primeiro semestre de 2010 a disciplina intitulada "A efetividade dos direitos fundamentais sociais nas relações de trabalho", que foi cursada pelos alunos mestrandos como parte dos créditos a serem cumpridos.

Para a conclusão dos créditos da disciplina, os alunos mestrandos apresentaram monografias sobre os diversos temas analisados em classe.

As monografias oferecidas levaram em consideração a linha de pesquisa dos direitos fundamentais específicos (direitos sociais de segunda geração ou dimensão) e inespecíficos (direitos da cidadania de primeira geração ou dimensão) dos trabalhadores catalogados no texto constitucional brasileiro de 1988.

A pesquisa dos direitos fundamentais específicos e inespecíficos dos trabalhadores brasileiros foi desenvolvida comparativamente com os direitos fundamentais específicos e inespecíficos dos trabalhadores portugueses catalogados na Constituição de República portuguesa de 1974, e já regulamentados pelo Código do Trabalho português de 2009, como, aliás, já tinham sido anteriormente regulamentados pela edição do Código do Trabalho de 2003.

A pesquisa comparada de ambas as legislações, brasileira e portuguesa, evidenciou-se muito importante, porquanto os direitos inespecíficos dos trabalhadores portugueses, justamente por já se encontrarem regulamentados pelo Código do Trabalho português, prevendo as hipóteses recorrentes de assédio moral, do uso pelo trabalhador dos meios de comunicação na empresa (*e-mails* ou correio eletrônico), da utilização pelo empregador dos meios de vigilância a distância no local de trabalho etc., ofereceram material indispensável para a interpretação e aplicação desses direitos fundamentais nas relações de trabalho no Brasil, uma vez que essas questões no direito brasileiro, embora tenham por fundamentos princípios normativos constitucionais, não possuem ainda uma regulamentação infraconstitucional adequada à sua importância.

Ora, são essas monografias dos mestrandos que servem de pano de fundo para a presente obra coletiva, na certeza de que servirão, como contribuição doutrinária, para o exame da interpretação e aplicação dos direitos fundamentais catalogados nos texto constitucional de 1988 nas relações do trabalho no Brasil.

Professor Doutor Renato Rua de Almeida
Coordenador do Núcleo de Pesquisa em Direito do
Trabalho do Programa de Pós-Graduação *Stricto Sensu* em
Direito da Faculdade de Direito da Pontifícia Universidade
Católica de São Paulo

VIGILÂNCIA A DISTANCIA. COLISÃO ENTRE DIREITOS FUNDAMENTAIS. PREVALÊNCIA *PRIMA FACIE* DO DIREITO À PRIVACIDADE

Aldo Augusto Martinez Neto[(*)]

1. INTRODUÇÃO

O modelo pós-positivista e a ruptura do paradigma da autonomia privada foram circunstâncias que propiciaram campo fértil para a irradiação dos direitos fundamentais no âmbito das relações privadas.

A eficácia horizontal trouxe o inconveniente da colisão entre direitos fundamentais dos atores sociais das relações privadas. Surgiram os problemas relacionados aos critérios científicos solucionadores das proposições antagônicas de direitos fundamentais no âmbito das relações entre particulares.

Quando se analisa a questão da vigilância a distância e os respectivos critérios de utilização dos recursos tecnológicos, surge o problema da colisão entre direitos fundamentais dos sujeitos da relação trabalhista. Se, por um lado, o trabalhador possui o direito de reserva à intimidade da vida privada, por outro, o empregador, assumindo os riscos da sua atividade, detém o direito de propriedade.

O tema é instigante e atual. Nesta perspectiva pós-positivista, o que se propõe neste artigo é uma breve análise dos critérios previstos no Código do Trabalho de Portugal ("CTP") e na Constituição da República de Portugal ("CRP") para solucionar *a priori* a colisão entre o direito de reserva à intimidade da vida privada do empregado e o direito de propriedade do empregador.

Pretende-se demonstrar a prevalência *prima facie* da reserva à intimidade da vida privada do trabalhador.

2. RESERVA À INTIMIDADE DA VIDA PRIVADA DO TRABALHADOR

O direito de reserva à vida privada tem recebido inúmeras denominações nas legislações estrangeiras, destacando-se: (i) *right of privacy* ou *right to be alone*, no

---

(*) Formado pela Faculdade de Direito de São Bernardo do Campo. Especialista em Direito do Trabalho pela Pontifícia Universidade Católica de São Paulo. Mestrando em Direito das Relações Sociais, área de concentração Direito do Trabalho, pela Pontifícia Universidade Católica de São Paulo. Advogado responsável pelo contencioso trabalhista do *Souza, Cescon, Barrieu e Flesch Advogados*.

Direito Norte-Americano; (ii) *droit à la vie privée*, no Direito Francês; (iii) *diritto à la riservatezza*, no Direito Italiano; (iv) *derecho a la esfera secreta*, no Direito Espanhol.

Alice Monteiro de Barros[1] afirma que, no plano legislativo, as origens do direito de reserva à intimidade da vida privada remontam ao art. 12 da Declaração Universal dos Direitos do Homem[2] ("DUDH") e ao art. 8º, item 1, da Convenção Europeia dos Direitos do Homem[3] ("CEDH").

Diferentemente da Constituição da República Federativa do Brasil[4] ("CRFB"), a CRP não faz distinção entre intimidade e vida privada, empregando a expressão única "reserva da intimidade da vida privada"[5].

O direito de reserva à intimidade da vida privada foi inserido no Título II ("Direitos, liberdades e garantias"), do Capítulo I ("Direitos, liberdades e garantias pessoais"), no art. 26 da CRP, que determina: "A todos são reconhecidos os direitos à identidade pessoal, ao desenvolvimento da personalidade, à capacidade civil, à cidadania, ao bom nome e reputação, à imagem, à palavra, à reserva da intimidade da vida privada e familiar e à protecção legal contra quaisquer formas de discriminação".

---

(1) BARROS, Alice Monteiro de. *Proteção à intimidade do empregado*. 2. ed. São Paulo: LTr, 2009. p. 29/30.

(2) O art. 12 da Declaração Universal dos Direitos do Homem determina: "Ninguém será objeto de ingerências arbitrárias em sua vida privada, em sua família, em seu domicílio, ou em sua correspondência, nem atentados à sua honra e à sua reputação; Toda pessoa tem direito à proteção da lei contra tais intromissões ou atentados".

(3) O art. 8º, 1, da Convenção Europeia dos Direitos do Homem determina: "Toda pessoa tem direito ao respeito de sua vida privada e familiar, de seu domicílio e de sua correspondência".

(4) No Brasil, os direitos à privacidade e intimidade foram inseridos no art. 5º, inciso X, da CRFB, que determina: "São invioláveis a intimidade, a vida privada, a honra e a imagem das pessoas, assegurado o direito a indenização pelo dano material ou moral decorrente de sua violação".

(5) Sob este aspecto, entende-se ter havido falha na técnica legislativa empregada pela CRP. Entre nós, José Afonso da Silva (in *Comentário contextual à Constituição*. São Paulo: Malheiros Editores, 2005. p. 101) reconhece que as expressões são semelhantes, porém, não sinônimas. Cuidando da difícil tarefa de distinguir intimidade e privacidade, Arion Sayão Romita (in *Direitos fundamentais nas relações de trabalho*. 3. ed. São Paulo: LTr, 2009, p. 289/290) esclarece: "(...) a esfera da intimidade é a interior, a de raio menor: envolve, como vimos, os aspectos mais recônditos da vida do trabalhador, aqueles que deseja guardar só para si, isolando-se da intromissão do empregador. Já a esfera da vida privada é mais ampla, sobrepõe-se à da intimidade, tem raio maior do que a primeira: nela se encaixam os aspectos que dizem respeito à privacidade do trabalhador". Também tratando do assunto, confiram-se os artigos escritos por Adriana Calvo (in *O controle entre o poder do empregador e a privacidade do empregado no ambiente de trabalho*. Revista LTr, São Paulo, v. 73, n. 01, janeiro de 2009, p. 65/70) e Juliana Augusta Medeiros de Barros (in *A eficácia direta e imediata dos direitos fundamentais à intimidade e à privacidade na relação de emprego*. Revista LTr, São Paulo, v. 73, n. 01, jan./2009, p. 97/103).

Igualmente, o art. 80 do Código Civil português prescreve que "1. Todos devem guardar reserva quanto à intimidade da vida privada de outrem. 2. A extensão da reserva é definida conforme a natureza do caso e a condição das pessoas".

A inserção do empregado no mercado de trabalho não lhe retira os direitos de personalidade, dentre os quais se encontra o direito de reserva à intimidade da vida privada. Nesse sentido, referido direito fundamental foi inserido no art. 16 do CTP, nos seguintes termos: "1. O empregador e o trabalhador devem respeitar os direitos de personalidade da contraparte, cabendo-lhes, designadamente, guardar reserva quanto à intimidade da vida privada. 2. O direito à reserva da intimidade da vida privada abrange quer o acesso, quer a divulgação de aspectos atinentes à esfera íntima e pessoal das partes, nomeadamente relacionados com a vida familiar, afectiva e sexual, com o estado de saúde e com as convicções políticas e religiosas".

Portanto, os empregadores devem respeitar a intimidade do empregado no âmbito das relações de trabalho (e vice-versa, por se tratar de um dever recíproco). O direito de reserva à intimidade da vida privada, enquanto espécie de direito da personalidade, compreende tanto o acesso quanto a divulgação[6] dos aspectos íntimos e pessoais dos empregados, dentre os quais, exemplificativamente, a lei elenca os assuntos relacionados à vida familiar, à vida afetiva ou sexual, ao estado de saúde e às convicções políticas e religiosas.

Recorde-se, é dever das partes no contrato de trabalho "proceder de boa--fé no exercício dos seus direitos e no cumprimento das respectivas obrigações" (art. 126 do CTP), cabendo ao empregador "respeitar e tratar o trabalhador com urbanidade e probidade" (art. 127, item 1, do CTP) e ao empregado "respeitar e tratar o empregador, os superiores hierárquicos, os companheiros de trabalho e as pessoas que se relacionem com a empresa, com urbanidade e probidade".

Destaca-se, por último, que, uma vez violada a intimidade da vida privada no âmbito das relações de trabalho, surge ao empregado o direito de buscar mecanismos legais para fazer cessar a violação, com o correspondente ressarcimento de danos morais e materiais (art. 70[7] do CTP), sem prejuízo do direito de rescindir o contrato de trabalho, por justa causa da contraparte.

---

(6) Ana Paula Pavelski (*Os direitos da personalidade do empregado face ao exercício abusivo do poder diretivo do empregador*. Curitiba: Juruá, 2009, p. 153) cita um exemplo verídico de violação do direito de privacidade do empregado: "(...) um candidato que disputava nas eleições municipais o cargo de prefeito teve sua ficha de avaliação funcional divulgada pelo seu adversário. O candidato tinha trabalhado em estabelecimento bancário e a avaliação se referia a ele como pouco trabalhador e agitador".
(7) Prescreve o art. 70 do CTP: "1. A lei protege os indivíduos contra qualquer ofensa ilícita ou ameaça de ofensa à sua personalidade física ou moral. 2. Independentemente da responsabilidade civil a que haja lugar, a pessoa ameaçada ou ofendida pode requerer as providências adequadas às circunstâncias do caso, com o fim de evitar a consumação da ameaça ou atenuar os efeitos da ofensa já cometida".

3. DIREITO DE PROPRIEDADE E O PODER DIRETIVO DO EMPREGADOR

O direito de propriedade baseava-se na ideia de poder absoluto de uma pessoa sobre uma determinada coisa, podendo, desta, usar, gozar, dispor e inclusive abusar, sem que isso representasse ilicitude. Tratava-se de um poder absoluto e imprescritível, não sujeito à interferência externa.

Todavia, como esclarece José Afonso da Silva[8], "o caráter absoluto do direito de propriedade (...) foi sendo superado pela evolução, desde a aplicação da teoria do abuso de direito, do sistema de limitações negativas e depois também de imposições positivas, deveres e ônus, até chegar-se à concepção de propriedade como função social". Neste contexto, o direito de propriedade passa a ser concebido como direito-função. Em Portugal o direito de propriedade está assegurado pelo art. 62 da CRP.

No âmbito das relações trabalhistas, o direito de propriedade se manifesta por meio do poder diretivo do empregador. Segundo Ari Possidonio Beltran[9], "o poder diretivo consiste na gama de atitudes inerentes à ação atribuída ao empregador de organizar e regulamentar as atividades empresariais, bem como de informar e determinar ao empregado o modo pelo qual a prestação dos serviços deve ser executada".

O art. 97 do CTP determina que "compete ao empregador estabelecer os termos em que o trabalho deve ser prestado, dentro dos limites decorrentes do contrato e das normas que o regem" (art. 97 do CTP).

Com efeito, o poder diretivo do empregador está associado ao poder-dever de orientar a prestação de serviços, pautando-se, no entanto, nos limites contratuais ou normativos preestabelecidos. Se ultrapassar os limites do poder diretivo, o empregador incorrerá em abuso do direito, praticando, assim, ato ilícito. E, dependendo da violação contratual, o abuso do poder de direção acarretará na rescisão do trabalho por justo motivo do empregador.

O poder diretivo do empregador, neste tema, está associado ao interesse que ele detém em se valer dos recursos tecnológicos para melhor gerir a sua atividade empresarial. O objetivo do empregador é reduzir custos e aumentar a produção, para, em seguida, majorar a sua margem de lucros. Os recursos tecnológicos têm sido aliados importantes para a consecução dos objetivos empresariais.

---

(8) SILVA, José Afonso da. *Comentário contextual à Constituição*. São Paulo: Malheiros Editores, 2005. p. 117.
(9) BELTRAN, Ari Possidonio. Direito do trabalho: limites do poder diretivo e outras questões da atualidade. *Revista do Advogado*, ano XXV, jun./2005, p. 11.

4. UTILIZAÇÃO DOS RECURSOS TECNOLÓGICOS NA VIGILÂNCIA A DISTÂNCIA

A vigilância a distância por meio de câmeras de monitoramento (visual e/ou audiovisual) é mais uma ferramenta tecnológica de controle colocada à disposição do empregador.

Juliana Bracks Duarte e Carolina Tupinambá[10] salientam que "(...) já se tornou repetitivo o discurso de que estamos vivendo na era da informática, sob os avanços da comunicação de dados, em mundo globalizado e sem fronteiras. Neste contexto, as organizações empresariais, não querem, nem podem ficar para trás e perder o mercado, acompanham essa evolução e colocam à disposição de seus empregados, e muitas vezes até de seus clientes, ferramentas ágeis de acesso às mais variadas informações".

José Pastore[11], analisando as repercussões tecnológicas do monitoramento e vigilância a distância, sinaliza que "(...) as câmeras que são colocadas nos locais de trabalho para supervisionar os trabalhadores e garantir o cumprimento de regras de disciplina (...) ampliaram o controle e, de certa maneira, têm um efeito pedagógico ao manter as pessoas atreladas às regras de trabalho. Mas é inegável que elas invadem a privacidade das pessoas".

Não subsistem dúvidas de que os meios de vigilância a distância, em maior ou menor escala, restringem em certa medida o direito de reserva à intimidade da vida privada do empregado no âmbito das relações trabalhistas. Chocam-se os direitos constitucionais da privacidade do obreiro e da propriedade do empregador. Buscando harmonizar o conflito destes direitos no âmbito das relações trabalhistas, a legislação portuguesa procedimentalizou critérios de vigilância nos arts. 20 e 21 do CTP.

De acordo com o disposto no art. 20 do CTP, "1. O empregador não pode utilizar meios de vigilância a distância no local de trabalho, mediante o emprego de equipamento tecnológico, com a finalidade de controlar o desempenho profissional do trabalhador. 2. A utilização de equipamento referido no número anterior é lícita sempre que tenha por finalidade a protecção e segurança de pessoas e bens ou quando particulares exigências inerentes à natureza da actividade o justifiquem. 3. Nos casos previstos no número anterior, o empregador informa o trabalhador sobre a existência e finalidade

---

(10) DUARTE, Juliana Bracks e TUPINAMBÁ, Carolina. Direito à intimidade do empregado x direito de propriedade e poder diretivo do empregador. São Paulo: Revista dos Tribunais, *Revista de Direito do Trabalho* n. 105, ano 28, jan.mar./ 2002, p. 231.
(11) PASTORE, José. Evolução tecnológica: repercussões nas relações do trabalho. São Paulo: Revista dos Tribunais, *Revista de Direito do Trabalho* n. 119, ano n. 31, jul.set./2005, p. 169.

dos meios de vigilância utilizados, devendo nomeadamente afixar nos locais sujeitos os seguintes dizeres, consoante os casos: 'Este local encontra-se sob vigilância de um circuito fechado de televisão' ou 'Este local encontra-se sob vigilância de um circuito fechado de televisão, procedendo-se à gravação de imagem e som', seguido de símbolo identificativo".

E o art. 21 do CTP determina: "1. A utilização de meios de vigilância a distância no local de trabalho está sujeita a autorização da Comissão Nacional de Protecção de Dados. 2. A autorização só pode ser concedida se a utilização dos meios for necessária, adequada e proporcional aos objectivos a atingir. 3. Os dados pessoais recolhidos através dos meios de vigilância a distância são conservados durante o período necessário para a prossecução das finalidades da utilização a que se destinam, devendo ser destruídos no momento da transferência do trabalhador para outro local de trabalho ou da cessação do contrato de trabalho. 4. O pedido de autorização a que se refere o n. 1 deve ser acompanhado de parecer da comissão de trabalhadores ou, não estando este disponível 10 dias após a consulta, de comprovativo do pedido de parecer".

O item 1 do art. 20 do CTP contempla a regra geral de inviolabilidade do direito de reserva à intimidade da vida privada do trabalhador, proibindo a utilização do monitoramento a distância que tenha por finalidade o controle do desempenho profissional do empregado, ou seja, que objetive a fiscalização de sua produtividade.

Excepcionando a regra da inviolabilidade da privacidade do trabalhador, o item 2 do art. 20 autoriza a vigilância que objetive a proteção e a segurança de pessoas e bens, ou quando as próprias peculiaridades do serviço justificarem o monitoramento do trabalhador.

O empregador, por assumir os riscos da atividade econômica, segundo a lei, tem o direito de se valer de mecanismos e recursos tecnológicos para proteger seus empregados e assegurar o seu patrimônio. A vigilância a distância também está autorizada quando as peculiaridades da atividade assim exigirem, como, por exemplo, em bancos e lotéricas.

De toda sorte, a utilização da vigilância a distância pressupõe que o empregador obtenha prévia autorização da Comissão Nacional de Proteção de Dados[12]. O empregado deverá ser informado previamente, e por escrito, acerca do monitoramento. O empregador deve comunicar ao trabalhador os locais vigiados, sem prejuízo do dever de afixar os avisos do monitoramento.

---

(12) A Comissão Nacional de Proteção de Dados é uma entidade administrativa independente, com poderes de autoridade, que funciona junto da Assembleia da República, cuja função é o controle e a fiscalização do processamento de dados pessoais.

O art. 106 do CTP elenca rol exemplificativo dos deveres de informação nas relações trabalhistas, destacando-se, por ora e tendo em vista o escopo deste artigo, que incumbe ao empregador o dever de comunicar o trabalhador sobre os aspectos relevantes do contrato, dentre os quais se insere a vigilância a distância. A informação sobre o monitoramento deve ser escrita e assinada pelo trabalhador (art. 107). Se a fiscalização a distância for implementada depois de iniciado o contrato de trabalho, o empregador deverá lavrar termo aditivo, comunicando por escrito e de forma inequívoca a utilização do recurso tecnológico e suas respectivas especificações.

A informação é dever anexo à boa-fé objetiva dos contratantes. António Manuel da Rocha e Menezes Cordeiro[13] ressaltam que "(...) os deveres acessórios de esclarecimento obrigam as partes a, na vigência do contrato que as une, informarem-se mutuamente de todos os aspectos atinentes ao vínculo, de ocorrências que, com ele, tenham certa relação e, ainda, de todos os efeitos que, da execução contratual, possam advir".

Além disso, o item 2 do art. 21 do CTP prescreve que a Comissão Nacional de Proteção de Dados só concederá autorização ao empregador para a vigilância a distância se a utilização dos recursos tecnológicos for necessária, adequada e proporcional aos objetivos perseguidos pelo empregador. Igualmente, as imagens e sons gravados deverão ser inutilizados após o período necessário, ou quando houver a rescisão do contrato de trabalho.

A seguir, far-se-á a análise dos direitos fundamentais em colisão.

5. PREVALÊNCIA *PRIMA FACIE* DO DIREITO DE RESERVA À INTIMIDADE DA VIDA PRIVADA DO TRABALHADOR

A constitucionalização dos direitos privados[14] é um reflexo inexorável do pós-positivismo[15]. Os direitos fundamentais, consubstanciados em

---

13) MENEZES CORDEIRO, António Manuel da Rocha. *Da boa-fé no direito civil*. Coimbra: Almedina, 2001.
(14) Luís Roberto Barroso (in *Direito civil contemporâneo:* novos problemas à luz da legalidade constitucional: anais do Congresso Internacional de Direito Civil-Constitucional da Cidade do Rio de Janeiro/Gustavo Tepedino, organizador. São Paulo: Atlas, 2008. p. 244) esclarece que "(...) a ideia de constitucionalização do direito (...) está associada a um efeito expansivo das normas constitucionais, cujo conteúdo material e axiológico se irradia, com força normativa, por todo o sistema jurídico".
(15) A expressão "pós-positivismo", ou "neopositivismo", como preferem alguns autores (CAMBI, Eduardo. In *Neoconstitucionalismo e neoprocessualismo:* direitos fundamentais, políticas públicas e protagonismo judiciário. São Paulo: Revista dos Tribunais, 2009. p. 83), revela a mudança do paradigma hermenêutico na modernidade. O positivismo jurídico (cujas principais características são: identificação plena do direito com a lei, não admissão de lacunas, não reconhecimento dos princípios como normas jurídicas, dificuldade de

princípios e regras constitucionais — antes vistos no positivismo clássico como mecanismos supletivos de lacunas[16] —, ganham *status* de normas jurídicas[17] no pós-positivismo. As relações privadas, antes guiadas pelo paradigma da autonomia privada[18], sofrem a influência direta dos direitos fundamentais.

Influenciada pelo pós-positivismo jurídico, a CRP adotou a chamada teoria da eficácia direta dos direitos fundamentais, como se infere da leitura do item 1 do art. 18[19] do texto constitucional.

Explicando a teoria da eficácia direta dos direitos fundamentais no âmbito da CRP, o jurista português J. J. Canotilho[20] ensina que: "(...) deve ter-se aqui em conta o sentido da aplicabilidade directa de preceitos consagradores de direitos, liberdades e garantias a que atrás se fez referência. Recorde-se o sentido fundamental desta aplicabilidade directa: os direitos, liberdades e garantias são regras e princípios jurídicos, imediatamente eficazes e actuais, por via directa da Constituição e não através da *auctoritas interpositio* do legislador. Não são simples *norma normarum*, mas *norma normata,* isto é,

---

explicação dos conceitos indeterminados, identificação entre vigência e validade da lei, formalismo jurídico e não tratamento da questão da legitimidade do direito) dá espaço ao pós-positivismo, cuja principal característica é a superação do legalismo com a concretização dos valores constitucionais. A doutrina passa a constatar uma diferença entre enunciado normativo e norma. O enunciado normativo é o texto, ou seja, a redação, a letra da lei. A norma, por sua vez, é a aplicação do enunciado normativo ao caso concreto *sub judice*. Dessa forma, de um mesmo enunciado normativo pode-se extrair diversas normas.
(16) No Brasil, exemplo disso é o que dispõe o art. 4º da Lei de Introdução ao Código Civil: "(...) quando a lei for omissa, o juiz decidirá o caso de acordo com a analogia, os costumes e os princípios gerais de direito".
(17) Cf. SARMENTO, Daniel. *Direitos fundamentais e relações privadas*. 2. ed., 3ª tiragem. Rio de Janeiro: Lumen Juris, 2010. p. 61.
(18) Paulo Mota Pinto, no artigo intitulado "Autonomia privada e discriminação: algumas notas" (in *Constituição, direitos fundamentais e direito privado*, 3. ed. Porto Alegre: Livraria do Advogado, 2010. p. 324), esclarece: "(...) por autonomia privada pode entender-se (...) a possibilidade de os sujeitos jurídico-privados livremente gozarem a sua esfera jurídica, conformando as suas relações jurídicas e executando as posições activas reconhecidas pela ordem jurídica — correspondendo este conceito, grosso modo, também ao sentido etimológico da expressão (resultante de *auto+nomos*)".
(19) Prescreve o art. 18 da CRP: "1. Os preceitos constitucionais respeitantes aos direitos, liberdades e garantias são directamente aplicáveis e vinculam as entidades públicas e privadas. 2. A lei só pode restringir os direitos, liberdades e garantias nos casos expressamente previstos na Constituição, devendo as restrições limitar-se ao necessário para salvaguardar outros direitos ou interesses constitucionalmente protegidos. 3. As leis restritivas de direitos, liberdades e garantias têm de revestir carácter geral e abstracto e não podem ter efeito retroactivo nem diminuir a extensão e o alcance do conteúdo essencial dos preceitos constitucionais".
(20) CANOTILHO J. J. Gomes. *Direito constitucional e teoria da Constituição*. Coimbra: Almedina, 2000. p. 400.

não são meras normas para a produção de outras normas, mas sim normas directamente reguladoras das relações jurídico-materiais".

A eficácia dos direitos fundamentais classifica-se em eficácia vertical ou horizontal. Quando se fala em eficácia vertical, está-se a referir à vinculação dos poderes públicos aos direitos fundamentais. Por sua vez, a eficácia horizontal corresponde à irradiação de efeitos dos direitos fundamentais no âmbito das relações privadas.

Observa-se que os poderes públicos (Executivo, Legislativo e Judiciário) estão vinculados de forma negativa e positiva aos direitos fundamentais. Negativa, porque os poderes públicos devem abster-se de violar a esfera individual e a liberdade dos cidadãos. Positiva, na medida em que devem promover e proteger os direitos e garantias fundamentais dos indivíduos, não sendo suficiente a conduta negativa em se absterem de interferir na esfera de liberdade dos cidadãos.

Com relação à vinculação positiva dos poderes públicos, Júlio Ricardo de Paula Amaral[21] ressalta que: "(...) em que pese haja a incumbência do Executivo no desenvolvimento de políticas de promoção dos direitos e garantias dos cidadãos, e, ainda, embora os órgãos jurisdicionais possuam grande relevância na garantia dos direitos fundamentais, através do exercício da função jurisdicional, e, sendo essa uma das atividades que mais contribuem para a eficácia dos direitos, a doutrina costuma atribuir uma importância maior ao Poder Legislativo, mencionando-se, na grande maioria das vezes, a vinculação positiva do legislador aos direitos fundamentais. (...) incumbe ao Poder Legislativo, por meio da atuação de sua primordial função, disciplinar normativamente os direitos fundamentais enunciados na Constituição, estabelecendo uma organização e, ainda, apresentando eventuais limitações ao seu inadequado ou indevido exercício, oferecendo, assim, um marco jurídico para a sua eficaz garantia".

Em que pesem as respeitáveis opiniões em sentido contrário[22], fica claro que a CRP reconheceu a eficácia direta dos direitos fundamentais no âmbito

---

(21) AMARAL, Júlio Ricardo de Paula. *Eficácia dos direitos fundamentais nas relações trabalhistas*. São Paulo: LTr, 2007. p. 56.
(22) Entende José Carlos Vieira de Andrade (Os direitos, liberdades e garantias no âmbito das relações entre particulares. In: COUTINHO, Aldacy Rachid. *Constituição, direitos fundamentais e direito privado*. 3. ed. Porto Alegre: Livraria do Advogado, 2010. p. 249) que no âmbito das relações privadas o texto constitucional português não teria sido suficientemente claro quanto à adoção da eficácia direta dos direitos fundamentais. O renomado autor afirma que haveria eficácia imediata dos direitos fundamentais no âmbito das relações entre particulares, e o faz apoiando-se nas seguintes considerações: "(...) no que respeita à nossa Constituição, devemos começar por negar que o preceituado no n. 1 do art. 18 possa ser considerado suficiente para a resolução do problema. Se é certo que aí se afirma claramente que os preceitos constitucionais vinculam as entidades privadas, não

das relações privadas. Rompendo o velho paradigma da autonomia da vontade privada, percebeu-se a existência de grupos com grande influência social e econômica, e que estes grupos vulneravam as liberdades públicas dos mais fracos.

Viu-se, assim, a necessidade de intervenção do Estado na preservação das liberdades públicas e proteção de direitos fundamentais. Daí se afirmar que as desigualdades materiais existentes entre os sujeitos das relações privadas colocaram pá de cal no modelo do liberalismo econômico, fazendo com que os direitos fundamentais se estendessem às relações privadas.

Se, por um lado, houve o rompimento da barreira da autonomia da vontade, por outro, com a eficácia direta dos direitos fundamentais no âmbito das relações privadas, instaurou-se celeuma no que tange aos limites das intervenções restritivas nas hipóteses de colisão de direitos fundamentais de dois particulares.

As intervenções restritivas foram tratadas no art. 18 da CRP, que autoriza a criação de regras de limitação dos direitos fundamentais, desde que estas observem os seguintes requisitos: *(i)* sejam de caráter geral e abstrato; *(ii)* sejam necessárias para preservar outros direitos ou interesses públicos; e *(iii)* não diminuam a extensão e o alcance do conteúdo essencial dos direitos fundamentais.

Segundo a CRP, a limitação aos direitos fundamentais deve estar prevista em lei. Esta lei tem de ser geral e abstrata, ou seja, o texto normativo deve dirigir-se a um número indeterminado ou indeterminável de pessoas, disciplinando variadas situações da vida cotidiana.

Igualmente, as intervenções limitativas devem ser necessárias para a preservação de outros direitos ou interesses públicos. Trata-se, aqui, do critério da proporcionalidade (ou princípio da proibição do excesso[23]). A limitação de

---

se diz 'em que termos' se processa essa vinculação e, designadamente, não se estabelece que a vinculação seja idêntica àquela que obriga às entidades públicas (...); (...) que os sujeitos privados poderosos não podem ser tratados como quaisquer outros indivíduos e que devem ser consideradas ilícitas nas relações privadas as diferenças de tratamento ou as restrições que atinjam a dignidade das pessoas, por um lado; mas, que não pode destruir-se a autonomia pessoal e que a liberdade negocial e geral não pode ser negada, por outro lado".
(23) Como exemplo de violação ao princípio da proibição do excesso, confira-se julgado do Tribunal Constitucional de Portugal, no processo n. 382/03, acórdão n. 306/03, que declarou inconstitucionalidade do item 2 do art. 17 do antigo CTP, nos seguintes termos: "(...) Conclui-se, assim, que a norma constante do segundo segmento do n. 2 do art. 17 do Código do Trabalho — na medida em que permite o acesso directo do empregador a informações relativas à saúde ou estado de gravidez do candidato ao emprego ou do trabalhador — viola o princípio da proibição do excesso nas restrições ao direito fundamental à reserva da intimidade da vida privada, decorrente das disposições conjugadas dos arts. 26, n. 1, e 18, n. 2, da CRP".

direito fundamental deve ser adequada (apropriada), necessária (imprescindível) e proporcional (justificável) aos fins políticos ou valores sociais almejados.

Analisando cada um dos subprincípios do critério da proporcionalidade, Willis Santiago Guerra Filho[24] aduz: "(...) desdobra-se em três aspectos, a saber: proporcionalidade em sentido estrito, adequação e exigibilidade. No seu emprego sempre se tem em vista o fim colimado nas disposições constitucionais a serem interpretadas, fim esse que pode ser atingido por diversos meios, entre os quais se haverá de optar. O meio a ser escolhido deverá, em primeiro lugar, ser adequado para atingir o resultado almejado, revelando conformidade e utilidade ao fim desejado. Em seguida, comprova-se a exigibilidade do meio quando esse se mostra 'o mais suave' dentre outros diversos disponíveis, ou seja, o menos agressivo dos bens e valores constitucionalmente protegidos, que porventura colidem com aquele consagrado na norma interpretada. Finalmente, haverá respeito à proporcionalidade em sentido estrito quando o meio a ser empregado se mostra o mais vantajoso, no sentido da promoção de certos valores com o mínimo de desrespeito de outros, que a eles se contraponham, observando-se, ainda, que não haja violação do 'mínimo' em que todos devem ser respeitados".

Por último, é imprescindível que as limitações não diminuam a extensão e o alcance do conteúdo essencial dos direitos fundamentais. O conteúdo essencial representa aquele espectro intangível dos direitos fundamentais. Trata-se do piso vital mínimo dos direitos fundamentais. Entende-se, como se demonstrará mais adiante, que este patamar mínimo está umbilicalmente ligado à dignidade da pessoa humana enquanto valor primeiro da sociedade (art. 1º da CRP).

Retoma-se a análise dos meios de vigilância a distância previstos no CTP e as respectivas interferências restritivas de direitos fundamentais no âmbito das relações trabalhistas, indagando-se: qual é o limite do direito de propriedade do empregador no âmbito das relações trabalhistas?

Defende-se, aqui, a prevalência *prima facie* do direito fundamental de reserva à intimidade da vida privada do trabalhador em detrimento ao direito de propriedade do empregador. Tal assertiva pode ser extraída da necessária harmonização dos arts. 20 e 21 do CTP e art. 18 da CRP.

O direito à privacidade do trabalhador encontra-se, *a priori*, dentro do espectro intangível do direito fundamental de personalidade do trabalhador, ou seja, dentro daquilo que J. J. Canotilho[25] convencionou chamar de "âmbito de garantia efetiva".

---

(24) GUERRA FILHO, Willis Santiago. *Processo constitucional e direitos fundamentais*. 4. ed. São Paulo: RCS, 2005. p. 81/82.
(25) CANOTILHO, Joaquim José Gomes. Dogmática de direitos fundamentais e direito privado. In: COUTINHO, Aldacy Rachid. *Constituição, direitos fundamentais e direito privado*. Porto Alegre: Livraria do Advogado, 2010. p. 299.

Konrad Hesse[26] afirma que "os direitos fundamentais devem criar e manter as condições elementares para assegurar uma vida em liberdade e a dignidade da pessoa humana". Os direitos fundamentais pautam-se na dignidade da pessoa humana, decerto que este é o conteúdo essencial insuscetível de interferências restritivas. Portanto, deve-se partir da premissa da intangibilidade do direito de reserva à intimidade da vida privada do empregado em prol da eficácia valorativa da dignidade do trabalhador[27].

Justifica-se, ainda, a prevalência *prima facie* do direito de reserva à intimidade da vida privada do trabalhador na medida em que a relação trabalhista, por si só, já é desigual em seu aspecto material. Não há isonomia entre empregador e empregado, pois o primeiro detém o poder econômico, o que desequilibra a igualdade idealizada pelo já ultrapassado modelo da autonomia da vontade. Deve-se conferir concretude aos direitos fundamentais. Há de se criar um mecanismo — e aqui se entende adequada a adoção da prevalência *prima facie* do direito à intimidade enquanto valor inerente à dignidade do trabalhador — para tratar desigualmente os desiguais, na medida de suas desigualdades.

Na dicotomia direito de propriedade *versus* direito à intimidade, nota-se a necessidade da adoção da prevalência *prima facie* deste último enquanto alternativa para se reduzir a desigualdade material sobrejacente. Até mesmo Virgílio Afonso da Silva[28], que aderiu à tese da prevalência da autonomia da vontade no âmbito das relações privadas, reconhece que "sempre que houver, de fato, fatores que impeçam que uma das partes tome decisões no pleno exercício de sua autonomia privada, a essa autonomia deverá ser conferido um peso menor do que seria se a autonomia fosse plena".

Analisando-se a regra estabelecida na CRP, entende-se que a vigilância a distância só deveria ter sido autorizada pelo CTP quando objetivasse a

---

(26) HESSE, Konrad. *Temas fundamentais de direito constitucional*. Textos selecionados e traduzidos por Carlos dos Santos Almeida, Gilmar Ferreira Mendes, Inocêncio Mártires Coelho. São Paulo: Saraiva, 2009. p. 33.
(27) Segundo Otávio Calvet, Cláudio Armando Couce de Menezes, Glaucia Gomes Vergara Lopes e Roberta Ferme Sivolella (in Direitos fundamentais e poderes do empregador: o poder disciplinar e a presunção de inocência do trabalhador. Núcleo Trabalhista Calvet). "os poderes do empregador, notadamente o disciplinar, encontram no superprincípio da dignidade da pessoa humana a primeira e maior barreira para seu exercício. (...) A dignidade da pessoa humana na condição de valor e de norma constitucional atua em todos os direitos fundamentais, exigindo seu reconhecimento e proteção. (...) Do mandamento maior da dignidade, chegamos a todos os marcos constitucionais que, outrossim, delimitam os poderes empresariais: princípio da isonomia e da não discriminação (art. 5º e art. 7º da Constituição Federal Brasileira), da inviolabilidade da intimidade, da vida privada e da honra (inc. X, do art. 5º da Constituição Federal), a proibição de tratamento desumano ou degradante, etc."
(28) SILVA, Virgílio Afonso da. *A constitucionalização do direito:* os direitos fundamentais nas relações entre particulares. 1. ed., 2ª tiragem. São Paulo: Malheiros Editores, 2008. p. 158.

segurança do trabalhador. Ao contrário, não deveriam ter sido autorizadas as vigilâncias com o fito de fiscalizar os bens do empregador e/ou a produtividade do trabalhador, já que, nestas hipóteses, se estaria dando prevalência ao direito de propriedade do empregador — desvinculado do seu fim social — em detrimento à intimidade do empregado.

Contudo, é preciso esclarecer que a doutrina majoritária se inclina pela utilização do critério da proporcionalidade como mecanismo solucionador de conflitos entre direitos fundamentais. Adotando-se esta linha de pensamento, também se pode chegar à mesma conclusão, ou seja, da legalidade da vigilância a distância apenas que objetivasse a segurança do trabalhador.

Já está assentado no CTP que o trabalhador deve zelar pelo fiel cumprimento de suas obrigações, destacadamente aquelas inerentes ao aumento da produtividade (art. 126). A relação de emprego baseia-se no primado da boa-fé objetiva dos contratantes, sendo elemento chave da relação trabalhista a fidúcia depositada no empregado. Assim, o empregador deve confiar que o seu empregado empreenderá toda a sua capacidade laboral objetivando aumentar a produtividade da empresa.

Assim, em que pesem opiniões contrárias[29], a vigilância a distância para fins de fiscalização da produtividade do trabalhador, se analisada à luz do critério da proporcionalidade consagrado pela doutrina, resvalaria nos subprincípios da adequação e da necessidade, já que o empregador teria outros recursos tecnológicos para controlar a evolução dos seus negócios, bem menos invasivos à esfera de liberdade da vida privada do empregado.

Igualmente, se o objetivo da vigilância a distância for o de fiscalizar os bens que compõem o patrimônio da empresa, novamente haverá a lesão ao direito de personalidade do trabalhador sem que, no entanto, haja necessidade de adotar-se tal mecanismo. O empregador detém outros recursos para salvaguardar o seu patrimônio e o simples fato de assumir o risco do negócio não lhe permite invadir a privacidade do empregado. A socialização dos riscos é algo inerente à nova realidade vivida pela sociedade de massa. Para resguardar o patrimônio, os empregadores podem, por exemplo, contratar empresas de seguro especializadas, sem que, com isso, invadam a esfera de intimidade do trabalhador.

Todavia, se a vigilância a distância é utilizada para salvaguardar a própria integridade física e a vida do trabalhador, e sendo ela um mecanismo apropriado, necessário e justificável, revela-se perfeitamente possível limitar-

---

(29) CASSAR, Vólia Bomfim. (in Reflexos do avanço da tecnologia e da globalização nas relações de trabalho — novas profissões e métodos de execução do trabalho. *Revista LTr*, v. 74, n. 04, abr./2010).

-se o direito de privacidade do empregado sem que isso implique em intromissão no conteúdo essencial do direito fundamental. Ao "restringir" a intimidade, o empregador estará preservando a própria vida do trabalhador.

O CTP procedimentalizou direitos fundamentais no âmbito das relações trabalhistas, porém, no tocante à vigilância a distância, poderia, salvo melhor juízo, ter adotado o critério da prevalência *prima facie* do direito à intimidade, respeitando, assim, o conteúdo essencial mínimo do direito de dignidade do trabalhador.

6. CONSIDERAÇÕES FINAIS

A CRP adotou a teoria da eficácia direta dos direitos fundamentais no âmbito das relações públicas e privadas.

A eficácia direta dos direitos fundamentais no âmbito das relações privadas demonstra a superação do paradigma da autonomia da vontade.

Este fenômeno trouxe consigo o problema da colisão entre direitos fundamentais e a necessidade de se estabelecerem critérios para a solução de tais conflitos. Os critérios de limitação a direitos fundamentais estão previstos de maneira clara e objetiva no art. 18 da CRP.

Com os avanços tecnológicos, surgiram novas técnicas de vigilância a distância no âmbito das relações de trabalho. Entram em conflito os direitos de reserva à intimidade da vida privada do trabalhador e de propriedade do empregador. O CTP proibiu a vigilância a distância que tenha por finalidade controlar a produtividade do empregado, mas autorizou-a nas hipóteses de segurança e proteção de pessoas e bens, desde que haja aprovação pela Comissão Nacional de Proteção de Dados.

Foi proposta a adoção do critério da prevalência *prima facie* do direito de reserva à intimidade da vida privada do trabalhador, tendo em vista a dignidade da pessoa humana e a constatação da desigualdade material na relação privada subjacente. No entanto, a doutrina vem aplicando o critério da proporcionalidade e seus subprincípios da adequação, necessidade e proporcionalidade em sentido estrito.

O CTP aderiu ao fenômeno da constitucionalização dos direitos privados e, nesta esteira, procedimentalizou-os. A lei portuguesa acertou ao proibir a vigilância a distância para fins de aferição da produtividade do trabalhador, porém, ao nosso sentir, equivocou-se ao autorizá-la com o objetivo de proteção dos bens do empregador. Melhor seria ter autorizado a vigilância a distância somente naquelas hipóteses em que se objetivem a segurança e a proteção da integridade física e da saúde do trabalhador, respeitando, assim, o conteúdo essencial mínimo do direito de dignidade do trabalhador.

7. BIBLIOGRAFIA

AMARAL, Júlio Ricardo de Paula. *Eficácia dos direitos fundamentais nas relações trabalhistas.* São Paulo: LTr, 2007.

BARROS, Alice Monteiro de. *Proteção à intimidade do empregado.* 2. ed. São Paulo: LTr, 2009.

BARROSO, Luís Roberto. *Direito civil contemporâneo:* novos problemas à luz da legalidade constitucional: anais do Congresso Internacional de Direito Civil-Constitucional da Cidade do Rio de Janeiro/Gustavo Tepedino, organizador. São Paulo: Atlas, 2008.

BELTRAN, Ari Possidonio. Direito do trabalho: limites do poder diretivo e outras questões da atualidade. *Revista do Advogado,* ano XXV, jun./2005.

CALVET, Otávio; COUCE DE MENEZES, Cláudio Armando; VERGARA LOPES, Glaucia Gomes; SIVOLELLA, Roberta Ferme. Direitos fundamentais e poderes do empregador: o poder disciplinar e a presunção de inocência do trabalhador. Artigo — Núcleo Trabalhista Calvet.

CALVO, Adriana. O controle entre o poder do empregador e a privacidade do empregado no ambiente de trabalho. *Revista LTr,* v. 73, n. 01, jan./2009.

CAMBI, Eduardo. *Neoconstitucionalismo e neoprocessualismo:* direitos fundamentais, políticas públicas e protagonismo judiciário. São Paulo: Revista dos Tribunais, 2009.

CANOTILHO, Joaquim José Gomes. Dogmática de direitos fundamentais e direito privado. In: COUTINHO, Aldacy Rachid. *Constituição, direitos fundamentais e direito privado.* Porto Alegre: Livraria do Advogado, 2010.

_____. *Direito constitucional e teoria da Constituição.* Coimbra: Almedina, 2000.

CASSAR, Vólia Bomfim. Reflexos do avanço da tecnologia e da globalização nas relações de trabalho — novas profissões e métodos de execução do trabalho. *Revista LTr,* v. 74, n. 04, abr./2010.

DUARTE, Juliana Bracks e TUPINAMBÁ, Carolina. Direito à intimidade do empregado x direito de propriedade e poder diretivo do empregador. São Paulo: Revista dos Tribunais, *Revista de Direito do Trabalho* n. 105, ano 28, jan.mar./2002.

GUERRA FILHO, Willis Santiago. *Processo constitucional e direitos fundamentais.* 4. ed. São Paulo: RCS, 2005.

HESSE, Konrad. *Temas fundamentais de direito constitucional.* Textos selecionados e traduzidos por Carlos dos Santos Almeida, Gilmar Ferreira Mendes, Inocêncio Mártires Coelho. São Paulo: Saraiva, 2009.

MEDEIROS DE BARROS, Juliana Augusta. A eficácia direta e imediata dos direitos fundamentais à intimidade e à privacidade na relação de emprego. *Revista LTr,* v. 73, n. 01, jan./2009.

MENEZES CORDEIRO, Antonio Manuel da Rocha. *Da boa-fé no direito civil.* Coimbra: Almedina, 2001.

PASTORE, José. Evolução tecnológica: repercussões nas relações do trabalho. São Paulo: Revista dos Tribunais, *Revista de Direito do Trabalho* n. 119, ano 31, jul.set./2005.

PAVELSKI, Ana Paula. *Os direitos da personalidade do empregado face ao exercício abusivo do poder diretivo do empregador.* Curitiba: Juruá, 2009.

PINTO, Paulo Mota. Autonomia privada e discriminação: algumas notas. In: COUTINHO, Aldacy Rachid. *Constituição, direitos fundamentais e direito privado.* 3. ed. Porto Alegre: Livraria do Advogado, 2010.

ROMITA, Arion Sayão. *Direitos fundamentais nas relações de trabalho.* 3. ed. São Paulo: LTr, 2009.

SARMENTO, Daniel. *Direitos fundamentais e relações privadas.* 2. ed., 3ª tiragem. Rio de Janeiro: Lumen Juris, 2010.

SILVA, José Afonso da. *Comentário contextual à Constituição.* São Paulo: Malheiros Editores, 2005.

SILVA, Virgílio Afonso da. *A constitucionalização do direito:* os direitos fundamentais nas relações entre particulares. 1. ed., 2ª tiragem. São Paulo: Malheiros Editores, 2008.

VIEIRA DE ANDRADE, José Carlos. Os direitos, liberdades e garantias no âmbito das relações entre particulares. In: COUTINHO, Adalcy Rachid. *Constituição, direitos fundamentais e direito privado.* 3. ed. Porto Alegre: Livraria do Advogado, 2010.

FUNÇÃO SOCIAL DO CONTRATO DE TRABALHO. BREVES CONSIDERAÇÕES SOB A ÓTICA DAS LEGISLAÇÕES BRASILEIRA E PORTUGUESA

Dóris Ribeiro Torres Prina[*]

INTRODUÇÃO

O tema "função social do contrato" encontra em nossos dias grande repercussão no mundo jurídico porque tem suporte no princípio da dignidade da pessoa humana como fundamento basilar de todo ordenamento jurídico e no relacionamento dos indivíduos quando contratam, com amplos reflexos na vida em sociedade, de forma a provocar efeitos jurídicos, entre nós, nos vários ramos do Direito, dentre eles o Laboral, principalmente no que diz respeito à inovação do modelo contratual alicerçado nas conquistas constitucionais e na evolução da legislação infraconstitucional. Fixados esses contornos, buscamos traçar algumas considerações a respeito sob a ótica das legislações brasileira e portuguesa.

Se a pessoa humana é a fonte de todos os demais valores e sua proteção tem *status* de ideal a ser atingido por todos os povos e todas as nações, como proclama a Declaração Universal de Direitos Humanos da ONU (1948), que coloca a dignidade e a igualdade como fundamentos da liberdade, da justiça e da paz, o individualismo deve ser relegado a uma posição meramente secundária, enquanto a proteção jurídica sob as formas coletivas, comunitárias e associativas deve ganhar realce e prevalência.

Na perspectiva do Direito, a atividade humana relativa ao trabalho incorpora, pelo menos, os cinco seguintes enfoques ou valores: econômico, jurídico, político, sociológico e psicológico. Para a economia, é fonte de criação de renda e propicia o consumo de bens e serviços; na esfera jurídica, é fonte de direitos e obrigações; para a política, é fator a propiciar o bem-estar geral da coletividade; para a sociologia, é elemento apto a promover a inclusão social das classes trabalhadoras e para a psicologia, o trabalho é oportunidade de expansão e aperfeiçoamento da personalidade, fonte de projeção e afirmação social.

---

[*] Desembargadora Federal do Tribunal Regional do Trabalho da 2ª Região. Graduada e mestranda pela Pontifícia Universidade Católica de São Paulo.

Duguit, a propósito, ensina-nos que "o Direito deve ser estabelecido pela observação de que o homem é sociável, isto é, que não vive e não pode viver senão em sociedade, ao mesmo passo que ele é solidário com os outros homens, estabelecendo-se, em seguida, que tal solidariedade, bem compreendida, não é senão a coincidência permanente do individual e do social"[1].

1. EVOLUÇÃO DA LEGISLAÇÃO NO BRASIL — NOVOS PRINCÍPIOS

A partir de meados do século XVIII, com a Revolução Industrial, em que inventos deram início ao aperfeiçoamento das técnicas produtivas e à substituição do trabalho manual pelo mecânico, a sociedade passou por profundas modificações, principalmente no que diz respeito ao trabalho humano, surgindo o ambiente propício para o questionamento dos princípios do liberalismo.

Os movimentos que ocorreram nessa fase demonstraram que a manutenção dos ideais do liberalismo estava colocando em risco o capitalismo. Assim surgiu o intervencionismo estatal e o crescente reconhecimento dos grupos de trabalhadores, que inicialmente passaram a ser legalizados e posteriormente protegidos. Uma das formas utilizadas para impedir a deterioração das condições sociais e laborais foi a limitação da autonomia da vontade pelo intervencionismo estatal.

Após o advento da Revolução Industrial e o momento histórico caracterizado pelo conflito de interesses entre as classes do capital (burguesia) e do trabalho (proletariado), surgiram as "doutrinas sociais", destacando-se a Encíclica *Rerum Novarum*, editada pelo Papa Leão XIII (1891), iniciando-se o processo de valorização do trabalho como instrumento de dignidade da pessoa humana do trabalhador.

Por ocasião do final da Primeira Grande Guerra, o Tratado de Versalhes, além de criar a Organização Internacional do Trabalho (1919) como parte das Sociedades das Nações, consagrou, a nível internacional, o Direito do Trabalho como novo ramo autônomo da ciência jurídica, apresentando como princípio diretivo informador deste novo Direito o "de que o trabalho não há de ser considerado como mercadoria ou artigo de comércio".

O Direito do Trabalho, portanto, desprendeu-se do Direito Civil tradicional em face da ruptura que representou com os postulados básicos do Estado Liberal.

---

(1) DUGUIT, León. A teoria do direito objetivo. In: A função social do contrato e o direito do trabalho. *Revista LTr*, São Paulo, v. 67, n. 12, 2003.

No cenário brasileiro, com a Carta Política de 1988, houve ampla reformulação da arquitetura normativa, baseada nos princípios de valorização da condição humana. O indivíduo passa a ser o foco da proteção estatal. Dentre os fundamentos da República Federativa do Brasil, enquanto Estado Democrático de Direito, encontramos a dignidade da pessoa humana e os valores sociais do trabalho (CF/88, art. 1º, III e IV), o qual passou a ser tratado como direito social (CF/88, art. 6º), enquanto a valorização do trabalho humano transformou-se em fundamento da própria ordem econômica, cuja finalidade é assegurar a todos existência digna, conforme os ditames da justiça social, observados, entre outros princípios, os da função social da propriedade e da busca do pleno emprego (CF/88, art. 170, caput, III e VIII).

Em seu preâmbulo, a Constituição brasileira de 1988 consagra o Estado Democrático, destinado a assegurar o exercício dos direitos sociais e individuais, a liberdade, a segurança, o bem-estar, o desenvolvimento, a igualdade e a justiça como valores supremos de uma sociedade fraterna, pluralista e sem preconceitos, fundada na harmonia social e comprometida, na ordem interna e internacional, com a solução pacífica das controvérsias.

O modelo clássico do Código Civil de 1916 trata a autonomia da vontade como única fonte criadora de direitos e obrigações, exigindo um Estado que garantisse o domínio econômico, com ênfase nos princípios da autonomia da vontade e força obrigatória, desde que livremente formalizados e respeitados a ordem pública e os bons costumes.

Contudo, o curso da história gerou uma evolução no tratamento das relações contratuais, identificada pelo legislador do novo Código, eis que não era mais possível o convívio com normas que definissem de forma precisa certos pressupostos e suas consequências, formando uma espécie de sistema fechado. Houve a necessidade, assim, da adoção de uma técnica legislativa moderna, utilizando-se de conceitos legais indeterminados e cláusulas gerais, que conferem ao sistema mobilidade e flexibilizam a rigidez dos institutos jurídicos e dos regramentos do direito positivo.

Foram estabelecidos novos paradigmas para o convívio social, fornecendo novos contornos à liberdade contratual, diante da constitucionalização do direito privado, ou seja, dos reflexos do conteúdo material da Constituição Federal nas relações privadas.

As principais novas bases constitucionais encontram fundamento nos desdobramentos da cláusula geral de tutela da dignidade da pessoa humana (CF, art. 1º, inciso III), nos princípios instrumentais da ótica solidarista (CF, art. 3º, inciso I), bem como no valor social da livre iniciativa (CF, art. 1º, inciso IV).

As relações contratuais passaram a submeter-se a novas diretrizes, como a boa-fé objetiva, o equilíbrio econômico e a função social do contrato, demonstrando o reconhecimento de que a igualdade entre os contratantes é inerente à justiça do mecanismo contratual. Disso se extrai que a autonomia da vontade e princípios que fundaram o modelo clássico de contrato hoje devem ser relidos à luz da Constituição.

Nesse compasso, o moderno direito privado foca-se no capitalismo com ética, afastando o individualismo extremado e a liberdade ilimitada de contratar, promovendo os princípios contratuais da função social, igualdade material, boa-fé objetiva e equivalência contratual. O perfil político-ideológico do Código Civil passa de liberal para social, com a técnica legislativa mista, principalmente pela adoção das cláusulas gerais, a exemplo da função social do contrato, da função social da empresa, da função social e ambiental da propriedade e da boa-fé objetiva.

No que diz respeito à função social da empresa, oportunas as considerações do professor Renato Rua de Almeida[2], no sentido de que

> é a atividade empresarial, como profissão voltada à atividade econômica organizada para a produção ou circulação de bens ou serviços e não mais como ato de mercancia, que possibilita dizer que a empresa é uma instituição fundamental da ordem socioeconômica. E é por essa razão, que a articulação da mão de obra, como fator de produção, deve ser encarada na perspectiva de que a empresa, como propriedade, tem também função social, na medida em que deve incentivar a participação dos trabalhadores na gestão, ao lado da função social de produzir ou circular bens ou serviços para o consumo da sociedade.

E prossegue concluindo:

> De fato, o art. 5º, XXIII da CF/88, ao prescrever que a propriedade atenderá sua função social, significa dizer que a empresa, como expressão econômica da livre iniciativa e da livre concorrência, tem também sua função social (art. 170, III da CF/88).

2. A FUNÇÃO SOCIAL DO CONTRATO COMO PRINCÍPIO

No campo do Direito do Trabalho, as novas tecnologias e os novos modelos de organização da empresa, calcados em princípios de efetividade de produção em face da competitividade, ampliaram de forma extraordinária as várias prerrogativas do empregador no campo dos fatos, razão pela qual a

---

(2) ALMEIDA, Renato Rua de. A teoria da empresa e a regulação da relação de emprego no contexto da empresa. *Revista LTr*, São Paulo, v. 69, n. 05, 2005, p. 576.

tutela aos direitos da pessoa do trabalhador, sobretudo os direitos de liberdade, privacidade e dignidade, assume posição de destaque.

Pode-se dizer que o Direito do Trabalho possui um microssistema comandado pela Consolidação das Leis do Trabalho, a qual surgiu para dar--lhe autonomia legislativa, assegurando, desde o princípio, a adoção do Direito Comum como fonte subsidiária, como vem expresso em seu art. 8º, parágrafo único. Ainda que integre o universo do Direito Obrigacional, esse ramo do direito deve ser analisado sob a ótica que lhe é própria, eis que possui princípios e regramentos específicos, o que é natural, eis que se deslocou do Direito Civil pelo curso da história a partir de Revolução Industrial. Passou a constituir um ramo autônomo, pela necessidade de tutelar as relações entre o capital e o trabalho com as características que lhes são inerentes, preservando-as da influência dos valores liberais da época.

A Consolidação das Leis do Trabalho nunca se ocupou detidamente dos direitos de personalidade, com algumas exceções, como nos casos dos arts. 482, alínea "j", e 483, alínea "e", que referem a ofensa à honra e boa fama como hipóteses de justa causa para rescisão do contrato de trabalho. Também é possível mencionar a proibição de revistas íntimas no art. 373-A, inciso VI, que é subjetivo e vago quanto ao conteúdo.

Assim, no direito brasileiro, reconhece-se a lacuna normativa da CLT, que tratou da relação de emprego como se nela as obrigações das partes se restringissem à prestação do trabalho pelo empregado, de um lado, e ao pagamento da remuneração pelo empregador, de outro lado.

Considerando que o empregado é pessoa física (art. 3º da CLT), os direitos de personalidade encontram-se necessariamente em todo e qualquer contrato de trabalho, devendo a lacuna ser suprida com o novo Código Civil, nos termos do parágrafo único do art. 8º da CLT.

No Estado Democrático de Direito, o trabalho deve ser encarado como manifestação da personalidade. É por meio do trabalho que o indivíduo se realiza como pessoa e angaria respeito no contexto social.

O trabalho agrega valor a bens e propicia a formação de capital, suporte econômico para continuar produzindo e saciar a sociedade. O capital e o lucro têm, portanto, finalidades sociais.

O lucro é indispensável e determinante na economia real. Deve resultar do trabalho honesto, livre e honrado — nunca da especulação, da esperteza ou da exploração antiética do trabalho alheio.

Ao definir a base fundamental da República, no art. 1º, III e IV, a nossa Carta Magna inclui o valor social do trabalho ao lado da livre iniciativa. No art. 193, o valor social do trabalho é posto em categoria superior aos demais valores que a Ordem Social procura preservar. Os ideais trabalho e dignidade humana são indissociáveis.

Essa é a razão pela qual a nossa atual Constituição, antes de elencar o valor social do trabalho e a livre iniciativa como fundamentos da República, arrolou o fundamento que se qualifica como âncora dos direitos sociais: a dignidade da pessoa humana.

Impõe-se, por isso, ao Estado Democrático e Social a função de criar mecanismos que assegurem a liberdade e acesso ao mercado de trabalho; e também que, por meio do trabalho, propiciem uma existência digna ou compatível com a dignidade da pessoa humana.

O modelo de relação contratual que emerge das múltiplas fontes do Direito Privado, constitucionais e infraconstitucionais, reflete a preocupação com a sociabilidade, comungando do ideal de superação do interesse individual pelo coletivo, e aproxima o foco do Direito Civil ao do Direito do Trabalho.

Assim, é possível afirmar que, se a dinâmica dos fatos sociais gera a criação e inovação do ordenamento jurídico, com o objetivo de regular as novas situações jurídicas que se apresentam no caso concreto, eis que o legislador não consegue acompanhar a evolução das transformações sociais e políticas na sociedade moderna, da mesma forma os aspectos sociais foram alçados a posição hierárquica superior quando em cotejo com o individualismo remanescente do capitalismo então vigente.

A função social dos contratos, dentre os quais o contrato de trabalho, tomou maior impulso com a entrada em vigor do novo Código Civil de 2002, chamado de Código Reale em contraposição ao Código de 1916 ou Código Bevilácqua, que veio romper com o individualismo. Para Miguel Reale, os princípios fundamentais que informam o novo Código Civil são a eticidade, a operabilidade e a sociabilidade, além de imprimir uma maior aderência à realidade contemporânea.

De acordo com Miguel Reale[3],

> o Código é um sistema, um conjunto harmônico de preceitos que exigem a todo instante recurso à analogia e a princípios gerais, devendo ser valoradas todas as consequências da cláusula *rebus sic stantibus*. Nesse sentido, é posto o princípio do equilíbrio econômico dos contratos como base ética de todo o Direito Obrigacional. O direito de resolução obedeceu a uma nova concepção, porque o contrato desempenha uma função social, tanto

---

(3) REALE, Miguel *apud* SANTOS, Enoque Ribeiro dos. *A função social do contrato, a solidariedade e o pilar de modernidade nas relações de trabalho*. São Paulo: LTr, 2003. p. 23.

como a propriedade. Reconhece-se, assim, a possibilidade de se resolver um contrato em virtude de advento de situações imprevisíveis, que inesperadamente venham alterar os dados do problema, tornando a posição de um dos contratantes excessivamente onerosa.

Exemplo do forte conteúdo ético do novo Código Civil constata-se no art. 113, que trata da boa-fé como forma de interpretação dos negócios jurídicos, a observância da mesma boa-fé, a quem se predispuser a contratar (art. 422) e a positivação do abuso de direito (art. 187).

A função social dos contratos, de uma forma geral, e dentre eles do contrato de trabalho, por suas razões peculiares de conjugação de interesses entre um polo normalmente mais fraco, individual, e de outro lado, um ser coletivo, com supremacia econômica e social, é a de realizar-se no plano concreto, ou seja, produzir os efeitos necessários de proteção aos agentes economicamente mais fracos ou que operam em desigualdade de condições, de modo a tornar essa relação a mais equilibrada possível.

No que concerne à sociabilidade, Miguel Reale afirma que[4]

> é constante o objetivo do novo Código no sentido de superar o manifesto caráter individualista da lei vigente (...) Alguns dos exemplos dados já consagram, além da exigência ética, o imperativo da sociabilidade, como quando se declara a função social do contrato na seguinte forma: Art. 421. "A liberdade de contratar será exercida em razão e nos limites da função social do contrato". Por essa razão, em se tratando de contrato de adesão, estatui o art. 422 o seguinte: "Quando houver no contrato de adesão cláusulas ambíguas ou contraditórias, dever-se-á adotar a interpretação mais favorável ao aderente".

Considerando que parte da doutrina atribui aos contratos de trabalho a característica de contratos de adesão, impostos pelos empregadores sem a menor possibilidade de os empregados discutirem suas cláusulas, o art. 423 do novo Código Civil representa um avanço de grande valor para a hermenêutica jurídica trabalhista, mormente em se considerando o atual cenário econômico, de crise, recessão e desemprego.

Dessa forma, a sistemática de se adotar o novo Código Civil para suprir eventuais lacunas, de forma subsidiária ao Direito do Trabalho, como autoriza o art. 8º, parágrafo único, da CLT, quando com este não for incompatível, vem reforçar a proteção do hipossuficiente no contrato de trabalho e consolidar

---

(4) REALE, Miguel *apud* SANTOS, Enoque Ribeiro dos. *A função social do contrato, a solidariedade e o pilar de modernidade nas relações de trabalho*. São Paulo: LTr, 2003. p. 24.

entendimentos jurisprudenciais emanados das mais altas cortes trabalhistas do país, enquanto valoriza e consolida a função social do contrato no mundo das relações laborais.

3. PRINCÍPIOS DO DIREITO DO TRABALHO E SUA FUNÇÃO SOCIAL

A relação contratual deve ser compreendida como uma relação de cooperação, impondo-se um dever de recíproca colaboração entre os contratantes em vista da realização do programa econômico estabelecido no contrato.

Os princípios consagrados pelo Direito do Trabalho, sem dúvida, abarcam o da função social do contrato, ao proteger a parte economicamente mais fraca desta relação jurídica. A enorme evidência dessa proteção manifesta-se nos seus desdobramentos, observando-se, na aplicação do direito material ao caso concreto, a adoção dos princípios *in dubio pro operario*; da condição mais benéfica e aplicação da norma mais favorável ao trabalhador. Tais princípios se amoldam à tese de que a função social do contrato de trabalho deve prevalecer.

O contrato é instrumento de realização do bem comum, de modo que não basta que faça circular riquezas entre os contratantes, pois somente cumprirá sua função social o contrato que além de útil seja também justo.

Além do mais, deve ser entendido não apenas como as pretensões individuais dos contratantes, mas como verdadeiro instrumento de "convívio social e de preservação dos interesses da coletividade, "onde encontra a sua razão de ser e de onde extrai a sua forma" — pois o contrato pressupõe a ordem estatal para lhe dar eficácia.

O princípio da continuidade da relação de emprego também exerce típica função social, porquanto dificulta economicamente a dispensa do trabalhador, tornando-a, por meio da lei, mais onerosa. Duas são as possíveis interpretações para o verdadeiro conteúdo do referido princípio. A primeira, mais conservadora, prevê que os contratantes têm de cumprir tudo o que consta do instrumento do contrato, sem nenhuma ponderação ou outra consideração qualquer. A segunda entende por conservação do contrato a sua manutenção e continuidade de execução, observadas as regras de equidade, do equilíbrio contratual, da boa--fé objetiva e da função social do contrato.

Constituem ainda medidas restritivas, tendentes a desestimular a rescisão do contrato: o aviso prévio, indenização por despedida sem justa causa, garantia de emprego. Os próprios institutos da suspensão e da interrupção do contrato de trabalho exercem legítima eficácia em sua função social de preservação do liame contratual.

O princípio da irredutibilidade, com previsão no art. 7º, inciso VI da Carta Magna de 1988, cumpre essencial função social, objetivando a melhoria da condição econômica e social do trabalhador.

A função social do contrato de trabalho também é observada pelo Judiciário Trabalhista, na aplicação da norma, como um corolário dos princípios acima enunciados. No Direito do Trabalho não existem técnicas especiais de hermenêutica jurídica. O juiz do trabalho interpreta e aplica a norma trabalhista sempre levando em consideração o disposto no art. 5º da Lei de Introdução ao Código Civil, ou seja, tendo em vista os fins sociais a que se dirige a aplicação da norma, bem como permanece atento à prevalência do interesse coletivo sobre o interesse particular ou de grupo (CLT, art. 8º).

Com a taxa de desemprego crescente no Brasil, desempregados qualificados podem ser levados, por extrema necessidade, a firmar contratos de trabalho com remuneração abusiva, considerando o seu grau de necessidade. Tais casos concretos, em caso de lacuna no ordenamento trabalhista, poderão ser regulados pelo novo Código Civil. Destaca-se, aqui, a função social do contrato em plena efervescência, exercendo o seu papel repressivo e proporcionando o ajuste necessário quando as partes acordarem regularizar a conduta de acordo com a finalidade social do contrato.

A Lei de Introdução ao Código Civil, verdadeira norma das normas brasileiras, em seu art. 5º determina ao juiz, na aplicação da lei, o atendimento aos fins sociais a que ela se dirige e às exigências do bem comum. A ilicitude do ato abusivo caracteriza-se sempre que o titular do direito se desvia da finalidade social para a qual o direito subjetivo foi concedido. Podemos observar que a jurisprudência, em geral, considera abuso de direito o ato que constitui exercício egoístico, anormal do direito, nocivo ao outro, contrário às finalidades econômicas e sociais do Direito. O abuso de direito vem disciplinado, no art. 187, como forma de ato ilícito no novo Código Civil.

A função social do contrato de trabalho faz-se até mesmo notória na aplicação da teoria da desconsideração da personalidade jurídica (art. 28 do CDC) e coloca-se como um dos direitos básicos do trabalhador de reaver aquilo que lhe cabe por direito, nos inúmeros casos de execução trabalhista.

4. A FUNÇÃO SOCIAL DO CONTRATO COMO CLÁUSULA GERAL

O Código Civil está impregnado de cláusulas gerais, que se caracterizam como fonte de direito e de obrigações. Segundo Nelson Nery Júnior, é necessário conhecer o sistema de cláusulas gerais para poder entender a dinâmica de funcionamento e do regramento do Código Civil no encaminhamento e nas soluções dos problemas que o direito privado apresenta. Há verdadeira interação entre as cláusulas gerais, os princípios gerais do direito, os conceitos legais indeterminados e os conceitos determinados pela função. A solução dos problemas reclama a atuação conjunta desse arsenal.[5]

Cláusulas gerais são, pois, normas orientadoras com características genéricas e abstratas, utilizadas sob a forma de diretrizes, as quais, de forma concomitante, vinculam a atuação do juiz, mas também permitem que este decida com liberdade.

As cláusulas gerais, uma vez diagnosticadas, autorizam o juiz a interpretar as lacunas com os valores designados para aquele caso, colocando em prática os princípios gerais do direito e dando aos conceitos legais indeterminados uma definição pela função que têm de exercer no caso concreto. Sua função é permitir a adoção dos regramentos previstos no Código Civil com certa mobilidade, abrandando as regras mais rígidas, de modo que seja possível a adoção dos princípios gerais do direito e dos conceitos legais indeterminados nos casos concretos.

Como ensina Nelson Nery Júnior, as cláusulas gerais têm função instrumentalizadora, são mais concretas e efetivas do que os princípios gerais de direito e os conceitos legais indeterminados. São normas jurídicas, fontes criadoras de direitos e obrigações. São normas de ordem pública e devem ser aplicadas *ex officio* pelo juiz (CC, art. 2.035, parágrafo único), não configurando decisão *extra*, *ultra* ou *infra petita* a ausência de pedido. Cabe ao juiz, no caso concreto, preencher o conteúdo da cláusula geral, dando-lhe a consequência que a situação concreta reclamar, ou seja, dando conteúdo concreto às enunciações abstratas. Por exemplo, em um contrato submetido a julgamento, o juiz vai definir como este vai cumprir sua função social e, para tanto, pode apenas interpretar o contrato, modificar a cláusula em homenagem ao princípio da conservação contratual ou até mesmo anular o contrato, se necessário.

Como bem pondera o citado jurista, esse sistema reforça o poder do juiz de integrar o negócio jurídico que lhe é apresentado na ação judicial, exigindo uma magistratura preparada para decidir mediante esses novos valores e atenta aos usos e costumes locais para que possa desempenhar esse mister, atendendo às expectativas da sociedade.

O sistema de cláusulas gerais acarreta maior mobilidade na aplicação do Código Civil, evita seu engessamento, abranda a rigidez da norma

---

(5) NERY JR., Nelson. Contratos no Código Civil — apontamentos gerais. In: *O novo Código Civil* — Homenagem ao Prof. Miguel Reale. 2. ed. São Paulo: LTr, 2006. p. 425-426.

conceitual casuística, permite estar o sistema sempre atualizado, prolonga a aplicabilidade dos institutos jurídicos. Em contrapartida, confere certo grau de incerteza, dando poder ao juiz para criar a norma pela determinação dos conceitos, preenchendo o seu conteúdo com valores, podendo servir de pretexto para o recrudescimento de ideias como instrumento de dominação por regimes totalitários ou pela economia capitalista extremada.

Assim, trata-se de aplicação de cláusula geral quando a norma não prevê a consequência, dando ao juiz a oportunidade de criar a solução. O juiz pode dar uma solução em um determinado caso e outra solução diferente em outro caso, aplicando a mesma cláusula geral, sendo possível, por exemplo, modificar cláusula contratual que implicaria desequilíbrio entre as partes. A função do juiz nesse caso é integrativa — e a sentença tem natureza determinativa, assumindo o caráter de direito positivo vinculante — porque, ao integrar a relação jurídica material controvertida, exerce função criadora.

A função social do contrato não se contrapõe à autonomia privada, mas com ela se coaduna e se compatibiliza, não devendo ser vista como mera atitude impositiva do Estado. Deve ser encarada como decorrência lógica não só do fundamento da república voltado para o "valor social da livre iniciativa" (CF, art. 1º, IV), como da função social da propriedade prevista como garantia fundamental (CF, art. 5º, XXIII), e do princípio da ordem econômica (CF, art. 170, III). Além de possuir o *status* de garantia fundamental — o que demonstra sua alçada a nível constitucional —, a função social do contrato não é dissociada da ordem econômica, o que significa que não se pode analisar o contrato apenas sob o ponto de vista econômico, sem que este atinja sua função social.

Tal visão social representa a possibilidade de serem abrandados os efeitos do contrato, na medida em que altera a condição de direito privado das partes contratantes para a de interesse público, dada sua repercussão no seio da própria sociedade. Essa concepção predomina no direito privado mundial, o qual ressalta o interesse público em detrimento do exclusivamente privado das partes contratantes, em razão da função social do contrato.

O contrato estará conformado à sua função social quando as partes se pautarem pelos valores da solidariedade e da justiça social, da livre iniciativa, for respeitada a dignidade da pessoa humana, não se ferirem valores ambientais.

Haverá desatendimento da função social quando: a) a prestação de uma das partes for exagerada ou desproporcional, extrapolando os contornos normais do contrato; b) quando houver vantagem exagerada para uma das partes; c) quando se quebrar a base objetiva ou subjetiva do contrato.

A concepção de vínculo obrigacional hoje é vista como vínculo dinâmico, compreendendo não só as obrigações decorrentes da lei e da vontade das partes, mas também aquelas que surgem na prática, pelo seu desenvolvimento. A acepção da obrigação como um processo, de vínculo dinâmico, retrata um movimento, um permanente e sucessivo fluir de atos relacionados entre si, compreendidos entre o nascimento do vínculo, o seu desenvolvimento e até a sua conclusão, orientados sempre por um fim, qual seja, o da utilidade econômico-social ou a necessidade servida pelo contrato.

Ao lado dos deveres contratuais propriamente ditos, decorrentes da lei e da vontade, existem outros, os instrumentais, funcionais, laterais, anexos, ou de proteção e colaboração, que derivam do princípio da função social e da boa-fé objetiva.

As cláusulas gerais, justamente por não trazerem uma moldura precisamente definida, não permitem que seja estabelecido, de plano, o seu campo de incidência, sua extensão ou o seu conteúdo, pois depende necessariamente da verificação do caso concreto, de suas peculiaridades.

A aplicação das cláusulas gerais necessariamente deve estar orientada pela finalidade ou função do contrato, que se extrai principalmente dos princípios constitucionais que o orientam.

Como norma de limitação do exercício de direitos subjetivos, a boa-fé objetiva atua na condição de "máxima de conduta ético-jurídica", orientada pela função social do contrato. A boa-fé objetiva, assim, apresenta-se "como norma que não admite condutas que contrariem o mandamento de agir com lealdade e correção, pois só assim se estará a atingir a função social que lhe é cometida".

O sistema jurídico em que se estrutura o Direito do Trabalho é, inegavelmente, um sistema aberto. Primeiro, porque a concepção de um sistema fechado é, por si, insustentável, além de ineficaz e insuficiente para atender à evolução e às necessidades das relações sociais. Segundo, porque a abertura do sistema se faz pelas chamadas cláusulas gerais, como o art. 8º da CLT, que é uma típica cláusula geral. E, finalmente, porque a Constituição Federal e o Código Civil também contêm cláusulas gerais aplicáveis ao Direito do Trabalho, em que são consagradas as finalidades e as diretrizes fundamentais que orientam as relações de emprego.

Quanto à concepção de vínculo obrigacional como totalidade e processo, o Direito do Trabalho a absorve com facilidade. O vínculo de emprego é essencialmente de trato sucessivo, com pretensão de se perdurar no tempo de forma indeterminada. Tanto que um dos princípios que orientam o Direito do Trabalho é o da continuidade, buscando conferir à relação de emprego a mais ampla duração possível.

Como se sabe, o Direito do Trabalho é também fundado no princípio da primazia da realidade, segundo o qual deve prevalecer sempre o que ocorre no terreno dos fatos sobre formalidades ou aparências, independentemente da manifestação de vontade dos sujeitos que participam da relação obrigacional.

Portanto, a relação obrigacional trabalhista sempre deve ser concebida em sua totalidade, pois retrata um vínculo dinâmico, compreendendo não só as obrigações decorrentes da lei e da vontade das partes, mas também aquelas que surgem na prática, pelo seu desenvolvimento. Da mesma forma, corresponde a uma totalidade concreta, a um vínculo dinâmico, ou seja, a um processo, pois retrata um constante e sucessivo fluir de atos e acontecimentos.

Também, o contrato como fonte obrigacional é assimilado pelo Direito do Trabalho. O próprio art. 442 da CLT explicita que a relação de emprego não depende da manifestação de vontade, pois consagra que "contrato individual de trabalho é o acordo tácito ou expresso, correspondente à relação de emprego".

O conteúdo e as hipóteses de atuação, porém, devem ser construídos pela doutrina e jurisprudência, pois, como frisado, dependem das circunstâncias de cada caso concreto.

Os intérpretes e aplicadores do Direito do Trabalho precisam voltar os olhos para a renovação que se desenvolve no Direito Civil contemporâneo, a fim de identificar e passar a utilizar os instrumentos compatíveis que neste vêm sendo explorados.

5. A FUNÇÃO SOCIAL DO CONTRATO NA LEGISLAÇÃO PORTUGUESA

A maioria dos autores aponta o surgimento do Direito do Trabalho entre o início do século XX e o termo da Primeira Guerra Mundial, devido ao princípio geral da não interferência do Estado nas relações jurídicas privadas, em razão da tônica de liberdade e igualdade dos entes jurídicos privados implantada com a Revolução Industrial.

No sistema jurídico português, como ensina Maria do Rosário Palma Ramalho, o fenômeno do trabalho dependente livre foi referido pela primeira vez nas Ordenações Filipinas, que integravam o serviço de criados e o contrato com oficiais e jornaleiros na figura da locação-condução, na modalidade da locação de obra, sem muita expressão social. O Código de Seabra, por sua vez, enquadrava o trabalho subordinado como prestação de serviços, distinguindo o serviço doméstico e o serviço salariado ou de jornaleiros, com ênfase no primeiro, demonstrando pouca sensibilidade no trato do trabalho subordinado. Pelo fraco processo de industrialização em Portugal, o desenvolvimento dos fenômenos laborais coletivos, como o associativismo laboral, negociação coletiva e greve, ocorreu de forma inexpressiva nesse período, se comparado com países do Centro e do Norte da Europa.

Apenas no final do século XIX, com a publicação dos primeiros diplomas tratando sobre matérias laborais, é que Portugal, tal como ocorreu em outros países, passou a tratar da elaboração de normas voltadas à questão social. Nesse passo, o Direito do Trabalho surge e desenvolve-se com uma forte feição protecionista, passando o Estado a intervir em proteção da parte que no contrato se encontra em situação de inferioridade, para contrabalançar a desigualdade efetiva dos contratantes, culminando, nos dias de hoje, com a busca de elementos constitucionais e infraconstitucionais que permitam essa proteção do interveniente débil.

A Constituição portuguesa atual foi aprovada em abril de 1976 e já passou por sete revisões, sendo a última em 2005. A de 1982 procurou diminuir a carga ideológica do diploma, flexibilizar o sistema econômico e redefinir as estruturas do exercício do poder político, extinguindo o Conselho da Revolução e criando o Tribunal Constitucional. A de 1989 deu maior abertura ao sistema econômico e as que se seguiram, em 1992, 1997, 2001 e 2004, vieram adaptar o texto constitucional aos princípios dos Tratados da União Europeia, Maastricht e Amesterdão, consagrando outras alterações, inclusive quanto à vigência na ordem jurídica interna dos tratados e normas da União Europeia.

Em seu preâmbulo, a Assembleia Constituinte afirma a decisão do povo português de defender a independência nacional, de garantir os direitos fundamentais dos cidadãos, de estabelecer princípios basilares da democracia, de assegurar o primado do Estado de Direito democrático e de abrir caminho para uma sociedade socialista, tendo em vista a construção de um país mais livre, mais justo e mais fraterno.

Assim, na Carta Constitucional portuguesa em vigor, encontramos normas que, além de salvaguardar os princípios fundamentais, amparados na dignidade da pessoa humana, na vontade popular e no desejo de construção de uma sociedade livre, justa e solidária (art. 1º), refletem a existência de um princípio geral de tutela do contraente débil, notadamente no Capítulo II, Título III, que trata dos direitos, liberdades e garantias dos trabalhadores (arts. 53º ao 59º), bem como no art. 60º que versa sobre os direitos dos consumidores.

Especificamente quanto à legislação laboral, Portugal contava com inúmeros diplomas dispersos, vinculados a concepções políticas e sociais diferentes que correspondiam a momentos históricos distintos, resultando em múltiplas contradições e dificuldades interpretativas na análise da vida quotidiana dos trabalhadores e empregadores. O momento exigia uma revisão geral da legislação portuguesa no campo do Direito do Trabalho, o que culminou com a aprovação da proposta de um Código do Trabalho, o qual entrou para o mundo jurídico português em 01.12.2003, após os ajustamentos determinados por declarações de inconstitucionalidade, diploma esse que já passou por revisão pela Lei n. 7, de 12.02.2009.

Como se vê da própria Exposição de Motivos, trata-se de uma sistematização integrada, justificada por valorações específicas do Direito do Trabalho, baseada em estudos de insignes juristas e jurisprudência social dos últimos quarenta anos, em que houve a preocupação de inovar sem cortar com a tradição jurídica nacional, com previsão de revisão a cada quatro anos a contar da data de sua entrada em vigor. Nas alterações buscou-se, de um lado, o respeito pelos limites constitucionais, como a segurança no emprego, o papel das comissões de trabalhadores e das associações sindicais e o direito à greve e, de outro, a adaptação do Direito do Trabalho nacional a diversas diretivas comunitárias em matéria social, algumas das quais já se encontravam total ou parcialmente transpostas para a ordem jurídica portuguesa.

A orientação que presidiu à elaboração do Código do Trabalho foi sintetizada por Pedro Romano Martinez nas seguintes diretrizes: a) Admissão de formas de trabalho, mais adequadas às necessidades dos trabalhadores e das empresas, promovendo a adaptabilidade e flexibilidade da relação laboral, nomeadamente quanto à organização do tempo, espaço e funções laborais, de modo a aumentar a competitividade da economia, das empresas e o consequente crescimento de emprego; b) Estabelecimento de um regime laboral coerente de conhecimento acessível aos operadores jurídicos, sistematizando a legislação dispersa, elaborada em épocas distintas, atendendo, por isso, à integração de lacunas e resolução de algumas dúvidas suscitadas na aplicação das normas agora revogadas, nomeadamente, procedendo à eliminação de antinomias entre normas e ao esclarecimento de situações ambíguas, de que é exemplo o regime de tempo de trabalho; c) Incentivo à participação dos organismos representativos de trabalhadores e empregadores na vida laboral, em particular no que respeita à contratação colectiva[6].

Extrai-se, ainda, da Exposição de Motivos "que é objectivo estruturante do Código inverter a situação de estagnação da contratação colectiva, dinamizando-a, não só pelas múltiplas alusões a matérias a regular nessa sede, como por via da limitação temporal de vigência desses instrumentos". Além do que "o Direito do Trabalho tem-se internacionalizado, por via não só

---

(6) MARTINEZ, Pedro Romano. *Princípios do direito do trabalho* — princípios, regras e interpretação das normas jurídicas e convencionais. Lisboa: Elsevier, p. 9.

das convenções e recomendações da Organização Internacional do Trabalho, como das obrigações comunitárias, sem esquecer os efeitos incontornáveis da internacionalização da economia. No entanto, não se procedeu à mera 'importação' de regimes jurídicos dos nossos parceiros comunitários; tratou-se, sim, de procurar soluções que permitam à nossa economia ser competitiva, sem, todavia, perder de vista a realidade socioeconômica nacional".

Dúvida não há, portanto, de que a legislação infraconstitucional portuguesa codificada buscou dar ênfase à função social do contrato, quando, dentre os vários institutos tratados, por exemplo, definiu regramento que consagra os direitos de personalidade no âmbito laboral; reconheceu o direito ao ressarcimento de danos não patrimoniais; introduziu normas relativas ao teletrabalho; fixou as normas aplicáveis ao trabalho a prestar no âmbito de grupos de sociedades; criou regras que diferenciam o regime jurídico em função da dimensão da empresa (microempresa, pequena, média ou grande empresa) em várias matérias; reiterou os deveres em matéria de segurança, higiene e saúde no trabalho para os sujeitos laborais; instituiu um dever geral de formação do contrato, de interesse comum das partes e com previsão de responsabilidade por dano culposo causado; estabeleceu critério geral para a admissibilidade da contratação a termo; admitiu regimes de adaptabilidade limitada do tempo de trabalho, por contrato ou regulamentação coletiva de trabalho: estabeleceu um regime especial de exceção de não cumprimento do contrato a ser invocado pelo trabalhador no caso de falta de pagamento da retribuição; estabeleceu um regime de responsabilidade solidária das sociedades em relação de domínio ou de grupo, bem como dos sócios que exercem influência dominante na sociedade ou que sejam gerentes, administradores ou diretores, quanto aos créditos emergentes do contrato de trabalho ou decorrentes de sua violação ou cessação.

Releva notar que o Código do Trabalho de Portugal trata de direitos e deveres das partes, numa perspectiva de igualdade jurídica, abandonando a concepção unilateral do contrato de trabalho. Para Pedro Romano Martinez[7]:

> O contrato de trabalho, como qualquer negócio jurídico, deve determinar direitos e deveres para ambas as partes e não apenas os direitos de uma delas, o trabalhador. É errôneo encarar o contrato do trabalho como girando em torno do trabalhador e essa postura não significa que se esteja a beneficiar o prestador de trabalho, nem tal acontece no diploma citado. Assim sendo, o contrato de trabalho deve ser visto em função das duas partes, indicando os respectivos direitos e obrigações.

---

(7) MARTINEZ, Pedro Romano. *Op. cit.*, p. 10.

Tal perspectiva consta expressamente da Exposição de Motivos ao consignar que "o Código revela, independentemente da expressa consagração dos direitos da personalidade, uma preocupação em manter um equilíbrio entre as necessidades dos trabalhadores e empregadores, tendo presente que sem aqueles não é possível a existência destes, e sem estes aqueles não existiriam...". Assim, "o novo Direito do Trabalho assenta numa relação laboral com outro dinamismo que pressupõe regras adaptadas à nova realidade."

Dentre as muitas inovações do Código do Trabalho português, podemos destacar a abordagem dos direitos de personalidade como categoria distinta dos direitos fundamentais, sendo permitido considerar que tal consagração demonstra a preocupação da legislação portuguesa com a qualidade do emprego e sua função social.

Nas palavras de Maria Regina Redinha, tal preocupação é[8]

> fruto de uma visão "ecológica" da relação laboral que compreende a dimensão pessoal do trabalho a par da relação de troca. Trata-se, afinal, do reconhecimento de que no tempo e local de trabalho os trabalhadores não abandonam a sua qualidade de cidadãos nem alienam os atributos jurídicos da sua personalidade. É o enunciado legislativo do reconhecimento da cidadania no emprego, princípio que convoca para a qualidade de vida no trabalho e no emprego, isto é, para a qualidade de vida pessoal e profissional no emprego, à qual se alia a necessidade de criar uma zona de imunização do trabalhador contra os riscos invasivos resultantes da utilização das novas tecnologias de informação e comunicação na empresa, potenciadoras de múltiplas e variadas agressões à personalidade.

O Código português prevê a submissão do contrato de trabalho aos instrumentos de regulamentação coletiva, bem como aos usos laborais que não contrariem o princípio da boa-fé, e tratou de inúmeros direitos, inclusive os de personalidade, com previsão de revisão periódica, optando pela sistematização integrada, com a fixação de normas, inclusive muitas inovadoras, que promovessem a adaptabilidade e flexibilidade da relação laboral às mudanças do mundo moderno, representando um progresso qualitativo no modo de conceber a relação laboral, sem, contudo, esgotar todas as possibilidades de conflitos e novas situações que afloram no cotidiano da relação de emprego.

A legislação laboral portuguesa, portanto, não incluiu em seu ordenamento cláusula geral que conferisse maior mobilidade ao sistema, razão

---

(8) Direitos de personalidade — anotação aos arts. 16º a 21º do Código de Trabalho, de 2003 — Faculdade de Direito da Universidade do Porto, 2005.

pela qual a função social do contrato de trabalho é concretizada pela adoção dos princípios que regem as relações entre trabalhadores e empregadores e que foram sistematizados pelo ordenamento jurídico.

6. BIBLIOGRAFIA

ABRANTES, José João. *Contrato de trabalho e direitos fundamentais*. Coimbra: Coimbra, 2005.

ALMEIDA, Renato Rua de. A teoria da empresa e a regulação da relação de emprego no contexto da empresa. *Revista LTr*, São Paulo, v. 69, n. 05, 2005.

ANDRADE, José Carlos Vieira de. *Os direitos fundamentais na Constituição portuguesa de 1976*. 4. ed. Coimbra: Almedina.

COLUSSI, Luiz Antonio. A função social do contrato de trabalho sob o enfoque da compreensão na hermenêutica filosófica. In: *Revista do Tribunal Regional do Trabalho da 4ª Região*, n. 34.

COSTA, Judith Martins. O adimplemento e o inadimplemento das obrigações no novo Código Civil e o seu sentido ético e solidarista. In: *O novo Código Civil* — Homenagem ao professor Miguel Reale. Coordenadores: NETTO, Domingos Franciulli; MENDES, Gilmar Ferreira; MARTINS FILHO, Ives Gandra da Silva. 2. ed. São Paulo: LTr, 2006.

DUGUIT, León. A teoria do direito objetivo. In: A função social do contrato e o direito do trabalho. *Revista LTr*, São Paulo, v. 67, n. 12, 2003.

GRAZZIOTIN, Marcelo Rugeri. Princípios: protetivo e função social do contrato. In: *Juris Plenum — Trabalhista e Previdenciária*, ano IV, n. 18, 2008.

MARTINEZ, Pedro Romano. O Código do Trabalho — Directrizes de reforma: Sistematização; algumas questões. Lisboa: *Revista Trabalhista*, v. VIII.

_____. *Princípios do direito do trabalho* — princípios, regras e interpretação das normas jurídicas e convencionais. Lisboa: Elsevier.

_____. Trabalho e direitos fundamentais: Compatibilização entre a segurança no emprego e a liberdade empresarial. Lisboa: *Revista de Direito do Trabalho*, n. 124.

MAZURKEVIC, Arion. A boa-fé objetiva: uma proposta para reaproximação do direito do trabalho ao direito civil. In: *O impacto do novo Código Civil no direito do trabalho*. Coordenadores DALLEGRAVE NETO, José Affonso; GUNTHER, Luiz Eduardo. São Paulo: LTr, 2003.

MOREIRA, António José. Modelo das relações laborais em Portugal. Lisboa: *Revista de Direito do Trabalho*, v. 22.

NEGREIROS, Teresa. *Teoria do contrato*: novos paradigmas. 2. ed. Rio de Janeiro/São Paulo/Recife: Renovar, 2006.

NERY JR., Nelson. Contratos no Código Civil — apontamentos gerais. In: *O novo Código Civil* — Homenagem ao prof. Miguel Reale. 2. ed. São Paulo: LTr, 2006.

NICACIO, Antonio. Novo Código Civil (NCC) e o direito do trabalho (CLT) — Sociedade e eticidade — A boa-fé e a função social do contrato — CF/88 — Princípios constitucionais do trabalho — Fundamentos e objetivos fundamentais da República Federativa do Brasil — Transformação do autônomo em empregado — Dependência econômica — Subordinação jurídica — Os elementos do contrato de trabalho — Salário — Elemento fundamental do contrato de emprego — Tempo de duração do serviço. In: *Suplemento Trabalhista LTr*, São Paulo, n. 143, ano 40, 2004.

RAMALHO, Maria do Rosário Palma. *Direito do trabalho* — Parte I: dogmática geral. Coimbra: Almedina.

SADY, João José. O novo Código Civil e o direito do trabalho: A função social do contrato. *Revista LTr*, São Paulo, v. 67, n. 07, 2003.

SANTOS, Enoque Ribeiro dos. *A função social do contrato e o direito do trabalho*. São Paulo: *Revista LTr*, v. 67, n. 12, 2003.

_____. *A função social do contrato, a solidariedade e o pilar de modernidade nas relações de trabalho*. São Paulo: LTr, 2003.

SILVA, Leda Maria Messias da. O cumprimento da função social do contrato no tocante ao meio ambiente do trabalho. *Revista LTr*, São Paulo, v. 72, n. 09, 2008.

SOUZA, Rodrigo Trindade de. *Função social do contrato de emprego*. São Paulo: LTr, 2008.

O ASSÉDIO MORAL INDIVIDUAL: ESTUDO SOB A ÓTICA DOS DIREITOS BRASILEIRO E PORTUGUÊS

Eliane Ballestero[*]

1. INTRODUÇÃO

Pretende-se analisar neste artigo a proteção ao assédio moral no âmbito das relações individuais de trabalho como um direito fundamental do trabalhador, à luz do direito brasileiro e português.

Sabe-se que nos dias atuais o assédio moral tornou-se uma realidade presente no cotidiano das pessoas, seja no meio social, familiar ou estudantil. Porém, é nas relações de trabalho que o fenômeno alcança maior vigência, tanto na iniciativa privada como na Administração Pública.

O fenômeno assédio moral sempre existiu, vez que remonta à própria origem do trabalho. Entretanto, a nova realidade nas relações de trabalho, voltada para a produtividade e concorrência desenfreadas, aliada ao avanço tecnológico, bem como a crescente conscientização das pessoas acerca dos direitos inerentes à personalidade, à liberdade individual e de trabalho, emprestaram ao fenômeno importância maior que no passado, o que já não era sem tempo.

Se de um lado essa competitividade aborda uma faceta positiva, pois estimula as relações profissionais e pessoais, de outro lado traz impactos nefastos à vida das pessoas. É que a competitividade atua sem piedade nas relações sociais. Todos querem destaque na vida pessoal e profissional. Infelizes nas suas relações pessoais, as pessoas procuram equilibrar sua frustração no ambiente laboral, sendo necessário, não raras vezes, atropelar conceitos éticos e morais em busca do poder e do sucesso profissional. Nesse compasso, desponta o assédio moral com suas consequências desastrosas.

2. O ASSÉDIO MORAL COMO PRÁTICA CONTRA A DIGNIDADE DO TRABALHADOR

A empresa que adota condutas degradantes que objetivam atingir a moral, integridade física e psíquica do trabalhador viola um direito fundamental do trabalhador, pois a ofensa perpetrada pelo assediador atinge efetivamente a dignidade da pessoa humana.

(*) Especialista e mestranda em Direito das Relações Sociais (PUC/SP).

A prática de humilhações dos empregados nas relações de trabalho, a busca desenfreada pelo lucro sem a preocupação com a função social da empresa e com a pessoa do trabalhador violam os princípios fundamentais da dignidade da pessoa humana e os valores sociais do trabalho inscritos no Título I da Constituição Federal brasileira.

O art. 170, inciso VI, da Magna Carta elenca como um dos princípios gerais da ordem econômica a defesa do meio ambiente. A empresa que, em nome da produção, adota práticas de degradação das condições de trabalho, viola o direito constitucional a um meio ambiente sadio, o que requer intervenção dos poderes públicos.

Devem ser adotadas medidas que previnam e impeçam o surgimento do assédio moral, com redução das desigualdades sociais e regionais (CF, art. 170, VII), com a proibição da discriminação do trabalhador em razão de sua origem (CF, art. 3º, IV), devendo ser proporcionado o pleno emprego (CF, art. 170, VIII) de modo que seja combatido a todo custo o trabalho precário, o trabalho escravo, a terceirização ilícita e outras tantas formas de atos atentatórios à dignidade do trabalhador.

A Carta Magna determina a proteção integral do ser humano e declara como objetivos fundamentais da República Federativa do Brasil a construção de uma sociedade livre, justa e solidária (art. 3º, I, CF), devendo erradicar a pobreza e a marginalização e reduzir as desigualdades sociais e regionais (art. 3º, IV, CF).

O rol de direitos e garantias fundamentais contidos na Constituição Federal expressa a "constitucionalização dos direitos". Dessa forma, as normas trabalhistas devem ser interpretadas sob o enfoque das normas constitucionais.

Ademais, os direitos e garantias constitucionalmente previstos não se esgotam nos limites do art. 5º, da Constituição Federal ou mesmo nos limites de todo o texto constitucional, devendo ser observados "outros decorrentes do regime e dos princípios por ela adotados, ou dos tratados internacionais em que a República Federativa do Brasil seja parte", conforme § 2º, do art. 5º da CF.

3. CONCEITO, ELEMENTOS E REQUISITOS DO ASSÉDIO MORAL

Em nosso ordenamento jurídico não existe previsão legal para o assédio moral. Tampouco a jurisprudência o definiu. Encontramos na doutrina alguns conceitos, mas geralmente os estudiosos se socorrem da Psicologia do Trabalho a fim de extrair o conceito de assédio moral.

A psicóloga francesa Marie-France Hirigoyen estudou profundamente o assunto e conceituou o assédio moral como sendo:

> [...] qualquer conduta abusiva (gesto, palavra, comportamento, atitude) que atente, por sua repetição ou sistematização, contra a dignidade ou integridade psíquica ou física de uma pessoa, ameaçando seu emprego ou degradando o clima de trabalho.[1]

O assédio moral consiste na exposição dos trabalhadores a situações humilhantes e constrangedoras que se dão dentro ou fora do horário de expediente, mas sempre em razão do exercício das funções laborais. Essas exposições humilhantes ou degradantes atentam contra a dignidade do trabalhador, causando ofensa à integridade física e/ou psíquica dele.

Ocorre, por vezes, no ambiente de trabalho, de o assédio moral ser confundido com outros fenômenos ou causas que não são assédio moral. Dentro desse contexto, necessário se faz identificar os elementos que caracterizam o assédio moral, até mesmo para que o fenômeno não seja banalizado e para que possa ser combatido com eficiência.

Deve-se ter em mente que os elementos que caracterizam o assédio moral são: (1) os sujeitos envolvidos; (2) o comportamento ou condutas indevidas; (3) a reiteração do comportamento ou conduta e; (4) a consciência do agente.

3.1. Sujeitos do assédio moral

Dentre os sujeitos do assédio moral está o agressor. É o sujeito dotado de perversidade. Segundo Marie-France Hirigoyen, os grandes perversos são também seres narcisistas, seres vazios, dependentes de outros para viver. É um verdadeiro sanguessuga. Alimenta-se da energia de outras pessoas, roubando-lhes a vida. Acredita que é um ser diferente, melhor que os outros, possui ânsia de sucesso e poder. Necessita ser admirado. Critica muito as outras pessoas e sente muita inveja daqueles que têm coisas que lhes faltam, principalmente coisas simples da vida como amigos, empatia e prazer pela vida.[2]

O assediador opta pela conduta agressiva e gosta de ver o conflito se intensificar atribuindo à vítima toda a culpa pela situação. O agressor pode ser o empregador ou superior hierárquico subordinado ao empregador, um colega de trabalho ou ainda um subordinado que assedia moralmente um superior hierárquico ou o próprio empregador.

---

(1) HIRIGOYEN, Marie-France. *Mal-estar no trabalho:* redefinindo o assédio moral. Tradução de Rejane Janowitzer. Rio de Janeiro: Bertrand Brasil, 2002. p. 17.
(2) HIRIGOYEN, Marie-France. *Assédio moral:* a violência perversa no cotidiano. Tradução de Maria Helena Kühner. 3. ed. Rio de Janeiro: Bertrand Brasil, 2001, *passim*.

Os agressores empregador ou superior hierárquico são os principais agentes causadores do assédio moral; o primeiro, por estar revestido do poder diretivo, fiscalizatório, regulamentar e disciplinar; o segundo, por possuir a delegação de poderes. O assédio moral também pode ser praticado por colega de serviço e o fato ocorre com frequência. Condições precárias de trabalho, insatisfação pelo trabalho executado, relações pessoais conflituosas, práticas humilhantes e vexatórias, desrespeito, brincadeiras de mau gosto podem desencadear o assédio moral entre colegas. Deve o empregador tomar providências se detectar uma situação de assédio moral no ambiente entre colegas, pois é seu dever proporcionar um meio ambiente de trabalho sadio. Se o empregador ficar indiferente às práticas do assédio moral que um colega infringe sobre o outro, poderá restar caracterizada a responsabilidade civil.

A vítima do assédio moral é o empregado que sofre agressões contínuas em razão do trabalho. O agressor focaliza a vítima que quer assediar, que quase sempre é uma pessoa que tem qualidades que lhe faltam ou lhe podem prejudicar. Normalmente, as vítimas são pessoas dedicadas ao trabalho, criativas e que têm um perfil que se amolda à estrutura da empresa. Às vezes o assédio moral pode ser desencadeado quando a vítima reage às ordens impostas pelo empregador, não possui espírito de colaboração, ou não se adapta à estrutura da empresa. Alguns empregados resistem ao cumprimento de determinadas ordens do empregador, geralmente ordens com abuso de poder e atentatórias à dignidade da pessoa humana. Os empregados acima de 40 ou 45 anos também podem ser alvo fácil de assédio moral. Estes empregados são mais resistentes às mudanças impostas pela nova tecnologia, são considerados menos produtivos e os empregadores almejam sempre substituí-los por mão de obra mais barata.

Aqueles empregados que tentam impor seu ponto de vista em detrimento dos interesses do empregador e de outros empregados, que criam dificuldades nos relacionamentos entre os colegas e a chefia, sofrem assédio moral devido à sua personalidade. A empregada gestante que se afasta e o empregado que por motivo de saúde não está disponível ao labor são motivos para desencadear assédio moral. O empregado intensamente dedicado ao trabalho, que se isola da convivência com o grupo, não se adaptando aos relacionamentos grupais, também é alvo fácil do assédio moral.

3.2. Comportamentos ou condutas indevidas

Qualquer conduta que se mostra capaz de ofender a dignidade e a personalidade do empregado é capaz de caracterizar o assédio moral, como gestos, palavras, atos, escritos. As situações humilhantes são repetitivas e prolongadas durante o horário de expediente e no exercício de suas funções.

A agressão em relação a um determinado subordinado pode desencadear mudanças negativas no comportamento de outros trabalhadores, que podem passar a isolar o assediado, por temor de perder o próprio emprego ou se sair prejudicado de algum modo.

A atitude do agente agressor é tão perversa que ele acaba por instaurar uma rede de silêncio e tolerância no ambiente de trabalho. Não há solidariedade com o assediado, mormente porque a relação de afetividade entre os trabalhadores é manipulada e não há troca de informações, por culpa do assediador que traz a atitude assediadora de forma velada e a intensifica gradativamente. Quando a vítima se apercebe da seriedade da situação, o assédio moral já está instaurado definitivamente.

Há várias formas de o assediador constranger a vítima e instaurar o assédio moral, tais como controle do tempo do trabalhador, carga de trabalho excessiva, imposição de prazos exíguos, desprezo, rejeição, humilhações intencionais, ataques à vida pessoal do trabalhador, sua aparência física, seu grau de intelectualidade, sua vida financeira, sua virilidade, deixar de atribuir tarefas ao empregado ou isolá-lo em sala fechada, sonegar-lhe informações, desdenhar das doenças manifestadas pelo trabalhador, colocar outra pessoa para desempenhar suas atribuições, proceder ao desvio de função.

Aquele que pratica assédio moral viola o ordenamento jurídico, pois comete um ato ilícito por meio de uma conduta omissiva ou comissiva contrária ao direito.

3.3. Reiteração das condutas

As condutas de assédio moral devem ser repetitivas. Fatos isolados não configuram assédio moral. Importante aspecto a considerar surge quando a situação conflituosa é exígua no tempo, como o assédio moral na fase pré--contratual, momento em que vários empregadores aproveitam para abusar e humilhar os candidatos durante a realização de testes.

3.4. Consciência do agente

É importante que o sujeito ativo tenha consciência de sua conduta agressora. Deve haver a intencionalidade em praticar o ilícito. Também se configura o assédio moral nas situações em que, embora não haja o propósito deliberado em atingir a dignidade ou integridade física e/ou psíquica do trabalhador, o homem médio teria a possibilidade de prevenir os efeitos danosos.

4. REQUISITOS DO ASSÉDIO MORAL

É necessário cautela ao analisar se em determinada situação concreta o assédio moral está presente ou não. Embora difícil, é importante detectar os pontos caracterizadores do assédio e diferençá-los de outras situações que, às vezes, guardam situações similares, numa linha tênue, cuja precisa identificação é primordial, sob pena de se prestigiar a injustiça.

Marie-France Hirigoyen afirma que "[...] a vitimização excessiva termina por prejudicar a causa que se quer defender. Se, com ou sem razão, enxergarmos o assédio moral a todo instante, o conceito corre o risco de perder a credibilidade".[3]

Assim, para que fique caracterizado o assédio moral, há alguns requisitos que devem estar presentes *in concreto*.

A conduta ofensiva deve estar revestida de continuidade e se prolongar no tempo.[4]

O sujeito agressor tem um objetivo perverso estabelecido previamente, que comumente é levar a vítima à demissão, mas pode também ser impulsionado pelo simples prazer de torturar a vítima.

Também é fundamental avaliar a relação que existe entre o assediar e sua vítima. A regra é o assédio moral vertical, que é a separação entre os sujeitos do assédio por uma relação profissional vertical, embora haja outros tipos de assédio. Nesse sentido, Jorge Luiz de Oliveira da Silva:

> Temos nos referido constantemente a superiores e subordinados. No entanto, como salientado, através do fenômeno da aderência é possível caracterizar o assédio moral por parte dos próprios colegas de trabalho da vítima (horizontal por aderência); assim como, atipicamente, protagonizado somente por estes, por iniciativa própria (horizontal). Poderemos, também, caracterizar o assédio moral neste sentido, de maneira inversa, quando alguém, hierarquicamente superior, detém os princípios e conhecimentos atinentes ao serviço a ser executado, de forma que o superior que não detém tais conhecimentos fique à mercê de seus subordinados, que vêm a utilizar tal fator como forma de aterrorizar seu chefe, através do assédio moral. Esta modalidade, em que pese sua peculiaridade, é mais comum do que se possa imaginar.[5]

---

(3) HIRIGOYEN, 2002. p. 75.
(4) Aqui, o requisito se confunde com um dos elementos de assédio moral, já mencionado anteriormente.
(5) SILVA, Jorge Luiz de Oliveira da. *O assédio moral no ambiente de trabalho*. Rio de Janeiro: Editora e Livraria Jurídica do Rio de Janeiro, 2005. p. 16.

Assim, existem hipóteses que descaracterizam o assédio moral. O estresse, por exemplo, não é assédio moral, não obstante a vítima de assédio moral incorra numa forte carga de estresse. No assédio moral não se cogita em maior produtividade ou rentabilidade para a empresa, o que normalmente faz desencadear o estresse.

Ofensas coletivas ou isoladas não caracterizam o assédio moral individual, de que trata este ensaio.

Agressões isoladas carecem de um elemento fundamental ao assédio moral: a reiteração, habitualidade. Ademais, o assédio moral é velado, sorrateiro, enquanto as agressões isoladas tendem a ser visíveis, abertas.

Já as ofensas coletivas podem até desencadear no assédio moral coletivo ou assédio moral organizacional, que não são objeto de estudo neste trabalho. Nesse sentido, em recente artigo publicado, Adriana Calvo esclarece a diferença entre o assédio moral coletivo e assédio moral organizacional. Argumenta a autora que, no assédio moral coletivo, a situação assediante acontece dentro de um grupo específico na empresa, sem fazer parte da política institucional da empresa, enquanto no assédio moral organizacional as condutas de assédio são generalizadas e institucionalizadas pela própria política organizacional da empresa.[6]

Conflitos no meio ambiente de trabalho também são distintos do assédio moral. O conflito é um fenômeno natural quando há interesses em choque e, se não solucionado, pode desencadear um processo de assédio moral posteriormente.

Há ainda um fenômeno chamado síndrome de *burnout* que, por si só, não constitui assédio moral. O *burnout* é um fenômeno que atinge diretamente as pessoas que trabalham com o público em geral, como professores, vendedores, médicos. Estes profissionais podem desenvolver um esgotamento físico e mental oriundo da relação com o público que os fazem perder a vontade de desempenhar suas funções.

Evidente também que as profissões que exigem um maior desgaste físico ou psíquico, cujas atividades são denominadas insalubres, perigosas ou penosas, nem por isso são caracterizadoras de assédio moral.

5. TUTELA JURÍDICA DO ASSÉDIO MORAL NO BRASIL

No ordenamento jurídico brasileiro não há tutela específica para o assédio moral. Não se pode negar, entretanto, que o assédio moral caracteriza

---

(6) CALVO, Adriana. O assédio moral organizacional e a dignidade da pessoa humana. In: ALMEIDA, Renato Rua de (coord.). *Direitos fundamentais aplicados ao direito do trabalho.* São Paulo: LTr, 2010. p. 16.

inadimplemento contratual e violação da lei e da Constituição Federal. O ator do assédio moral viola as normas insculpidas na CLT, bem como viola as garantias previstas na Constituição Federal e também em tratados internacionais de que o Brasil seja parte. É um ato ilícito e como tal deve merecer o reparo do Estado.

O enquadramento do assédio moral na esfera trabalhista pode acarretar a rescisão por justa causa ou rescisão indireta do contrato de trabalho, dependendo do sujeito agressor. Também devem ser considerados os prejuízos morais e materiais oriundos da situação de assédio, com a possibilidade de reconhecimento do dano moral e patrimonial.

Se uma das partes da relação de emprego não cumprir suas obrigações ou incorrer em grave falta contratual ou legal, poderão ser invocados os arts. 482 e 483 da CLT, que constituem a principal fonte legislativa nesse sentido, embora não a única.

Em caso de assédio moral praticado pelo empregado, o empregador poderá aplicar ao empregado a pena máxima da rescisão do contrato de trabalho, desde que a conduta do empregado esteja tipificada nos incisos do art. 482 da CLT, haja reação imediata para não caracterizar o perdão tácito e haja tamanha gravidade que não seja mais possível manter a relação de emprego.

Se a conduta degradante do empregador ou superior hierárquico impede a continuidade do pacto laboral, seja porque torna insustentável a continuidade da relação de emprego, seja porque não garante um meio ambiente de trabalho sadio, pode restar configurada a situação de rescisão indireta de trabalho, nos termos do art. 483 da CLT.

Nesse contexto, o empregador atribui à vítima tarefas impossíveis de serem executadas (art. 483, letra "a", da CLT), seja em decorrência de seu aspecto físico, de sua idade, saúde ou grau de instrução. A atribuição ao empregado de serviços alheios ao contrato de trabalho se dá quando são delegadas à vítima tarefas estranhas àquelas pelas quais fora contratada, ou tarefas inferiores ou superiores à sua competência, com o rebaixamento ou desvio de função.

O inadimplemento contratual capitaneado pela alínea "d" do art. 483 da CLT é a prática mais comum, pois o empregador deixa de cumprir as obrigações do contrato já com intuito perverso de forçar um pedido de demissão. Nessa situação, há os casos de redução de salários, não pagamento ou atraso de salários, o não fornecimento de material de trabalho, o isolamento do empregado, a inação (CLT, art. 483, legra "g").

O rigor excessivo praticado pelo empregador ou superior hierárquico (art. 483, letra "b") é a intransigência de tratamento para com o empregado, mas não se confunde com a falta de educação ou descortesia. O rigor excessivo dá-se normalmente no excesso de punições disciplinares impostas ao empregado se guardarem uma desproporcionalidade com o teor da falta praticada. A proibição de utilização de sanitários, a exigência de silêncio absoluto, a fixação de quotas impossíveis de produção, a não aceitação de atestados médicos são situações que caracterizam o rigor excessivo.

O perigo manifesto de mal considerável (art. 483, letra "c") é o perigo evidente que pode resultar nas instalações do maquinário, da maneira que o empregador ordenou que o serviço fosse executado, da iminência de acidente de trabalho, de modo que ameace a integridade física e psíquica do trabalhador.

Resta configurado o ato lesivo à honra e boa fama (art. 483, letra "e") nas ofensas verbais, insinuações, gestos, visando a atingir o empregado, desqualificá-lo e humilhá-lo perante os demais, atribuindo rumores a respeito de sua vida pessoal e sexual, invocando-lhe apelidos vexatórios ou humilhantes, com o propósito deliberado de invadir sua privacidade e intimidade.

Já as ofensas físicas (art. 483, letra "f") podem ser praticadas dentro ou fora da empresa, cujo agressor pode ser o próprio empresário ou um de seus prepostos. Uma única agressão pode dar ensejo à aplicação de justa causa por parte do empregador, mas não configura assédio moral.

5.1. Responsabilidade penal

Não há tipo penal específico para a figura do assédio moral, mas não há dúvidas de que a conduta do sujeito ativo poderá também ofender bens juridicamente tuteláveis pelo ordenamento jurídico penal.

Desta forma, o assédio moral poderá ser enquadrado nos crimes já previstos no Código Penal brasileiro.

O sujeito ativo poderá ser responsabilizado pela morte da vítima, nos termos do art. 121 do Código Penal, se ilustrativamente tiver conhecimento de alguma doença da vítima que foi agravada em decorrência da violência perversa (cardiopatia, por exemplo). Também poderá ser enquadrado nos termos do art. 122 do Código Penal, ou seja, auxílio, induzimento ou instigação ao suicídio. Poderá, ainda, incorrer em crime de aborto, se a vítima estiver gestante e o agressor tiver conhecimento.

O tipo legal de lesão corporal descrito no art. 129 do Código Penal bem se amolda ao histórico de assédio moral, pois a lesão corporal abrange não apenas a integridade fisiológica e anatômica, mas também o aspecto psíquico da vítima.

Os crimes contra a honra previstos nos arts. 128 (calúnia), 139 (difamação) e 140 e parágrafos (injúria), todos do Código Penal brasileiro, abarcam muitas das condutas de assédio moral utilizadas pelo ofensor.

Há ainda os crimes de constrangimento ilegal e ameaça (arts. 146 e 147 do CP), bem como o delito de redução à condição análoga à de escravo (art. 149 CP), e ainda os crimes elencados no Capítulo dos Crimes contra a Organização do Trabalho, tudo a depender da conduta do sujeito ativo e da situação concreta.

5.2. *O dano moral decorrente de assédio moral*

Embora o assédio moral cause prejuízos à saúde física e psíquica da vítima, atinge sua dignidade de forma avassaladora, cujo sentimento de indignação não tem valor patrimonial, mas não deve ficar sem reparação.

A situação lesiva poderá ocorrer na fase pré-contratual, durante a vigência do contrato e na fase pós-contratual. Na fase pré-contratual surgem muitas oportunidades ao empregador para violar a intimidade e a vida privada do empregado. Ressalta Alice Monteiro de Barros que:

> Premido pela necessidade econômica e pela dificuldade de obtenção de trabalho, não raro o aspirante a um emprego "abdica de aspectos de sua personalidade, em garantia da adesão de seu comportamento futuro à vontade ordenadora do empregador". E o empregador, por sua vez, deveria limitar-se a obter dados sobre a capacidade profissional do empregado, imprescindíveis a uma eficiente organização do trabalho, mas nem sempre se contenta com esses dados e invade a vida privada do candidato ao emprego, atendo-se a circunstâncias ou características pessoais sem qualquer conexão com a natureza da prestação de serviços, que permitem levar a cabo discriminação, vedada pelo texto constitucional.[7]

Durante a vigência do contrato, conforme já demonstrado, muitas condutas reiteradas, injustificadas e perversas podem configurar assédio moral. Na fase pós-contratual há a possibilidade de o ex-empregador denegrir a imagem do trabalhador, inclusive dificultando o acesso a outro emprego.

Se o empregador delega atribuições a terceiros por não lhe ser possível desempenhar todos os seus encargos ou mesmo por mera conveniência, é possível a configuração da conduta ilícita por ocorrência da *culpa in eligendo* (má escolha do empregado ou superior hierárquico) e *culpa in vigilando*

---

(7) BARROS, Alice Monteiro de. *Proteção à intimidade do empregado*. São Paulo: LTr, 1997. p. 54.

(ausência de diligência necessária quanto à conduta do escolhido). A empresa condenada a pagar indenização por dano moral em razão de conduta assediante de terceiro poderá ajuizar ação de regresso em face daquele empregado ou superior hierárquico que cometeu o assédio moral.

6. TUTELA JURÍDICA DO ASSÉDIO MORAL EM PORTUGAL

A Constituição da República portuguesa elenca um cabedal de normas que asseguram a defesa contra situações de assédio moral. Cabe destacar a menção à dignidade da pessoa humana, prevista no art. 1º da norma constitucional.

Na Constituição portuguesa há a garantia ao princípio da igualdade, conforme art. 13º, no qual está declarado que todos os cidadãos têm a mesma dignidade social e são iguais perante a lei.

O art. 21º reconhece o direito de resistência e o art. 25º reconhece o direito à integridade pessoal. Já o art. 26º protege o direito ao bom nome, reputação, imagem, à palavra, à reserva da intimidade, da vida privada e familiar e à proteção legal contra quaisquer formas de discriminação.

A Constituição portuguesa, de forma desafiante, garante aos trabalhadores a segurança no emprego, sendo proibidos os despedimentos sem justa causa ou por motivo político ou ideológico, conforme art. 53º. Não há norma similar explícita no direito brasileiro, embora haja estudos no sentido de se aplicar a necessidade de um justo motivo para o empregador brasileiro proceder à dispensa sem justa causa.[8]

Assim, o art. 53º da Constituição Portuguesa é norma protetora e fonte de inspiração para outros ordenamentos jurídicos em que não há regra similar. Entretanto, não obstante a gradiosidade da norma constitucional alienígena, ela pode propiciar em Portugal o afloramento de situações de assédio moral no ambiente de trabalho, por parte do empregador. São casos em que o empregado assediado, já desgostoso com a situação extenuante, acaba por tomar a iniciativa de ele pôr fim ao vínculo laboral, uma vez que o empregador não pode cessar unilateralmente e sem justa causa o contrato de trabalho.

Vê-se, claramente, que o cabedal de proteção à dignidade da pessoa humana previsto na Constituição da República portuguesa guarda algumas semelhanças com a Constituição Federal brasileira. Essas normas da Constituição Portuguesa são seguramente aplicáveis a situações de assédio moral, não obstante a jurisprudência portuguesa seja escassa em relação ao assunto.

---

(8) ALMEIDA, Renato Rua de. Subsiste no Brasil o direito potestativo do empregador nas despedidas em massa? *Revista LTr*, São Paulo, v. 73, n. 4, p. 391-393, abr. 2009.

Relativamente ao atual Código de Trabalho português, Lei n. 7, de 12 de fevereiro de 2009, há que se destacar a definição de assédio no art. 29º, *verbis*:

> Art. 29º
>
> Assédio
>
> 1 — Entende-se por assédio o comportamento indesejado, nomeadamente o baseado em factor de discriminação, praticado quando do acesso ao emprego ou no próprio emprego, trabalho ou formação profissional, com o objectivo ou o efeito de perturbar ou constranger a pessoa, afectar a sua dignidade, ou de lhe criar um ambiente intimidativo, hostil, degradante, humilhante ou desestabilizador.
>
> 2 — Constitui assédio sexual o comportamento indesejado de carácter sexual, sob forma verbal, não verbal ou física, com o objectivo ou o efeito referido no número anterior.
>
> 3 — À prática de assédio aplica-se o disposto no artigo anterior.
>
> 4 — Constitui contraordenação muito grave a violação do disposto neste artigo.

Constata-se que a legislação trabalhista portuguesa trata em artigo específico o assédio, englobando na mesma norma o assédio moral e o assédio sexual. No direito brasileiro, não há na Consolidação das Leis do Trabalho dispositivo específico que se refira ao assédio moral e o assédio sexual está previsto expressamente no art. 216-A do Código Penal brasileiro.

Mago Graciano de Rocha Pacheco, referindo-se ao art. 24º do Código de Trabalho Português de 2003, dispõe:

> O art. 24º do Código do Trabalho, por si só, não regula o assédio moral no trabalho. Apesar da ausência de um conceito de assédio moral expressamente consagrado no ordenamento nacional, o apoio normativo basilar, conferido a este fenómeno, encontra-se no art. 25º da Constituição Portuguesa, mais especificamente no reconhecimento do direito à integridade moral, que por consequência, proscreve todos aqueles tratos comissivos ou omissivos degradantes, humilhantes, vexatórios em salvaguarda do respeito devido a toda a pessoa humana. O art. 18º, do Código do Trabalho, consagra a integridade moral no domínio do direito do trabalho e, nesse sentido, assume-se como preceito basilar na regulamentação do assédio moral. Com a consagração do direito à integridade moral postulado no art. 18º, do CT, fica incontornável a protecção que lhe é conferida no domínio do direito do trabalho. A conjunção dos arts. 18º e 24º do Código do Trabalho permite a regulamentação do assédio moral no trabalho.[9]

---

(9) PACHECO, Mago Graciano de Rocha. *O assédio moral no trabalho:* o elo mais fraco. Coimbra: Almedina, 2007.

O novo dispositivo do Código de Trabalho português de 2009 tem a pretensão de trazer uma definição de assédio, e o faz de forma ampla, inclusive com a menção do assédio na fase pré-contratual.

Vários artigos do Código de Trabalho português de 2009 têm aplicabilidade às situações de assédio moral. Assim, o art. 15º estabelece que o empregador e empregado gozam do direito às respectivas integridade física e mental.

O art. 16º dispõe que empregador e trabalhador devem respeitar os direitos de personalidade da contraparte, cabendo-lhes, designadamente, guardar reserva quanto à intimidade da vida privada. Estabelece a parte 2 do referido artigo que o direito à reserva da intimidade da vida privada abrange quer o acesso, quer a divulgação de aspectos atinentes à esfera íntima e pessoal das partes, nomeadamente relacionados com a vida familiar, afetiva e sexual, como estado de saúde e com as convicções políticas e religiosas.

O art. 17º garante a proteção de dados pessoais, de forma que o empregador não pode exigir do candidato a emprego ou do trabalhador que preste informações: relativas à sua vida privada, salvo quando estas sejam estritamente necessárias e relevantes para avaliar a respectiva aptidão no que respeita à execução do contrato de trabalho e seja fornecida por escrito a respectiva fundamentação; à sua saúde ou estado de gravidez, salvo quando particulares exigências inerentes à natureza da atividade profissional o justifiquem e seja fornecida por escrito a respectiva fundamentação.

Já o art. 23º aborda conceitos em matéria de igualdade e não discriminação, considerando discriminação direta, sempre que, em razão de um fator de discriminação, uma pessoa fique sujeita a tratamento menos favorável do que aquele que é, tenha sido ou venha a ser dado a outra pessoa em situação comparável; considera discriminação indireta, sempre que uma disposição, critério ou prática aparentemente neutra seja susceptível de colocar uma pessoa, por motivo de um fator de discriminação, numa posição de desvantagem comparativamente com outras, a não ser que essa disposição, critério ou prática seja objetivamente justificada por um fim legítimo e que os meios para o alcançar sejam adequados e necessários; considera discriminação a mera ordem ou instrução que tenha por finalidade prejudicar alguém em razão de um fator de discriminação.

Determina ainda o Código de Trabalho português no art. 24º que todos devem ter direito à igualdade no acesso a emprego e no trabalho.

A legislação trabalhista portuguesa garante um rol de direitos dirigidos à dignidade do trabalhador e sem dúvida é em muitos aspectos superior à legislação trabalhista brasileira.

7. EFEITOS DO ASSÉDIO MORAL NAS RELAÇÕES DE TRABALHO

O assédio moral ocasiona prejuízos não só à vítima, mas também ao empregador, à coletividade e ao Estado.

De um modo geral, causa danos à vítima no campo pessoal e profissional. Traz consequências ao empregador e à empresa, seja acarretando a queda da produtividade, o pagamento de indenizações, o aumento do índice de empregados afastados por doença do trabalho, a elevação da rotatividade de mão de obra e o desprestígio do conceito da empresa perante a opinião pública. Acarreta prejuízos à coletividade e ao Estado com o pagamento de aposentadorias precoces, auxílio-doença, seguro-desemprego, etc.

Conforme Raimundo Simão de Melo:

> "O meio ambiente do trabalho adequado e seguro é um dos mais importantes e fundamentais direitos do cidadão trabalhador, o qual, se desrespeitado, provoca agressão a toda a sociedade que, no final das contas, é quem custeia a Previdência Social, responsável pelo Seguro de Acidentes do Trabalho — SAT".[10]

A Constituição Federal de 1988 elenca os princípios que norteiam os direitos da personalidade e o respeito à dignidade da pessoa humana. Estes direitos são protegidos no ordenamento jurídico nacional, sujeitando seus violadores à responsabilização e indenização.

7.1. Consequências para a vítima

O assédio moral pode trazer diversos tipos de consequências para o assediado, dependendo de seu perfil psicológico, de sua condição no mercado de trabalho, bem como de sua situação social.

A vítima pode ser uma pessoa bem colocada no mercado de trabalho, portadora de um currículo considerável. Assim, embora afetada por pressões psicológicas dentro da empresa, pode ser que sua autoestima não seja atingida, sendo capaz de superar o terrorismo psicológico e galgar outro posto de trabalho. Aí, as consequências danosas serão suportadas pelo empregador, que perdeu um bom profissional.

Contudo, se a vítima apresenta o perfil ideal para o assediador cumprir seu intento, seja em razão da idade, preferência sexual, raça, crença religiosa,

---

(10) MELO, Raimundo Simão de. *Direito ambiental do trabalho e a saúde do trabalhador.* São Paulo: LTr, 2004. p. 29.

deficiência de que é portadora, padrão salarial, honestidade, escrúpulo, dedicação ao trabalho, competência, ou qualquer outra característica que por hipótese reúna, sua capacidade de se opor ao assédio moral pode ser restrita, mormente porque representa o papel mais fraco nessa relação.

A vítima do assédio é atingida bruscamente em sua autoestima, em seu amor próprio, em sua dignidade. Passa a vivenciar um meio ambiente de trabalho repleto de hostilidades, que traz danos à sua saúde psíquica e física, como desmotivação, estresse, isolamento. Os sentimentos são os de medo, angústia, revolta, tristeza, vergonha, raiva, sensação de inutilidade, desvalorização pessoal e profissional, o que pode desencadear um quadro de depressão tão profundo, com risco até de suicídio. Ela adoece primeiro psicologicamente e depois fisicamente.

Segundo a psicóloga Margarida Barreto, o assédio "gera grande tensão psicológica, angústia, medo, sentimento de culpa e autovigilância acentuada. Desarmoniza as emoções e provoca danos à saúde física e mental, constituindo-se em fator de risco à saúde nas organizações de trabalho."[11]

Quando a situação originária de estresse profissional evolui, surgem diversos tipos de doenças, tais como melancolia, depressão, pânico, insônia, perda da memória, vertigens, podendo atingir o aparelho digestivo, ocasionando gastrite, úlceras etc. Pode ainda alcançar o aparelho respiratório e ocasionar tonturas, falta de ar, sensação de sufocação. Nas articulações podem ocorrer dores musculares, fraqueza nas pernas, dores nas costas e na coluna. Os danos à saúde física também podem ser infecções e viroses.

Os danos à saúde física e mental decorrentes de assédio moral devem ser considerados como doenças, do trabalho, pois o trabalho realizado num clima de pressão psicológica, competitividade excessiva e constante fiscalização é causador de muitas doenças ocupacionais. Infelizmente, os médicos do trabalho e peritos do INSS ainda são reticentes em reconhecer o diagnóstico como doença do trabalho.

Configura-se, à evidência, que o assédio moral ainda guarda muitas restrições para seu reconhecimento perante empresários, profissionais da saúde e o próprio órgão previdenciário. Verifica-se, ainda, que muitos casos de assédio moral ganham contorno de depressão ao se descrever a doença no Comunicado de Acidente do Trabalho.

A médica brasileira Margarida Barreto, em sua pesquisa sobre assédio moral, detectou que 42% das pessoas entrevistadas apresentaram problemas sérios de humilhação no trabalho. Revelou, ainda, que são as mulheres que estão mais expostas ao assédio moral, sendo assim as mais humilhadas.

---

(11) BARRETO, Margarida Maria Silveira. *Violência, saúde e trabalho* (uma jornada de humilhações). São Paulo: EDUC, 2003. p. 157.

Entretanto, são os homens que mais pensam em suicídio. Trinta por cento de um grupo de pessoas entrevistadas passaram a usar drogas e bebidas alcoólicas, sendo os homens os mais atingidos.

A vítima também enfrentará uma redução patrimonial, pois comumente investirá muito dinheiro com remédios, tranquilizantes, tratamentos médicos e psicológicos. As licenças médicas também provocam uma redução de ganhos. Se a capacidade laboral da vítima diminuir, o que fatalmente ocorrerá, deixará de auferir gorjetas, prêmios, horas extras, comissões. Se a vítima não conseguir aguentar as pressões e resolver romper o contrato de trabalho por iniciativa própria, ou ainda se for demitida por justa causa, suportará prejuízos como a perda da indenização, impossibilidade de levantar os valores do FGTS, pagamento de aviso prévio. Terá ainda de procurar nova colocação num mercado de trabalho competitivo que poderá já estar saturado, ou ainda encontrar grandes dificuldades de recolocação.

Caso o empregado permaneça na empresa, a sua produtividade estará diretamente ligada à situação de estresse que enfrenta. Num ambiente hostil e repleto de problemas de relacionamento, certamente não haverá condições de o empregado desenvolver plenamente suas potencialidades e trabalhar com a qualidade e quantidade que seria de se esperar de um profissional competente e cumpridor de seus deveres. Logicamente, isso motivará constantes afastamentos por motivo de saúde ou até por acidente de trabalho.

Assim, conclui-se que as repercussões que o assédio moral provoca em relação à vítima não são somente em relação à saúde, como também na esfera patrimonial, devendo ser contabilizados conjuntamente para efeitos de indenização.

Mas se já não bastassem os danos à saúde e patrimônio da vítima, o assédio moral provoca um terceiro efeito: os danos às relações interpessoais da vítima. O convívio familiar e social do trabalhador será inevitavelmente atingido. Corriqueiramente, o assediado é chamado de paranoico, louco, não sendo levado a sério. Isso traz transtornos gravíssimos a outras esferas da vida, pois fica desacreditado perante seus amigos e família, podendo acarretar isolamento, separações e divórcios. A vida sexual da vítima e o relacionamento com os filhos e cônjuge também podem ser atingidos. O assediado fica sem interesse em participar de eventos sociais e encontros com amigos. Isola-se do convívio social e às vezes os amigos e a família nem sabem o motivo, pois o assediado prefere manter o segredo por vergonha ou sensação de frustração.

7.2. Consequências previdenciárias do assédio moral

Conforme exposto, o assédio moral gera doenças que atingem a saúde física e psíquica do trabalhador, que, por sua vez, atingem sua produtividade, podendo retirá-lo do ambiente de trabalho.

Marie-France Hirigoyen descreve um interessante relato ocorrido na França, em agosto de 1996. Uma faxineira de um estabelecimento de ensino tentou suicidar-se pulando do terceiro andar da escola. A conduta suicida da faxineira foi provocada devido ao assédio moral que estava sofrendo reiteradamente no local de trabalho por sua chefia. À empregada foi reconhecido o direito ao seguro social, pois foi estabelecido o nexo causal entre a conduta perversa do empregador e a consequência desesperadora para a vítima, tanto que tentou suicidar-se e ficou paraplégica.

Os acidentes do trabalho subdividem-se em quatro classificações, que são: a) doenças ocupacionais (profissionais e do trabalho); b) acidentes-tipo ou típicos (nas atividades de risco, por condições inseguras de trabalho e por ato inseguro de culpa exclusiva do trabalhador); c) por ato ou fato de terceiro; e d) em relação ao servidor público.[12]

Para efeitos previdenciários, são considerados acidentes do trabalho os acidentes-tipo, doenças profissionais e doenças do trabalho.

O art. 19 da Lei n. 8.213/91 conceitua acidente de trabalho, *in verbis*:

Art. 19. Acidente do trabalho é o que ocorre pelo exercício do trabalho a serviço da empresa ou pelo exercício do trabalho dos segurados referidos no inciso VII do art. 11 desta Lei, provocando lesão corporal ou perturbação funcional que cause a morte ou a perda ou redução, permanente ou temporária, da capacidade para o trabalho.

O art. 20 da mesma Lei trata do acidente por equiparação:

Art. 20. Consideram-se acidente do trabalho, nos termos do artigo anterior, as seguintes entidades mórbidas:

I — doença profissional, assim entendida a produzida ou desencadeada pelo exercício do trabalho peculiar a determinada atividade e constante da respectiva relação elaborada pelo Ministério do Trabalho e da Previdência Social;

II — doença do trabalho, assim entendida a adquirida ou desencadeada em função de condições especiais em que o trabalho é realizado e com ele se relacione diretamente, constante da relação mencionada no inciso I.

Assim, tendo em conta o teor da norma, o assédio moral será enquadrado no inciso II do art. 20, da Lei n. 8.213/91, como acidente do trabalho por equiparação, por ser doença adquirida ou desencadeada em função de condições especiais de trabalho. É óbvio que existe a possibilidade de a vítima sofrer o acidente do trabalho tipo, até mesmo em decorrência da submissão às condições perversas de trabalho. Nesses casos, estabelece-se o nexo causal entre trabalho, acidente e incapacidade. O segurado empregado faz jus ao benefício previdenciário em ambas as possibilidades.

O Decreto n. 3.048/99, que regulamenta a Lei n. 8.213/91, relaciona como doenças ocupacionais o *Stress* Grave e Transtornos de Adaptação, advindos

---

(12) MELO, 2004. p. 223.

de dificuldades físicas e mentais relacionadas com o trabalho; a neurose profissional, decorrente de problemas relacionados com o emprego e desemprego, mudança de emprego, ritmo de trabalho penoso, desacordo com empregador e colegas etc.; e a síndrome de esgotamento profissional desencadeada pelo ritmo de trabalho penoso e outras dificuldades relacionadas com o trabalho.

Assim, há previsão legal para o reconhecimento de doenças desencadeadas pelo *stress* profissional, aqui considerando o *stress* em sentido amplo. A organização do trabalho atual e a relação capital-trabalho atingem, cada vez mais, a saúde mental do trabalhador. É direito do trabalhador um ambiente de trabalho psicologicamente saudável.

Entretanto, ainda são poucos os casos em que os trabalhadores se afastam do emprego por acidente de trabalho decorrente de assédio moral. As empresas não reconhecem espontaneamente o assédio moral praticado pelo empregador, superior hierárquico ou outro empregado, aqui na modalidade horizontal. Ademais, a autarquia previdenciária também resiste em reconhecer o acidente por doença do trabalho decorrente de assédio moral.

À vítima cabe o direito às prestações pecuniárias em relação ao Instituto Nacional do Seguro Social decorrentes do seguro obrigatório, bem como a possibilidade de ingressar com ação judicial em relação ao empregador pleiteando danos morais e materiais decorrentes do assédio moral praticado pelo empregador, seus prepostos ou por outro empregado.

7.3. *Consequências para o empregador*

Assim como para a pessoa da vítima, as consequências do assédio moral para as empresas também são nefastas. A organização e o desenvolvimento do trabalho são prejudicados pela situação de assédio.

Com as relações interpessoais em crise, os conflitos surgem numa proporção cada vez maior. O assediado busca o isolamento ou entra em atrito com os demais trabalhadores. O desempenho pessoal do assediado fica prejudicado. Paralelamente, os efeitos maléficos se reproduzirão perante o trabalho em equipe, gerando um ambiente de trabalho degradante e desumano, repleto de desconfianças e insegurança. E aí que pode surgir o assédio moral por aderência. Considerando os problemas de relacionamento entre a vítima e seus companheiros, não é difícil estes acabarem aderindo ao processo de assédio, buscando eliminar o problema. Sucede-se uma situação de assédio em cadeia que repercute em todos os cantos da empresa. Alguns empregados se isolam, outros se rebelam contra a situação.

A vítima não consegue manter o mesmo ritmo de trabalho; a produtividade e eficiência são prejudicadas. Essa situação gera impacto sobre a saúde da empresa, pois ela arcará com o pagamento de salários para um empregado que não consegue desenvolver suas atividades a contento.

Se o empregado sair da empresa, seja em razão de desligamento definitivo ou em decorrência de afastamentos legais, a empresa ainda arcará com as despesas decorrentes de substituição e treinamento de outro empregado. Há estudos que demonstram os custos decorrentes em substituir um empregado em licença médica: de duas a três vezes o salário dessa pessoa.

Marie-France Hirigoyen afirmou durante o I Seminário Internacional de Assédio Moral no Trabalho, realizado em 30 de abril de 2002, na cidade de São Paulo, que o assédio moral é um péssimo negócio para as empresas, conforme transcrito abaixo:

> O assédio moral é um péssimo "negócio" para as empresas, pois não é um método eficiente na medida em que causa perda de produtividade. Para que as pessoas trabalhem bem e produzam bastante elas precisam ter boas condições e ambiente de trabalho saudável. As pessoas precisam estar bem para produzir bem. Serem respeitadas como seres humanos. Estamos num sistema que perdeu sentido, num sistema louco. Desestruturam-se as pessoas deixando-as totalmente desmotivadas e depois se reclama que não são suficientemente eficientes, que não produzem de forma satisfatória. Isto não tem sentido! Seria necessário, pelo contrário, melhorar sempre as condições de trabalho, fazer com que as pessoas tenham vontade de trabalhar, reconhecendo e respeitando seus esforços, o que, certamente, levaria a empresa a obter melhores resultados.
>
> Um dos argumentos que utilizo, atualmente, para ser ouvida, que dei para os políticos na França e que agora dou para as empresas, para que sejam vigilantes e que façam uma política de prevenção do assédio moral, é que o assédio moral não é produtivo, é péssimo, e custa caro. Custa caro para as vítimas porque são obrigadas a se tratar, às vezes perdem seus empregos, são, às vezes, obrigadas a recorrer a um advogado para se defender, portanto, custa caro para as vítimas. Isto também custa caro para a sociedade porque as pessoas ficam doentes e impedidas de trabalhar. Custa caro também para as empresas porque há, efetivamente, o problema do absenteísmo associado a uma grande desmotivação e perda de produtividade. Quando dou argumentos financeiros aos dirigentes, aos donos de empresas, eles me ouvem, não ouvem sempre

quando falo de respeito, das pessoas, de questão de ética, de dignidade, isto são palavras que, mesmo sendo boas, eles não entendem. Mas quando falamos de números ou quando falamos: "cuidado, isto custa caro", "cuidado, é ruim para a imagem de uma empresa se isto for a público", se, por exemplo, se "comentar nos jornais que em tal empresa as pessoas sofrem e são maltratadas", isto são argumentos que hoje são ouvidos e hoje, na França, também, temos esta lei e, quando o assédio moral se produz numa empresa, os dirigentes da empresa ou da organização são sancionados, às vezes, muito duramente, mas, também, o agressor é sancionado.[13]

Assim, verifica-se que os danos que o assédio moral pode acarretar para as empresas abrangem não só prejuízos para a produtividade empresarial, mas também arrasta à ruína financeira e m face das indenizações judiciais que a empresa possa vir a ser condenada a arcar.

A empresa deve investir na política de recursos humanos voltada para o bem-estar do trabalhador, adotando condutas preventivas em relação ao assédio moral.

A empresa também deve preocupar-se com o conceito que desfruta perante a opinião pública e o mercado consumidor. O assédio moral repercute também fora da empresa como referência negativa, o que por si só já traz prejuízos significativos para as empresas. Enquanto na iniciativa privada o foco está centrado nos prejuízos financeiros, na Administração Pública a repercussão do assédio moral é a qualidade na prestação de serviços.

7.4. Consequências para o Estado

O assédio moral também gera danos ao Estado como um todo. Já se mencionou acima as consequências previdenciárias que o assédio moral pode acarretar, como o pagamento de aposentadorias precoces, auxílio-doença e benefícios por acidentes do trabalho. Há também a questão da reabilitação profissional que é assumida pela previdência social. Os danos previdenciários que o assédio moral acarreta são danos ao Estado e à sociedade em geral, pois é esta quem arca com os prejuízos, pois recolhe tributos. Um trabalhador que se aposenta precocemente em decorrência da violência psicológica sofrida no trabalho determina um agravamento de custos para a coletividade em geral.

Afora os custos direcionados à previdência social, o assédio moral repercute negativamente no Estado em relação à política trabalhista,

---

(13) Íntegra do pronunciamento da Dra. Marie-France Hirigoyen disponível em: <http://www.assediomoral.org.> Tradução Oficial do evento. Acesso em 10 jul. 2010.

intensificando a já problemática questão do desemprego. Isso prejudica sensivelmente a evolução do país, pois o Estado terá de adotar ou fortalecer políticas protetoras, algumas já em andamento como o seguro-desemprego, por exemplo.

Os custos direcionados à política de saúde também são significativos. Para o tratamento das patologias oriundas do assédio moral, o Estado arca com o pagamento de profissionais da saúde, tratamentos e equipamentos médicos, além das instalações, tudo custeado por meio do Sistema Único de Saúde — SUS.

O assédio moral no serviço público propicia a ineficácia na qualidade e quantidade de serviços prestados. Aí o interesse do Estado também deve ser defendido, a par do interesse da vítima.

6. A ÉTICA E O ASSÉDIO MORAL

O ser humano deve pautar-se pelo que é bom e correto. A postura ética é o que se espera para a conduta humana. O comportamento do homem e os princípios que adota denunciam sua personalidade, sua responsabilidade social, seus valores morais, sua relação com o próximo e a preocupação com as diferenças sociais.

A ética de nossa sociedade abrange a ética empresarial, mormente porque o trabalho faz parte da vida das pessoas e é questão de dignidade. Dentro da ética empresarial, o indivíduo demonstra sua ética pessoal. A vida e o cotidiano do indivíduo não transmudam de tonalidade quando deixam o chão da fábrica. Tampouco o sujeito passa a ser outro no momento em que chega à empresa para mais um dia de trabalho. Nos limites da empresa, o sujeito revela sua personalidade e cada indivíduo tem seu próprio padrão de valores.

A atual Economia de Mercado já percebeu que o assédio moral gera grandes perdas econômicas. O relacionamento interpessoal nas profissões é cada vez mais valorizado, até mesmo em detrimento do mercado. As empresas, preocupadas com a ética e a moral, passaram a adotar códigos de ética e de gerência e passaram a investir mais na formação ética de seus componentes. A sociedade atual espera e exige comportamento ético por parte das empresas e estas gostam de passar a imagem de que são empresas éticas.

Muitos setores da iniciativa privada e da Administração Pública passaram a adotar um código de ética como meio de prevenir o assédio moral e instaurar no ambiente de trabalho uma postura ética. Importante registrar que a ética vem a ser uma conduta interna do indivíduo consciente. Se a ética advém de dentro para fora, a imposição de um código de ética nas empresas não conterá o desencadeamento do assédio moral quando os valores do indivíduo forem defeituosos por natureza.

No Brasil muitas empresas possuem códigos de ética, mas algumas não cumprem suas disposições. Assim, não raro são apenas instrumentos sem qualquer eficácia que de nada adiantam se não houver a conscientização de todos os componentes da organização empresarial acerca dos valores e princípios morais e éticos.

A ética é um conjunto de princípios que defende a verdade, o respeito e a valorização do ser humano. Para ser ético no trabalho, é preciso antes de tudo ser dotado de princípios éticos e valores morais.

Considerando, entrementes, que o sujeito assediante não adota esse proceder ético, é necessário entender, ainda que de maneira breve e nos estreitos limites deste trabalho, as razões que impulsionam a mente do assediador, os motivos que o fazem desprezar conceitos éticos.

O comportamento do assediador espelha suas facetas negativas. Ele pode ter várias motivações para adotar tal procedimento. Pode ser a inveja, busca ou manutenção do poder, discriminação. O comportamento da vítima também variará de acordo com sua personalidade. Ela pode enfrentar a situação de assédio ou pode sucumbir às agressões.

Embora já existam muitas legislações que cuidam dos efeitos do assédio moral, tanto na seara criminal, como na seara da responsabilidade civil, a despeito disso, o assediador não deixa de ser um tirano, porque desprovido de conteúdos éticos.

Assim, a tutela legal deve existir, e é bom que assim o seja, mas a essência do assédio moral são os padrões éticos. A lei será insuficiente para conter o assédio moral, se não houver uma conscientização ética das pessoas envolvidas no processo. A conscientização é mais importante que as leis, embora estas também tenham seu valor.

Qualquer que seja a motivação do assediador, sua conduta já revela um ser desprovido de caráter.

Na verdade, o sujeito que pratica o assédio moral é um infeliz que busca a felicidade de forma equivocada. Sua felicidade advém de buscas e conquistas que atropelam seus semelhantes. O prazer é passageiro e equivocado e ele não alcança a felicidade, uma vez que voltará a assediar.

Pode ser que seu perfil seja de um ser carente, que acumula frustrações ao longo da vida pessoal e/ou profissional. Ele busca suprir ou compensar sua frustração na dominação. Sente-se superior, poderoso, inatingível.

O sujeito assediador é um ser desequilibrado. Desincumbiu-se de cultivar valores morais ao longo de sua vida. É uma pessoa que se volta para os extremos. Não alcança a mediania, característica do homem reto. Ou é muito medroso ou se arrisca demais. Jamais consegue o meio-termo. Assim, ao sujeito assediador falta o equilíbrio. Ele peca pelo excesso ou pela carência.

Outra característica do sujeito assediador é a noção própria e defeituosa que tem de sua magnitude. Ele se acha um ser superior aos outros. Atribui a si uma falsa grandiosidade, julga-se acima do bem e do mal. Às vezes, ele nem ocupa um papel de destaque na empresa, mas tem uma inexata percepção própria. Nessa condição, o agressor é um insensato, pois não é capaz de enxergar nada além dele mesmo. Está encarcerado na irrealidade, na imaginação.

Se o sujeito assediante está em busca do poder em demasia, pode acreditar que a vítima é obstáculo ao almejado poder. Nesses casos, não conhece a honra verdadeira, porque confunde honra com poder. Se, ao contrário, não tem qualquer tipo de ambição, a promoção de um subordinado pode desencadear o assédio.

Denota-se que há ausência de contornos éticos nas condutas do assediador. Quaisquer que sejam os motivos que impulsionam suas atitudes, revela-se o desvirtuamento de caráter.

CONCLUSÃO

Demonstrou-se ao longo deste trabalho o fenômeno assédio moral individual como atentado à dignidade do trabalhador e sua repercussão no mundo do trabalho. É certo que o problema do assédio moral jamais será erradicado, pois faz parte da sociedade capitalista e competitiva da atualidade, mas também é certo dizer que há meios de minimizá-lo gradativamente. Dessa forma, imprescindível a consideração de que o trabalho tem valor inestimável e que o trabalhador, antes de ser trabalhador, é um ser humano dotado de dignidade e que como tal possui um acervo de direitos fundamentais garantidos constitucionalmente. O cabedal de normas jurídicas previstas em nosso ordenamento jurídico, tendentes a prevenir e penalizar o assédio moral, entre elas o art. 5º da Constituição Federal, o art. 483 da CLT, os arts. 129, 138, 139 e 140 do Código Penal, relativos a crimes de lesões corporais, crimes de calúnia, difamação e injúria, bem assim a reparação pelo dano moral e material são algumas normas aptas a tutelar o assédio moral no Brasil. No Código de Trabalho português, há dispositivo legal que define o assédio. A defesa do assédio moral na legislação portuguesa pode ser encontrada em diversos dispositivos do Código de Trabalho português que se referem a direitos de igualdade, não discriminação, proteção, integridade física e moral. A

Constituição da República portuguesa também dispõe de normas de combate ao assédio e traz um rol de proteção à dignidade humana do trabalhador.

Não obstante toda essa tutela jurídica que deve ser aplicada pelos operadores do direito, grande dificuldade reside na caracterização do fenômeno ante o seu alto grau de subjetividade. Nesse passo, está a dificuldade que a vítima encontra em desincumbir-se do encargo probatório. Não obstante essa dificuldade de caracterização e penalização, o fenômeno do assédio moral é mundial e vários países têm legislação específica que tratam do assunto. No Brasil, há vários projetos de lei em tramitação no âmbito federal, mas permanecem esquecidos nas prateleiras do Congresso Nacional.

Tem-se verificado que a adoção de Códigos de Ética e Conduta tanto pelo Poder Público como pelas instituições privadas não resolve a questão do assédio moral se não houver uma conscientização ética por parte da sociedade. Pode-se afirmar, portanto, que somente a acolhida de legislação específica sobre assédio moral e códigos de ética não resolverá o problema do *mobbing*. Com efeito, é a adoção de comportamentos e condutas éticas o elemento primordial na luta contra o assédio moral. A conscientização da vítima acerca do fenômeno, a informação e o enfrentamento do problema pelo Judiciário também são meios de combater o fenômeno.

Caracterizou-se o perfil do assediador e as consequências nefastas do assédio moral para a vítima, para a empresa e também para o Estado. Concluiu--se, assim, que a sociedade também paga pelo assédio moral desencadeado no ambiente de trabalho, tendo em conta as consequências previdenciárias do fenômeno. As empresas também arcam com sérios prejuízos ao provocar o assédio moral, seja pela substituição de mão de obra e pagamento de indenizações, como também pelo conceito que desfrutam no meio social. De fato, o mundo contemporâneo exige condutas éticas por parte das empresas.

Por fim, destaque-se que jamais foi pretensão deste trabalho encontrar solução para o problema, o que está longe de ser alcançado. O objetivo foi apenas colaborar para o debate, enfrentamento, divulgação e, especialmente, o estudo do problema. Durante anos de experiência profissional, presenciou-se colegas vítimas de assédio moral e as consequências maléficas desencadeadas em suas vidas, o que também motivou a discorrer sobre o assunto. Com efeito, a solidariedade com as vítimas de assédio moral é questão primordial.

REFERÊNCIAS BIBLIOGRÁFICAS

ALKIMIN, Maria Aparecida. *Assédio moral na relação de emprego*. 3ª tiragem. Curitiba: Juruá, 2007.

ALMEIDA, Cleber Lúcio de. *Responsabilidade civil do empregador e acidente do trabalho*. Belo Horizonte: Del Rey, 2003.

ALMEIDA, Renato Rua de. Subsiste no Brasil o direito potestativo do empregador nas despedidas em massa? In: *Revista LTr*, São Paulo, ano 73, p. 391-393, abr. 2009.

ANDRADE, José Carlos Vieira de. *Os direitos fundamentais na Constituição portuguesa de 1976*. 4. ed. Coimbra: Almedina, 2009.

ARISTÓTELES. *Ética a Nicômano*. Tradução de Pietro Nassetti. São Paulo: Martin Claret, 2002.

ASSÉDIO MORAL. *Site* especializado no fenômeno do assédio moral. Disponível em: <http://www.assediomoral.org>. Acesso em 10 jul. 2010.

BARRETO, Margarida Maria Silveira. *Violência, saúde e trabalho* (uma jornada de humilhações). São Paulo: EDUC, 2003.

BARROS, Alice Monteiro de. *Proteção à intimidade do empregado*. São Paulo: LTr, 1997.

CALVO, Adriana. O assédio moral organizacional e a dignidade da pessoa humana. In: ALMEIDA, Renato Rua de (coord.). *Direitos fundamentais aplicados ao direito do trabalho*. São Paulo: LTr, 2010.

DALAI-LAMA. *Ética para o novo milênio*. Tradução de Conceição Gomes e Emília Marques Rosa. 2. ed. Lisboa: Presença, 2001.

DALAI-LAMA; CUTLER, Howard C. *A arte da felicidade no trabalho*. Tradução de Lúcia Brito. São Paulo: Martins Fontes, 2004.

FONSECA, Rodrigo Dias da. Assédio moral: breves notas. In: *Revista LTr*, São Paulo, ano 71, p. 34-45. jan. 2007.

FREITAS, Maria Ester. Assédio moral. In: *Revista de Administração de Empresas*, São Paulo, RAD, v. 41, n. 02, p. 08-19, abr./jun. 2001.

GIGLIO, Wagner D. *Justa causa*. 7. ed. São Paulo: Saraiva, 2000.

GUEDES, Márcia Novaes. *Terror psicológico no trabalho*. São Paulo: LTr, 2003.

HIRIGOYEN, Marie-France. *Assédio moral:* a violência perversa no cotidiano. Tradução de Maria Helena Kühner. 3. ed. Rio de Janeiro: Bertrand Brasil, 2001.

_____. *Mal-estar no trabalho:* redefinindo o assédio moral. Tradução de Rejane Janowitzer. Rio de Janeiro: Bertrand Brasil, 2002.

JESUS, Damásio Evangelista de. *Direito penal:* parte geral. 2. ed. rev. e atual. São Paulo: Saraiva, 1999. 1 v.

MELO, Raimundo Simão de. *Direito ambiental do trabalho e a saúde do trabalhador*. São Paulo: LTr, 2004.

MENEZES, Cláudio Armando C. de. Assédio moral e seus efeitos jurídicos. In: *Revista LTr*, São Paulo: ano 67, p. 291-294, mar. 2003.

PAMPLONA FILHO, Rodolfo. Noções conceituais sobre o assédio moral na relação de emprego. In: *Revista LTr*, São Paulo, ano 70, p. 1079-1089. set. 2006.

PACHECO, Mago Graciano de Rocha. *O assédio moral no trabalho:* o elo mais fraco. Coimbra: Almedina, 2007.

SILVA, Jorge Luiz de Oliveira da. O assédio moral no ambiente de trabalho. Rio de Janeiro: Editora e Livraria Jurídica do Rio de Janeiro, 2005.

O MONITORAMENTO DA UTILIZAÇÃO DO E-MAIL NO MEIO AMBIENTE CORPORATIVO PELO EMPREGADOR EM FACE DE SEU PODER DIRETIVO E À PROTEÇÃO INTIMIDADE E À VIDA PRIVADA DO EMPREGADO

Elisa Jaques[*]

I — INTRODUÇÃO

Inicialmente impende ressaltar que a escolha do tema "O monitoramento da utilização do *e-mail* no meio ambiente corporativo pelo empregador em face de seu Poder Diretivo e à intimidade e à vida privada do empregado" ocorreu em razão de sua relevante importância no cotidiano das empresas. Ademais, com o advento da informática, em especial com o surgimento da *internet* e da implantação dos *e-mails* corporativos, nos deparamos com conflitos decorrentes da utilização desta essencial ferramenta no mundo do trabalho.

Neste raciocínio, este artigo visa analisar até que ponto é permitido ao empregador, por meio de seu poder de direção, monitorar o uso do correio eletrônico corporativo pelo empregado, limitando o seu direito à intimidade e à vida privada durante a consecução de suas atividades laborativas.

Desta feita, registramos, de plano, que não é nossa intenção exaurir o assunto, mesmo porque é difícil fazê-lo em um artigo, haja vista sua amplitude e complexidade. É oportuno dizer que se está diante de um tema controverso, sobre o qual ainda não há uma compreensão uníssona sobre a questão. Dessa forma, enfrentamos acirrados debates sobre a possibilidade de fiscalização do *e-mail* corporativo pelo empregador.

Dessa maneira, pretendemos neste artigo discorrer sobre os impactos causados pelo controle dos *e-mails* corporativos, mais especificamente sobre o litígio existente entre o poder de direção do empregador e a proteção à intimidade e à vida privada do empregado no meio ambiente de trabalho. Destarte, inclusive, analisando se é possível haver uma equalização entre os mencionados direitos.

A fim de se ter uma melhor compreensão sobre o monitoramento da utilização do *e-mail* no meio ambiente corporativo, decompomos este artigo em cinco fases, assim dispostas.

(*) Bacharel em Direito pelo Centro Universitário das Faculdades Metropolitanas Unidas — 2005, Pós-graduada em Direito do Trabalho pelo Centro Universitário das Faculdades Metropolitanas Unidas — 2006 e Mestranda pela PUC em Direito do Trabalho, Advogada/SP.

Na primeira parte, apresentaremos a noção geral do Poder de Direção do Empregador, em que mostraremos uma sucinta concepção do poder que é concedido ao empregador de determinar como será a execução das atividades dos empregados.

Na segunda, examinaremos brevemente os direitos à intimidade e à vida privada do empregado na empresa, abordando suas características e limitações.

No que concerne à terceira parte, apreciaremos os conflitos decorrentes da prática do *e-mail* corporativo na empresa, verificando os problemas que têm sido enfrentados pelos empregadores que disponibilizam esta importante ferramenta de trabalho ao empregado, mas este se utiliza de forma inadequada.

Continuando, debruçar-nos-emos sobre o acirrado debate entre o Poder diretivo do empregador e o direito à intimidade e à vida privada do empregado, tendo em vista a utilização do *e-mail* fornecido pela empresa para o desenvolvimento de suas atividades.

Posteriormente, traçaremos um breve comparativo com a legislação portuguesa.

Por derradeiro, esperamos que o conteúdo do tema em tela possa prestar uma singela colaboração ao debate deste tão relevante assunto no campo do Direito do Trabalho.

II — O PODER DE DIREÇÃO DO EMPREGADOR

Neste item, procuraremos desenvolver o conceito geral do Poder Diretivo do Empregador, analisando-o por meio do seu direito de propriedade.

Primeiramente, cumpre-nos demonstrar o sujeito ativo do poder que ora se pretende estudar, a partir do art. 2º, da Consolidação das Leis do Trabalho (CLT), *in verbis:* "(...) a empresa, individual ou coletiva, que, assumindo os riscos da atividade econômica, admite, assalaria e dirige a prestação pessoal de serviço", denominando-se empregador.

Mister se faz ampliar o conceito acima, considerando empregador todo aquele que dirige a prestação de serviços de um ou mais trabalhadores, sendo estes últimos subordinados ao primeiro pelo seu poder de comando, ou poder de direção. Assim, depreende-se do conteúdo do dispositivo que, em virtude de este assumir os riscos da atividade econômica, é necessário para o desenvolvimento a contratação de trabalhadores.

Explicita-se que a palavra *poder* deriva do latim, em sentido geral, compreende-se como "posse (poder, ter poder, ser capaz)", cujo *significado* "é tomado no sentido de ser autorizado, ser permitido, dar autoridade, facultar, ter autoridade. Deste modo, toda vez que o verbo vem reger qualquer frase, mostra, em relação ao que rege, uma autorização, uma permissão ou uma faculdade, em virtude do que se adquire a faculdade de fazer ou de se seguir o que ali contém".[1]

Prosseguindo na análise da palavra poder, agora em seu sentido social, sustentamo-nos na conceituação de dois grandes cientistas políticos. Senão vejamos:

> No conhecido Dicionário de Política, de N. Bobbio e N. Matteucci, o poder é definido, no sentido social, como um fenômeno que, mais do que simples capacidade de realizar determinado resultado, se converte na **'capacidade do homem para determinar a conduta do homem: poder do homem sobre o homem'**. O homem não é só o sujeito senão também o objeto do poder social.[2] (grifamos)

Por derradeiro, na seara do Direito do Trabalho, poder é um benefício do empregador, na medida em que, conforme leciona Aldacy Coutinho, este "é proprietário dos meios de produção; porquanto é autoridade naquela instituição; porquanto pactuou em um contrato; porquanto controla juridicamente o conjunto da estrutura empresarial; porquanto assumiu os riscos da atividade empresarial".[3]

Ainda nessa toada, as lições de Sandra Lia Simon convergem no mesmo sentido:

> O poder de direção é prerrogativa que o empregador possui de determinar a forma pela qual ocorrerá a prestação de serviços, por parte do empregado. Pode ser chamado, também, de poder diretivo ou poder de comando.[4]

Dessa maneira, em linhas gerais, compreende-se como poder de direção o direito do empregador de organizar suas atividades, bem como de controlar,

---

(1) SILVA, De Plácido e. *Vocabulário jurídico*. 27. ed. Rio de Janeiro: Forense, 2006. p. 1049.
(2) BOBBIO, Norberto; MATTEUCCI, Nicola. Diccionario de política. 2. ed. México: Siglo Veintiuno, 1982. p. 1224. In: MELHADO, Reginaldo. *Poder e sujeição:* os fundamentos da relação de poder entre capital e trabalho e o conceito de subordinação. São Paulo: LTr, 2003. p. 23.
(3) COUTINHO, Aldacy Rachid. *Poder punitivo trabalhista*. São Paulo: LTr, 1999. p. 13-14. In: HAINZENREDER JR., Eugênio. O poder diretivo do empregador frente à intimidade e à vida privada do empregado na relação de emprego: conflitos decorrentes da utilização dos meios informáticos no trabalho. In: *Questões controvertidas de direito do trabalho e outros estudos*. Porto Alegre: Livraria do Advogado, 2006. p. 64.
(4) SIMÓN, Sandra Lia. *A proteção constitucional da intimidade e da vida privada do empregado*. São Paulo: LTr, 2000. p. 83.

definir e disciplinar o trabalho desempenhado por seus empregados, em conformidade com a finalidade estabelecida por ele ao empreendimento.

Nessa linha de pensamento, Octavio Bueno Magano define como poder diretivo "a capacidade, oriunda do seu direito subjetivo, ou então da organização empresarial, para determinar a estrutura técnica e econômica da empresa e dar conteúdo concreto à atividade do trabalhador, visando à realização das finalidades daquela".[5]

Ainda acerca do poder diretivo do empregador, podemos citar as lições esclarecedoras de Jofir Avalone Filho, que brilhantemente conceitua o referido tema, *in verbis:*

> **O poder de organização permite que o empregador expeça regras para o andamento dos serviços na empresa**. Estas normas podem ser positivas ou negativas, gerais ou específicas, diretas ou delegadas, verbais ou escritas (formalizadas através de avisos, portarias, memorandos, instruções, circulares, comunicados internos, etc.). **Nas grandes empresas o poder de organização também se manifesta através da imposição unilateral de um conjunto de normas estruturais chamado Regulamento Interno de Trabalho**, cujo teor obriga tanto a comunidade de trabalho como o empregador.[6] (grifos nossos)

Em decorrência da lição do referido autor, aproveitamos o ensejo para abrir um breve parênteses, tendo em vista que se faz mister tecer algumas considerações acerca do Regulamento da Empresa, o qual, consoante o entendimento *supra*, é um importante instrumento para a empresa editar seus parâmetros e diretrizes de funcionamento das atividades empresariais.

Assim, ao nos inclinarmos sobre o estudo do Regulamento Interno da Empresa, encontramos seu conceito na doutrina de Sergio Pinto Martins, como o "conjunto sistemático de regras, escritas ou não, estabelecidas pelo empregador, com ou sem a participação dos trabalhadores, para tratar de questões de ordem técnica ou disciplinar no âmbito da empresa, organizando o trabalho e a produção".[7]

Nessa moldura, vemos que o Regulamento da Empresa, na grande maioria das vezes, é um instrumento elaborado unilateralmente pelo empregador, sem que haja a participação dos empregados. Por conseguinte,

---

(5) MAGANO, Octavio Bueno. *Poder diretivo na empresa*. São Paulo: Saraiva, 1982. p. 94.
(6) GONÇALVES, Sérgio Ricardo Marques. A utilização da *internet* no ambiente de trabalho. In: BLUM, Renato M. S. Opice *et al.* (coord.). *Manual de direito eletrônico e* internet. São Paulo: Lex, 2006. p. 302.
(7) MARTINS, Sergio Pinto. *Direito do trabalho*. 22. ed. São Paulo: Atlas, 2006. p. 197.

o empregador edita as regras disciplinares que devem ser seguidas na empresa, detalhando-as minuciosamente, a fim de dirimir qualquer dúvida que possa existir para o trabalhador, bem como as normas de condutas que regulamentarão seu negócio. Continuando à luz do pensamento do ilustre autor, "podemos dizer que o regulamento vai uniformizar as questões de trabalho dentro da empresa, estabelecendo certos padrões que deverão ser seguidos pelo empregador e pelos empregados".[8]

Destarte, em idêntica linha de entendimento, encontra-se Jofir Avalone Filho, quando se refere ao Regulamento Interno da empresa, *verbo ad verbum*:

> O Regulamento Interno de Trabalho (RIT) deve definir com clareza e precisão não só os procedimentos de rotina como também os direitos e deveres de cada um, a fim de eliminar, de antemão, possíveis causas de conflitos, bem como possibilitar a convergência das ações individuais para o desenvolvimento produtivo do grupo.[9]

Oportuno dizer, *a contrario sensu* do que acontece em outros países como a França, onde sua elaboração é obrigatória, no Brasil sua elaboração é facultada ao empregador, podendo-se afirmar que sua preparação é de extrema relevância às empresas, em virtude dos esclarecimentos dispostos no referido documento, os quais, por sua vez, delineiam as atividades desenvolvidas pelos empregados, orientando-os como conduzir perante as mais variadas situações.

Após estes esclarecimentos no tocante ao Regulamento da Empresa, retornamos ao cerne da questão neste capítulo. Por via de consequência, observamos que o *poder de direção* pode ser subdividido em *poder de organização, poder de controle* e *poder disciplinar*. Entretanto, há doutrinadores que se utilizam de denominações diversas para classificar as divisões do poder de direção.

Nessa esteira, segue o entendimento de Eugênio Hainzenreder Júnior, ao asseverar que "(...) o chamado poder de direção do empregador, que se desmembra por diversas facetas, podendo ser encontrado sob várias denominações, como poder de controle, poder de punição, poder de organização, poder hierárquico, entre outros".[10]

---

(8) *Ibidem*, p. 198.
(9) GONÇALVES, Sérgio Ricardo Marques. A utilização da *internet* no ambiente de trabalho. In: BLUM, Renato M. S. Opice *et al.* (coord.). *Manual de direito eletrônico e internet*. São Paulo: Lex, 2006. p. 303.
(10) HAINZENREDER JR., Eugênio. O poder diretivo do empregador frente à intimidade e à vida privada do empregado na relação de emprego: conflitos decorrentes da utilização dos meios informáticos no trabalho. In: *Questões controvertidas de direito do trabalho e outros estudos*. Porto Alegre: Livraria do Advogado, 2006. p. 65.

No que concerne ao *poder de organização* — é conceituado como poder o concedido ao empregador para organizar seu empreendimento, estabelecendo a atividade a ser desenvolvida, bem como determinando os moldes de sua estrutura jurídica. Assim, temos que, por meio deste poder, o empregador "determinará o número de funcionários de que precisa, os cargos, funções, local, e horário de trabalho etc."[11]

No caso do *poder disciplinar*, é a faculdade de fiscalizar a observância das normas estabelecidas pelo poder diretivo e de punir as infrações cometidas pelos empregados que não cumprem com suas obrigações em conformidade com as diretivas traçadas pelo empregador. Cumpre assinalar que "a necessidade de manter a ordem no local do trabalho justifica o direito privado de punir".[12] Em outras palavras, trata-se de um poder sancionador, que visa manter a ordem na empresa, aplicando penas aos empregados que transgredirem o ordenamento interno da empresa ou da lei.

Nesse mesmo sentido, manifesta-se Sergio Pinto Martins de forma inequívoca *ipsis litteris*:

> não deixa de ser, portanto, o poder disciplinar um complemento do poder de direção, do poder de o empregado determinar ordens na empresa, que, se não cumpridas, podem gerar penalidades ao empregado, que deve ater-se à disciplina e respeito a seu patrão, por estar sujeito a ordens de serviço, que devem ser cumpridas, salvo se ilegais ou imorais. Logo, o empregador pode estabelecer penalidades a seus empregados.[13]

Na análise de Luiz José de Mesquita, extrai-se, v*erbis:* "ele (poder disciplinar) se efetiva sempre que se atente contra os fins da empresa, pela falta de cumprimento aos deveres profissionais que em serviço ou em razão dele, incumbe a cada elemento da mesma."[14]

Arrimando-se na posição doutrinária colacionada neste trabalho, estriba--se no *poder de controle* do empregador, o qual abrange todos os aspectos da execução do trabalho na empresa.

Nesse molde, caracteriza-se o poder de controle pelo direito concedido ao empregador de fiscalizar e controlar as atividades desenvolvidas pelos empregados, para, por meio do poder disciplinar, impor àqueles que não cumprem suas obrigações contratuais ou regulamentares as sanções admitidas em lei, como até a dispensa por justa causa.

---

(11) MARTINS, Sergio Pinto. *Direito do trabalho*. 22. ed. São Paulo: Atlas, 2006. p. 192.
(12) SÜSSEKIND, Arnaldo. *Curso de direito do trabalho*. 2. ed. rev. e atual. Rio de Janeiro: Renovar, 2004. p. 262.
(13) MARTINS, Sergio Pinto. *Direito do trabalho*. 22. ed. São Paulo: Atlas, 2006. p. 194.
(14) MESQUITA, Luiz José de. *Direito disciplinar do trabalho*. 2. ed. São Paulo: LTr, 1991. p. 84.

Assim, é claro que o empregador, titular do poder, dirige o empregado, fiscalizando-o na consecução de suas atividades, exigindo que este as desempenhe em conformidade com o conjunto de regras por ele preestabelecidas, o qual poderá estar disposto no regulamento interno da empresa.

Outrossim, cumpre-nos mencionar ainda que o poder de direção decorre diretamente da subordinação jurídica (*sub ordine*) que o empregado está submetido em face do seu empregador que o assalaria, sendo este elemento, juntamente com a pessoalidade, precípuos para a caracterização da existência de vínculo empregatício.

Por conseguinte, compreende-se por subordinação a submissão de uma pessoa a outra em razão de seu contrato de trabalho. Nas palavras dos doutrinadores Vicente Paulo e Marcelo Alexandrino, "empregado é um trabalhador cuja atividade é exercida sob dependência de outrem, para quem ela é dirigida. Isso significa que o empregado é dirigido por outrem, uma vez que subordinação o coloca na condição de sujeição em relação ao empregador".[15]

Na mesma esteira, temos que "o empregado é, por conseguinte, um trabalhador subordinado, dirigido pelo empregador".[16]

Dessa forma, observamos que a doutrina aponta 4 (quatro) tipos de dependência do empregado em relação ao empregador, quais sejam: econômica, técnica, hierárquica e jurídica. Cumpre salientar que a doutrina tem considerado as subordinações econômica, técnica e hierárquica irrelevantes para caracterizar o empregado. Assim, neste estudo, abordaremos o tema subordinação sob o prisma jurídico, isto é, aquela que nasce em decorrência do contrato de trabalho pactuado, voluntariamente, entre as partes, empregado e empregador, estando o primeiro sujeito às ordens emanadas do segundo.

Para Cesarino Júnior[17], o reverso da medalha do poder de comando atribuído ao empregador é a subordinação jurídica assumida pelo empregado quando da sua contratação. Mais especificamente, este dispõe: "se a lei, ao definir empregador, diz que este dirige a prestação de serviços, devemos entender que se trata da dependência jurídica, da subordinação hierárquica, consistente em estar o empregado sujeito à direção, às ordens do empregador ou de seus prepostos."

---

(15) PAULO, Vicente; ALEXANDRINO, Marcelo. *Direito do trabalho*. 6. ed. Rio de Janeiro, Niterói: Impetus, 2005. p. 71.
(16) MARTINS, Sergio Pinto. *Direito do trabalho*. 22. ed. São Paulo: Atlas, 2006. p. 93.
(17) CESARINO JR, Direito social brasileiro. 4. ed. v. II, Rio de Janeiro: Freitas Bastos, p. 61. In: SÜSSEKIND, Arnaldo. *Curso de direito do trabalho*. 2. ed. rev. e atual. Rio de Janeiro: Renovar, 2004. p. 217.

Não distinta é a opinião de Engels, que acerca da subordinação dispõe da seguinte forma:

> não se pode conceber organização sem autoridade, que por sua vez pressupõe subordinação.[18]

Corroboram ao acima explicitado, as lições de Délio Maranhão, *in verbis*:

> Da subordinação da relação de emprego se extraem os seguintes direitos do empregador: a) o direito de direção e de comando, cabendo-lhe determinar as condições para a utilização e aplicação concreta da força de trabalho do empregado, nos limites do contrato; b) o direito de controle, que é o de verificar o exato cumprimento da prestação de trabalho; c) o direito de aplicar penas disciplinares, em caso de inadimplemento de obrigação contratual.[19]

Nessa linha de raciocínio, mais uma vez nos utilizamos do brilhante entendimento de Eugênio Hainzenreder: "o poder de direção está intimamente vinculado a um dos pressupostos fundamentais da relação de emprego, qual seja, a subordinação do obreiro em relação ao empregador, a qual, de plano ressaltamos que se trata de subordinação jurídica."[20]

Destarte, evidencia-se que a extensão do poder regulamentar do empregador é ampla, sendo difícil precisar seus limites. Contudo, ao empregador são impostos alguns limites para o exercício de seu poder de controle, por sua vez, não podendo exercê-lo livremente, haja vista a proteção dos direitos fundamentais.

Desse modo, à medida que escalamos a pirâmide hierárquica da empresa, deparamo-nos com um menor impacto do poder de direção do empregador, em especial sob a modalidade de controle, sobre seus empregados. Então vejamos:

> É importante notar que o poder diretivo não se manifesta com a mesma intensidade entre todos os empregados, pois as graduações hierárquicas fazem com que, à medida que há ascensão entre os

---

(18) ENGELS, F. Sobre a autoridade, em K. Marx e F. Engels, Obras Escolhidas, v. II. São Paulo: Alfa-Ômega, s/d., p. 185. In: MELHADO, Reginaldo. *Poder e sujeição:* os fundamentos da relação de poder entre capital e trabalho e o conceito de subordinação. São Paulo: LTr, 2003. p. 13.
(19) MARANHÃO, Délio; SÜSSEKIND, Arnaldo *et al. Instituições de direito do trabalho.* 16. ed. São Paulo: LTr, 1996. v. I, p. 243.
(20) HAINZENREDER JR., Eugênio. O poder diretivo do empregador frente à intimidade e à vida privada do empregado na relação de emprego: conflitos decorrentes da utilização dos meios informáticos no trabalho. In: *Questões controvertidas de direito do trabalho e outros estudos.* Porto Alegre: Livraria do Advogado, 2006. p. 66.

cargos e funções, verifica-se, também, uma maior liberdade e autonomia, para o empregado, e portanto, uma menor sujeição dele ao poder diretivo.[21]

Com efeito, pode-se concluir que o empregador, por meio de seu poder de direção, tem o dever de traçar regras de conduta aos empregados de modo que mantenha a empresa em um padrão correto e adequado de funcionamento, afastando da atividade empresarial riscos desnecessários.

III — O DIREITO DO EMPREGADO À INTIMIDADE E À VIDA PRIVADA

A título de esclarecimento, impende assinalar que o escopo deste trabalho, no item *sub examine,* se limita à análise do que se refere à conceituação do direito à intimidade e à vida privada, nos pontos vitais para a consolidação de nosso estudo.

Nesse contexto, abordaremos somente os conceitos essenciais sobre o direito à intimidade e à vida privada, os quais, cumpre explicitar, são em inúmeras situações confundidos pela doutrina, sendo, inclusive, muitas vezes considerados como sinônimos[22], em virtude de que existe uma grande conexão entre ambos.

Concernente à celeuma doutrinária acima exposta, difere o entendimento do douto jurista Alexandre de Moraes, ao expressar-se, *verbo ad verbum*:

> **Os conceitos constitucionais de intimidade e vida privada apresentam grande interligação,** podendo, porém, ser diferenciados por meio da menor amplitude do primeiro que encontra-se no âmbito de incidência do segundo.[23] (grifos nossos)

Por conseguinte, convém enaltecer que o legislador pátrio, ao dispor acerca dos direitos fundamentais, no art. 5º da Carta da República, optou por separá-los, concedendo a ambos o caráter de inviolabilidade, motivo pelo qual, em nosso estudo, iremos conceituá-los como direitos distintos entre si.

---

(21) MESQUITA, Luiz José de. *Direito disciplinar do trabalho.* 2. ed. São Paulo: LTr, 1991. p. 76.
(22) Nesse sentido, Uadi Lammêgo Bulos: "Mesmo o constituinte tendo apartado uma expressão da outra, não há como dissociar o direito à intimidade do direito à privacidade. Intimidade e privacidade são sinônimos e devem ser considerados valores humanos supremos, conexos ao direito de ficar tranquilo, em paz, de estar só." In: BULOS, Uadi Lammêgo. *Constituição Federal anotada.* 5. ed. rev. atual. e São Paulo: Saraiva, 2003. p. 144-145.
(23) MORAES, Alexandre de. *Direito constitucional.* 12. ed. São Paulo: Atlas, 2002. p. 80. In: PEREIRA, Marcelo Cardoso. *Direito à intimidade na* internet. 4. ed. Curitiba: Juruá, 2006. p. 116.

Partindo dessa premissa, debruçaremos nossa análise sobre o direito à intimidade e, em momento posterior, dissecaremos o direito à vida privada.

À vista disso, a palavra intimidade deriva do latim e quer significar "*intimus*, o mais profundo, estrito, íntimo", isto é, zona reservada do indivíduo que se encontra livre de qualquer insurgência externa, área inatingível ao conhecimento alheio, onde estão localizados os pensamentos mais intrínsecos do indivíduo, seus pensamentos, ideias e emoções.

Nessa trilha, é clara a exposição de Uadi Lammêgo Bulos, "intimidade é o modo de ser do indivíduo, que consiste na exclusão do conhecimento alheio de tudo quanto se refere ao mesmo indivíduo (Adriano de Cupis). Revela a esfera secreta da pessoa física, sua reserva de vida, mantendo forte ligação com a inviolabilidade de domicílio, com o sigilo de correspondência e com o segredo profissional".[24]

Trazendo à baila um dos conceitos mais aceitos pela doutrina, no que tange à intimidade originar-se da doutrina anglo-americana, ter sido construída pelo Juiz Cooley, em 1873, no qual alude que a intimidade é *the right to be let alone*, ou *right of an individual to live of reclusion and anonimity,* isto é, no idioma pátrio, o direito de estar só, de não ser perturbado.

Também com relação ao assunto, alude Margareth de Freitas Bacellar[25], a intimidade pode ser entendida como:

> o direito de ser deixado em paz, de não ser importunado pela curiosidade ou pela indiscrição alheia, é o momento que percebemos somente a nós mesmos quando podemos baixar as máscaras utilizadas para o convívio em sociedade, no local de trabalho, no local de lazer e por vezes, inclusive, no seio da própria família.

Cumpre salientar que o direito à intimidade está previsto no ordenamento jurídico brasileiro, no art. 5º, inciso X, da Carta Magna, *verbis:*

> X — **são invioláveis a intimidade, a vida privada**, a honra e a imagem das pessoas, assegurado o direito à indenização pelo dano material ou moral decorrente de sua violação. (grifamos)

Diante desse preceito constitucional, denotamos que os conceitos de intimidade e vida privada se tratam de direitos fundamentais de qualquer indivíduo, encontrando-se diretamente relacionados à personalidade, por sua vez, correspondendo à não interferência ou intromissão no íntimo do indivíduo, no caso em questão, do trabalhador.

---

(24) BULOS, Uadi Lammêgo. *Constituição Federal anotada.* 5. ed. rev. e atual. São Paulo: Saraiva, 2003. p. 145.
(25) BACELLAR, Margareth de Freitas. *O direito do trabalho na era virtual.* 1. ed. Rio de Janeiro: Renovar, 2003. p. 60.

Consoante esta linha de raciocínio, encontramos Alexandre de Moraes, que, de forma clara e inequívoca, assevera que a "intimidade relaciona-se às atividades subjetivas e de trato íntimo da pessoa, suas relações familiares e de amizade".[26]

Ademais, depreende-se que este direito constitucionalmente assegurado a todos os indivíduos tem como fim precípuo garantir a defesa da intimidade de lesões. Dessa forma, autorizando àqueles que se sentirem lesionados a reparação pela violação perpetrada. Assim, desvenda-se a lição de Vidal Serrano e David Araújo: "a proteção do indivíduo exatamente para defendê-lo de lesões a direitos dentro da interpessoalidade da vida privada."

Entretanto, não obstante a proteção aos direitos fundamentais dos trabalhadores, é certo que a relação de trabalho e emprego traz abalos aos direitos de ambas as partes — empregado e empregador. E Arnaldo Süssekind, com inteira propriedade, afirma que:

> O quotidiano do contrato de trabalho, com o relacionamento pessoal entre o empregado e o empregador, ou aqueles a quem este delegou o poder de comando, possibilita, sem dúvida, o desrespeito dos direitos da personalidade por parte dos contratantes. De ambas as partes — convém enfatizar (...).[27]

Nesse contexto, ao empregador, em que pese seu poder de direção, é vedado violar os direitos fundamentais do empregado, de modo que seu poder sofre limitações quando em choque com os direitos à intimidade e à vida privada. Aprofundando esta análise, temos que:

> Na relação de emprego, os direitos fundamentais apresentam a função de **garantir o mínimo necessário para que o trabalhador tenha uma vida digna, capaz de exercer o trabalho com preservação da integridade física e moral, tanto no ambiente de trabalho**, como perante a sociedade.[28] (grifou-se)

À luz desse raciocínio, trazemos a lume a concepção de Amauri Mascaro Nascimento, o qual explicita que "os direitos da personalidade são prerrogativas

---

(26) MORAES, Alexandre de. *Direito constitucional*. 15. ed. São Paulo: Atlas, 2004. p. 82. In: VERGUEIRO, Luiz Fabrício Thaumaturgo. *Direito à privacidade:* o direito fundamental da modernidade. Disponível em: <http://buscalegis.ufsc.br/arquivos /Dto_fundamental_moderni-dade.htm>. Acesso em: 10 de janeiro de 2007.
(27) SÜSSEKIND, Arnaldo. Tutela da personalidade do trabalhador. *Revista LTr*, São Paulo, maio/1995, p. 595. In: TEIXEIRA FILHO, João de Lima *et al. Instituições de direito do trabalho*. 17. ed. atual. São Paulo: LTr, 1997. v. 1. p. 637.
(28) HAINZENREDER JR., Eugênio. O poder diretivo do empregador frente à intimidade e à vida privada do empregado na relação de emprego: conflitos decorrentes da utilização dos meios informáticos no trabalho. In: *Questões controvertidas de direito do trabalho e outros estudos*. Porto Alegre: Livraria do Advogado, 2006. p. 67.

de toda pessoa humana pela sua própria condição, referentes aos seus atributos essenciais em suas emanações e prolongamentos"[29]. Como se vê, objetiva guiar as relações empregatícias.

Doravante, passaremos a analisar o conceito de vida privada, que, por sua vez, poderia ser entendido como "vida afastada do convívio ou da observação de estranhos; vida particular".[30] Desse modo, seria tudo aquilo que não esteja adstrito a intimidade do ser humano, porém que não ultrapasse a esfera pública.

Para se ter uma compreensão plausível, colhemos a posição de Uadi Lammêgo Bulos[31], quando se referiu à vida privada:

> vida privada, termo derivado da expressão ampla privacidade, pretende-se designar o campo de intimidades do indivíduo, o repositório de suas particularidades de foro moral e interior, o direito de viver sua própria vida, sem interferências alheias.

Com semelhantes argumentos, enquadra-se Marcelo Cardoso Pereira, que, ensinando que a vida privada é a antítese da vida exterior, realça o seguinte conteúdo de seu estudo:

> Ao contrário da intimidade *stricto sensu*, que se manifesta para o interior do indivíduo, **a vida privada manifesta-se para o exterior, estando, pois, mais exposta e condicionada a regras (e costumes) de convivência social.**[32] (grifos nossos)

Nessa moldura, observamos que o conceito de direito à intimidade e à vida privada é muito complexo e marcado por uma linha tênue. Todavia, é possível verificar que o primeiro é mais restrito que o segundo, estando este último mais próximo da esfera pública.

Faz-se necessário ressaltar que o direito à intimidade e à vida privada envolve aspectos subjetivos que se diversificam de acordo com a evolução da vida social de cada pessoa. Neste particular, a cultura e a mentalidade da sociedade são fatores determinantes para a definição de seu âmbito à medida que transformam e modificam o entendimento dos indivíduos acerca do que é considerado como íntimo e adstrito à vida privada.

---

(29) NASCIMENTO, Amauri Mascaro. Princípios do direito do trabalho e direitos fundamentais do trabalhador. In: *Revista LTr*, São Paulo, v. 67, n. 08, agosto de 2003.
(30) FERREIRA, Aurélio Buarque de Holanda. *Novo dicionário Aurélio da língua portuguesa*. 3. ed. Curitiba: Positivo, 2004. p. 2059.
(31) BULOS, Uadi Lammêgo. *Constituição Federal anotada*. 5. ed. rev. atual. e São Paulo: Saraiva, 2003. p. 145.
(32) PEREIRA, Marcelo Cardoso. *Direito à intimidade na* internet. 4. ed. Curitiba: Juruá, 2006. p. 116.

Com relação a outros fatores que influenciam na conceituação de intimidade, deparamos-nos com a evolução da tecnologia e o surgimento da *internet* refletindo contundentemente no conceito destes direitos fundamentais. Nestes termos, trazemos à baila a compreensão de Marcelo Cardoso Pereira: "a presença cada vez mais constante das novas tecnologias em quase todos os âmbitos da sociedade desencadeou uma preocupação no que tange à proteção da intimidade dos indivíduos, tendo em vista a grande capacidade de tratamento dos dados e informações pessoais por meios informáticos e telemáticos."[33]

À guisa de conclusão, debruçamo-nos sobre a Carta Magna, novamente, em seu art. 5º, em especial no inciso XII que protege a correspondência de qualquer violação, *expressis verbis*:

> XII — **é inviolável o sigilo da correspondência e das comunicações telegráficas**, de dados e das comunicações telefônicas, salvo, no último caso, por ordem judicial, nas hipóteses e na forma que a lei estabelecer para fins de investigação criminal ou instrução processual penal. (grifamos)

Desta feita, extraímos do texto legal, por meio de interpretação analógica, que as mensagens eletrônicas trocadas entre os polos destinatários são protegidas pelo diploma constitucional, ainda que não haja lei específica determinando regras claras para utilização dos *e-mails*.

Cumpre ainda mencionar que não há entendimento pacífico sobre a natureza jurídica do *e-mail* e, atualmente, os Tribunais Superiores têm debatido acerca deste intrincado assunto, inclusive para determinar a legalidade ou não de sua interceptação.

IV — A OCORRÊNCIA DE CONFLITOS, NO MEIO AMBIENTE CORPORATIVO, DECORRENTES DA UTILIZAÇÃO DA *INTERNET*

O Direito do Trabalho está sofrendo uma profunda transformação, em razão dos avanços tecnológicos. Desse modo, as empresas tiveram de se coadunar aos novos instrumentos tecnológicos de trabalho para alcançar uma eficaz comunicação instantânea.[34] Por via de consequência, adotaram meios mais dinâmicos de comunicação, dentre eles os computadores com acesso a *internet*.

---

(33) *Ibidem*, p. 147.
(34) "Os benefícios da *internet* podem ser descritos, numa primeira aproximação, através dos seguintes itens: a troca de informações de forma rápida e conveniente; o acesso a especialistas em milhares de especialidades; atualizações constantes sobre tópicos de interesse; disponibiliza dados pessoais ou institucionais para uma enorme audiência; pode formar equipes para trabalhar em conjunto independentemente de distâncias geográficas; o acesso a várias formas de arquivos e repositórios de informações; traduz e transfere

A *internet* pode ser utilizada para os mais variados assuntos, tais como cultura, lazer e essencialmente para pesquisa. Por meio desta última, há o compartilhamento de informações, acesso a bibliotecas, museus, comunicações entre empresas, trocas de ideias entre os profissionais da pesquisa.

Diante deste cenário, surge no local de trabalho a utilização da *internet* e, especificamente, a utilização do correio eletrônico. Ambos estão tornando-se cada vez mais indispensáveis no mundo empresarial.

À vista do exposto, com a difusão do *eletronic mail,* mais comumente chamado de *e-mail,* as companhias confiam a seus empregados todo um instrumental eletrônico, objetivando auxiliá-los no desenvolvimento de suas atividades de forma mais produtiva.

Por conseguinte, entende-se por *e-mail* o mecanismo disposto em meio eletrônico para a transmissão de conteúdo a distância. Assim, trata-se de um sistema mediante o qual podemos enviar e receber mensagens por intermédio de uma caixa de correio de uma pessoa até a caixa de correio de outra, permitindo a emissão e recepção de mensagens eletrônicas.

Impõe-se necessário distinguir entre o *e-mail* pessoal e o *e-mail* corporativo. No que tange à primeira modalidade, refere-se àquele *e-mail* que pertence ao empregado, enquanto pessoa física, por meio do qual podem ser tratados assuntos de cunho pessoal e relações particulares.[35] Nesse sentido, não é permitido ao empregador controlar o teor destas mensagens, sendo assegurado o direito à privacidade e à intimidade como também ao sigilo de correspondência.

Por outro ângulo, os *e-mails* corporativos nada mais são do que documentos eletrônicos utilizados no domínio da empresa. Em outras palavras, pode-se afirmar que seria uma correspondência em papel timbrado da empresa, uma vez que por meio do domínio é possível localizar de onde a mensagem foi encaminhada, tanto é que o Poder Judiciário em alguns casos reconhece como prova documental.

---

dados entre máquinas localizadas em locais quaisquer." ROCHA, Marcelo Oliveira. *Direito do trabalho e* internet*: aspectos das novas tendências das relações de trabalho na "era informatizada".* São Paulo: Liv. e Ed. Universitária de Direito, 2004. p. 146.

(35) "O correio eletrônico pessoal é aquele obtido pela própria pessoa (empregado) com qualquer finalidade, sendo de sua propriedade. Via de regra, o *e-mail* pessoal se apresenta contendo o nome do servidor em sua grafia, *v. g.* nome da pessoa@nome do servidor.com.br", de maneira que, mesmo acessado no ambiente de trabalho, as mensagens enviadas por meio deste endereço não poderiam acarretar eventual dano à imagem da empresa." MELO, Bruno Herlein Correia de. Aspectos jurídicos da fiscalização do correio eletrônico no ambiente de trabalho. *Jus Navigandi*, Teresina, ano 10, n. 973, 1 mar. 2006. Disponível em: <http://jus2.uol.com.br/doutrina/texto.asp?id=8014>. Último acesso em: 31 de agosto de 2007.

No mesmo passo das vantagens, caminham as desvantagens. Assim, com a concessão das mensagens eletrônicas para uso no âmbito do trabalho, brotaram as polêmicas acerca da licitude de sua fiscalização pelo empregador, principalmente quando o empregado entende que existe invasão de sua privacidade e sente suas garantias constitucionais lesadas.

Diante da ausência de fiscalização dos meios eletrônicos corporativos, o empregador receia a ocorrência da seguinte situação, conforme se constatou por meio de pesquisa elaborada nos Estados Unidos da América, a saber:

> Estudos divulgados nos Estados Unidos desde 2000 demonstram que, no ambiente de trabalho com acesso a *internet* e sem controle, **87% das pessoas usavam o *e-mail* para assuntos não relacionados ao trabalho, 21% dos empregados se divertiam durante o expediente com jogos e piadas, 16% planejavam viagens, 10% mandavam dados pessoais e procuravam outros empregos, 3% conversavam ou namoravam em salas de bate--papo, 2% visitavam *sites* de conteúdo pornográficos**, e, em todos esses casos geravam tráfego na rede da empresa e abriam a porta para riscos maiores como entrada de vírus e vazamento de informações sigilosas ou confidenciais que podem, até mesmo, levar à perda de dinheiro e posterior fechamento do negócio.[36] (grifamos)

Em idêntico sentido, a matéria vinculada no jornal *Folha de S. Paulo*[37], estimou o *quanto* causa de prejuízo às empresas algumas horas desprezadas em atividades alheias ao trabalho. Vejamos:

> certa empresa especializada em segurança de informática **estimou um prejuízo na ordem de US$ 6,2 milhões, para uma empresa estrangeira com 1000 empregados, os quais utilizaram duas horas diárias para tratar de assuntos não condizentes com o trabalho propriamente dito (mensagens particulares, troca de piadas, compras on-line bate-papo virtual (chats), pornografias, etc.).**

Ainda acerca dessa matéria, Marcelo Oliveira Rocha, em sua análise, reforça a situação averiguada nos transcritos acima, ao mencionar que "extrai--se das informações obtidas pelos meios de comunicação, inclusive da própria *internet*, revelações de usos mais absurdos, que vão desde a pornografia até os negócios pessoais, passando pelos bate-papos, piadinhas, notícias dos

---

(36) GONÇALVES, Sérgio Ricardo Marques. A utilização da *Internet* no ambiente de trabalho. p. 311. In: BLUM, Renato M. S. Opice *et al.* (coord.). *Manual de direito eletrônico e* internet. São Paulo: Lex, 2006.
(37) MANTOVANI, João Luiz Alves. O velho contrato de trabalho frente às modernidades tecnológicas. *Jornal Folha de São Paulo*, edição de 25 de abril de 1999, 6º caderno, p. 10.

sindicatos, convites para reuniões, divulgação de poesias, receitas culinárias, temas de espiritualismo, comunicações de aniversários, nascimentos, casamentos e falecimentos, dentre outros".(38)

Assim, em face da situação narrada, os empregadores preocupados mobilizam-se para defender seus interesses e sua propriedade, pois o computador, o endereço de *e-mail* corporativo, bem como o acesso a *internet*, são fornecidos para o desempenho das atividades ligadas ao trabalho.

Outrossim, a referida preocupação perdura no que diz respeito à utilização do *e-mail* corporativo pelo empregado, uma vez que por meio deste é possível veicular informações acerca da empresa, divulgando estratégias, projetos e informações confidenciais, segredos de comércio, planejamentos financeiros, entre outros dados, que, uma vez públicos, ensejarão graves prejuízos ao comércio.

Em consequência do acima, visando coibir os abusos perpetrados pelos trabalhadores por meio do uso indevido das tecnologias fornecidas, cada vez mais as empresas estão-se filiando aos métodos de fiscalização de sistemas digitais, corriqueiramente denominado *monitoramento de e-mails.* Para tanto, adquirem *softwares* de segurança especialmente desenvolvidos para efetuar o controle da rede da empresa, analisando o conteúdo de cada mensagem eletrônica enviada e recebida.

Pauta-se a possibilidade de rastreamento de *e-mails* no poder de direção e de propriedade do empregador. Desse modo, a empresa justifica suas atitudes, baseia-se nestes fundamentos para adquirir total acesso a tudo aquilo que está contido dentro da sua propriedade, inclusive dos meios digitais. Assim, não há nada de secreto ou privado dentro da relação de emprego.

Nesse sentido, corrobora o entendimento de Ísis de Almeida, ao afirmar que "as informações e dados gerados nos equipamentos são de propriedade do empregador, que pode requisitá-los ou deles tomar conhecimento".(39)

Destarte, à luz do explicitado, leciona Sergio Pinto Martins. Então vejamos:

> Não há que se falar em violação de privacidade do empregado, pois **fiscalizar o trabalho realizado é função do empregador.**

---

(38) ROCHA, Marcelo Oliveira. *Direito do trabalho e* internet: aspectos das novas tendências das relações de trabalho na "era informatizada". São Paulo: Liv. e Ed. Universitária de Direito, 2004. p. 169.
(39) ALMEIDA, Ísis de, *apud* FINATI, Cláudio Roberto. As relações de trabalho na era da informática. In: *Revista Síntese Trabalhista,* p. 21. In: GERHARDT, Roberta Coltro. *Relação de emprego,* internet *e futuro:* uma perspectiva crítica em âmbito brasileiro. São Paulo: LTr, 2002, p. 110.

Essa fiscalização poderá ocorrer por qualquer dos meios colocados à sua disposição, inclusive por aqueles que a própria informática dispõe, seja por "programas espiões", seja por revisão dos *sites* visitados e *e-mails* enviados.[40] (grifou-se)

Ainda nesse pensamento, assevera o referido doutrinador, a saber:

Não se pode dizer que haveria violação da privacidade do empregado quando o empregador exerce fiscalização sobre equipamentos de computador que lhe pertencem. Ressalta-se que o correio eletrônico, em muitos casos, é da empresa e não do empregado. O telefone utilizado para acesso a *internet* é do empregador. Assim, o recebimento da comunicação é do empregador e não do empregado, como na hipótese de questões relacionadas apenas com o serviço.[41] (grifos nossos)

Sob esta concepção, não há qualquer violação à intimidade e à vida privada do empregado, uma vez que o *e-mail* da empresa se caracteriza como ferramenta de trabalho da qual o empregador é titular, não incidindo ao empregado qualquer direito sobre esta além de sua posse diária. Além disso, cumpre relembrar que o monitoramento do uso de equipamentos das corporações sempre existiu[42], de modo que deveria adotar-se critério diferenciado no que tange aos meios eletrônicos.

Com efeito, a corrente favorável ao monitoramento do correio eletrônico corporativo vem angariando seguidores. Assim perfilamo-nos no posicionamento de Bernardo Menicucci[43], *ipsis litteris*:

é possível, ao empregador, precaver-se de possíveis danos à sua imagem e ao seu negócio que, uma vez sucedidos, seriam hábeis a causar grandes prejuízos. No entanto, não há que se confundir este monitoramento de caráter meramente acautelador com uma vigília e uma invasão indiscriminada à privacidade do empregado. **Uma vez levado ao conhecimento do empregado que o *e-mail* nada mais é que uma ferramenta de trabalho, seja através de acordo, convenção coletiva ou do próprio instrumento do contrato de trabalho, estaria descaracterizada a invasão de privacidade, ensejando num monitoramento legalizado. Dessa maneira estaria o empregado previamente alertado de que não deveria dispor de seu instrumento de trabalho para a diversão.**

---

(40) *Idem*, p. 110.
(41) MARTINS, Sergio Pinto. *Direito do trabalho*. 22. ed. São Paulo: Atlas, 2006. p. 192.
(42) A saber: fax, telefone, xerox.
(43) GROSSI, Bernardo Menicucci. A privacidade e o usuário de correio eletrônico — efeitos no contrato de trabalho. Disponível em: <www.infojus.com.br>. Último acesso em: 24 de junho de 2007.

Em idêntico posicionamento, Felipe Siqueira[44] defende a utilização do monitoramento de *e-mails* ao expor que "**é aconselhável ao empregador utilizar-se da possibilidade de impedir o acesso a sites impróprios, bem como a transmissão de imagens por e-mail, ou então criar normas internas proibindo ao empregado a utilização da internet para fins não condizentes com assuntos relacionados à empresa,** ou inseri-las até mesmo nos contratos de trabalho, a fim de justificar eventual rescisão da relação empregatícia e evitar possíveis demandas judiciais de parte a parte".

Nessa linha de raciocínio, o doutrinador Mauro César[45] justifica a legalidade do controle de mensagens eletrônicas pelo empregador quando ensina que:

> **O correio eletrônico é uma ferramenta de trabalho dada pelo empregador ao empregado para realização do trabalho, portanto sobre ele incide o poder de direção do empregador e consequentemente o direito do mesmo fiscalizar seu uso pelo funcionário**... (grifos nossos)

Por conseguinte, para elucidar a eficiência do monitoramento de *e-mails* para obstaculizar a utilização indevida destes mecanismos, trazemos à baila o episódio ocorrido na fábrica da *Daimler Chrysler*[46], em São Bernardo do Campo, em que 11 (onze) funcionários mantinham entre seus arquivos eletrônicos fotografias e vídeos pornográficos.

Note-se que, por meio da instalação de *softwares* de controle de envio e recebimento de correios eletrônicos, foi possível verificar e punir empregados que possuíam mensagens de conteúdo imoral e não condizente com a política da empresa.

Em face destas constatações, vastamente divulgadas na mídia, empresários utilizam-se do monitoramento de *e-mails* para obstaculizar preventivamente o uso indevido da rede, seja por meio do envio ou recebimento de mensagens, seja pelo acesso a *sites* de conteúdo não permitido. Outrossim, permite o exercício de seu poder disciplinar àqueles funcionários que infringirem as normas internas do empreendimento, advertindo-os da conduta inadequada.

---

(44) SIMÕES, Felipe Siqueira de Queiroz. *Internet:* direito do empregado x interesse do empregador. Disponível em: <http://www.direitonaweb.com.br/dweb.asp?ctd=1014&ccd=3>. Último acesso em: 20 de maio de 2007.
(45) SOUZA, Mauro Cesar Martins de. *E-mail (... net)* na relação de emprego: poder diretivo do empregador (segurança) & privacidade do empregado. Disponível em: <http://kplus.cosmo.com.br/materia.asp?co=46&rv=Direito>. Último acesso em: 25 de agosto de 2007.
(46) Indústria automobilística. Pornografia pela Internet faz Mercedes demitir 11 no Brasil. Disponível em: *Fonte: INVERTIA.* <http://br.invertia.com/noticias/noticia.aspx?idNoticia=200510262250>. Último acesso em: 20 de julho de 2007.

Por seu turno, os empregados rechaçam as medidas adotadas por seus empregadores, afirmando que o monitoramento do correio eletrônico viola o direito à intimidade e à vida privada, ambos constitucionalmente garantidos, conforme vimos anteriormente.

Sob este ponto de vista, o empregado sustenta que não abdica de seus direitos fundamentais ao ingressar no ambiente físico ou virtual da empresa, motivo pelo qual a prática utilizada pelas empresas para o monitoramento eletrônico, nesta linha, se faz ofensiva a seus direitos mais primordiais, fundamentando ainda que, em virtude da relação hipossuficiente que detém com seu empregador, se encontrava à mercê dos poderes deste, sendo mais comuns as violações aos direitos humanos, em especial a violação à privacidade e à intimidade do trabalhador.

Por outro lado, é certo que o uso desenfreado e abusivo pelo empregado do *e-mail* fornecido pelo empregador não pode ser palco para a prática de atos ilícitos, imorais ou ainda não condizentes com os fins do empreendimento do empregador, ficando acobertados indevidamente sob a proteção à intimidade e à vida privada do empregado no meio ambiente de trabalho. É preciso analisar além e acima dos direitos individuais dos empregados.

Dessa forma, faz-se necessária a utilização de regras claras que direcionem essas questões para não elidir arbitrariedades de ambos os lados — empregado e empregador. Nessa toada, é preciso doutrinar os empregados que o ambiente de trabalho não é um lugar íntimo, pessoal ou em que se possa esperar por privacidade, devendo ser considerado tão somente como local de trabalho.

Sendo assim, sob nenhuma circunstância se deve entender que os meios fornecidos pela empresa para que o funcionário desenvolva suas atividades não são uma ferramenta de trabalho e sim algo íntimo e pessoal.

Entretanto, aos empregadores é necessário elucidar que o fato de o meio corporativo eletrônico não ser considerado como algo privado do empregado não lhe dá o direito de extrapolar limites ofendendo os direitos fundamentais dos trabalhadores, de maneira que necessitamos de regras que sejam pautadas no respeito, na proporcionalidade de direitos e principalmente no equilíbrio na utilização dos aparatos eletrônicos, coibindo abusos.

Desse modo, o conflito decorre da contraposição de duas situações abarcadas pelo direito, por um lado, temos o poder diretivo do empregador e, do outro, em contrapartida, encontramos os direitos fundamentais do empregado, quais sejam, a intimidade e a vida privada.

Note-se que na legislação brasileira não há qualquer norma que disponha expressamente sobre o monitoramento de correspondências eletrônicas no âmbito do direito do trabalho. No entanto, nossos tribunais, lentamente, vêm-se posicionando a respeito deste assunto atualmente tão debatido, sendo certo que a jurisprudência predominante no Tribunal Superior do Trabalho tem caminhado no sentido de privilegiar os interesses empresariais, em detrimento da intimidade e da privacidade do trabalhador.

Nessa perspectiva, trazemos à colação decisão proferida pelo Colendo Tribunal Superior do Trabalho, em que admite a legalidade do monitoramento do *e-mail* corporativo, a saber:

PROVA ILÍCITA. "E-MAIL" CORPORATIVO. JUSTA CAUSA. DIVULGAÇÃO DE MATERIAL PORNOGRÁFICO.

1. **Os sacrossantos direitos do cidadão à privacidade e ao sigilo de correspondência, constitucionalmente assegurados, concernem à comunicação estritamente pessoal, ainda que virtual ("e-mail" particular). Assim, apenas o e--mail pessoal ou particular do empregado, socorrendo-se de provedor próprio, desfruta da proteção constitucional e legal de inviolabilidade.**

2. **Solução diversa impõe-se em se tratando do chamado "e-mail" corporativo**, instrumento de comunicação virtual mediante o qual o empregado louva-se de terminal de computador e de provedor da empresa, bem assim do próprio endereço eletrônico que lhe é disponibilizado igualmente pela empresa. **Destina-se este a que nele trafeguem mensagens de cunho estritamente profissional.** Em princípio, é de uso corporativo, salvo consentimento do empregador. Ostenta, pois, natureza jurídica equivalente à de uma ferramenta de trabalho proporcionada pelo empregador ao empregado para a consecução do serviço.

3. A estreita e cada vez mais intensa vinculação que passou a existir, de uns tempos a esta parte, entre *internet* e/ou correspondência eletrônica e justa causa e/ou crime exige muita parcimônia dos órgãos jurisdicionais na qualificação da ilicitude da prova referente ao desvio de finalidade na utilização dessa tecnologia, tomando-se em conta, inclusive, o princípio da proporcionalidade e, pois, os diversos valores jurídicos tutelados pela lei e pela Constituição Federal. A experiência subministrada ao magistrado pela observação do que ordinariamente acontece revela que, notadamente o "e-mail" corporativo, não raro sofre acentuado desvio de finalidade, mediante a utilização abusiva ou ilegal, de que é exemplo o envio de fotos pornográficas. Constitui, assim, em última análise, expediente pelo qual o empregado pode provocar expressivo prejuízo ao empregador.

4. Se se cuida de "e-mail" corporativo, declaradamente destinado somente para assuntos e matérias afetas ao serviço, o que está em jogo, antes de tudo, é o exercício do direito de propriedade do empregador sobre o computador capaz de acessar a *internet* e sobre o próprio provedor. Insta ter presente também a responsabilidade do empregador, perante terceiros, pelos atos de seus empregados em serviço (Código Civil, art. 932, inc. III), bem como que está em xeque o direito à imagem do empregador, igualmente merecedor de tutela constitucional. Sobretudo, imperativo considerar que o empregado, ao receber uma caixa de "e-mail" de seu empregador para uso corporativo, mediante ciência prévia de que nele somente podem transitar mensagens profissionais, não tem razoável expectativa de privacidade quanto a esta, como se vem entendendo no Direito Comparado (EUA e Reino Unido).

5. **Pode o empregador monitorar e rastrear a atividade do empregado no ambiente de trabalho, em "e-mail" corporativo**, isto é, checar suas mensagens, tanto do ponto de vista formal quanto sob o ângulo material ou de conteúdo. **Não é ilícita a prova assim obtida**, visando a demonstrar justa causa para a despedida decorrente do envio de material pornográfico a colega de trabalho. Inexistência de afronta ao art. 5º, incisos X, XII e LVI, da Constituição Federal.

6. Agravo de Instrumento do Reclamante a que se nega provimento. (TST, AIRR, processo n. 613/2000-013-10-00, Rel. Min. João Oreste Dalazen, 1ª T., publicado em 10.06.2005)

Assim, traduz o monitoramento da atividade do empregado no exercício do direito de propriedade do empregador sobre o computador, sobre o provedor e sobre o próprio correio eletrônico.

Dessa forma, compreende-se que não há qualquer intimidade ou privacidade do empregado a ser preservada, na medida em que essa modalidade de *e-mail* não é colocada à disposição do empregado para fins particulares, mas sim para o uso em suas atividades laborativas. Não se pode vislumbrar direito à privacidade na utilização de um sistema de comunicação virtual engendrado para o desempenho da atividade empresarial e de um ofício decorrente de contrato de emprego.

Igualmente, outros acórdãos têm seguido a jurisprudência acima colacionada, entendendo que o *e-mail* corporativo é mera ferramenta de trabalho, de modo que não deve ser utilizado pelo empregado para tratar de assuntos particulares. Nesse sentido, trazemos a este artigo algumas das ementas que expõem nosso entendimento:

> Endereço eletrônico fornecido pelo empregador se equipara a ferramenta de trabalho e não pode ter seu uso desvirtuado pelo empregado. Pertencendo a ferramenta ao empregador, a esse cabe o acesso irrestrito, já que o empregado detém apenas sua posse. (TRT 2ª região, RO, processo n. 01478-2004-067-02-00-6, Ac. 20050320844)

> "Correio eletrônico. Monitoramento. Legalidade. Não fere norma constitucional a quebra de sigilo de *e-mail* corporativo, sobretudo quando o empregador dá a seus empregados ciência prévia das normas de utilização do sistema e da possibilidade de rastreamento e monitoramento de seu correio eletrônico. (TRT 2ª região, RO, processo n. 01130-2004-047-02-00-4, Ac. 20060929744, Rel. Wilson Fernandez, 1ª T., julgado em 9.11.2006)

> Não se constitui prova fraudulenta e violação de sigilo de correspondência o monitoramento pelo empregador dos computadores da empresa. *E-mail* enviado a empregado no computador do empregador e relativo a interesses comerciais da empresa não pode ser considerado correspondência pessoal. Entre o interesse privado e o coletivo de se privilegiar o segundo. Limites razoáveis do entendimento do direito ao sigilo. Apelo provido. (TRT 2ª região, RO, processo n. 02771-2003-262-02-00-4, Ac. 20050881099, Rel. Plínio Bolívar de Almeida, 1ª T., julgado em 1.12.2005)

> Não se constitui prova fraudulenta e violação de sigilo de correspondência o monitoramento pelo empregador dos computadores da empresa. *E-mail* enviado a empregado no computador do empregador e relativo a interesses comerciais da

empresa não pode ser considerado correspondência pessoal. Entre o interesse privado e o coletivo de se privilegiar o segundo. Limites razoáveis do entendimento do direito ao sigilo. Apelo provido. (TRT 3ª Região, 1ª Turma, Rec. Ordinário, Relator: Plínio Bolívar de Almeida, Revisora: Maria Ines Moura Santos Alves da Cunha, Acórdão n. 20050881099, Processo n. 02771-2003-262-02-00-4, 2005).

Ademais, vale realçar que o monitoramento pelo empregador se justifica ainda em razão de este ser responsável pelos atos de seus funcionários (art. 932, III, do Código Civil), isto é, *culpa in vigilando* e *eligendo*, de modo que quaisquer danos causados por seus empregados ou quaisquer obrigações assumidas por estes por meio do envio de mensagens pelo *e-mail* corporativo vinculam a empresa, devendo esta responder pelos atos de seus funcionários. Nesse talante posiciona-se o acórdão abaixo:

> Quando o empregado comete um ato de improbidade ou mesmo um delito utilizando-se do e-mail da empresa, esta, em regra, responde solidariamente por tal ato. Sob este prisma, podemos então constatar o quão grave e delicada é esta questão, que demanda a apreciação jurídica dos profissionais do Direito. Enquadrando tal situação à Consolidação das Leis do Trabalho, verifica-se que tal conduta é absolutamente imprópria, podendo configurar justa causa para a rescisão contratual, dependendo do caso e da gravidade do ato praticado. Considerando que os equipamentos de informática são disponibilizados pelas empresas aos seus funcionários com a finalidade única de atender às suas atividades laborativas, o controle do *e-mail* apresenta-se como a forma mais eficaz, não somente de proteção ao sigilo profissional, como de evitar o mau uso do sistema *internet* que atenta contra a moral e os bons costumes, podendo causar à empresa prejuízos de larga monta. (RO 0504/2002, Relatora: Juíza Márcia Mazoni Cúrcio Ribeiro. Origem: Juiz José Leone Cordeiro Leite).

Contudo, não se deve punir aqueles empregados que se utilizam da *internet* de forma neutra, isto é, acessam-na tão somente em casos estritamente necessários, por exemplo, para consulta de seu respectivo saldo bancário, tendo em vista que tal uso não traz prejuízo à empresa, tampouco impacta no desempenho normal das atividades do empregado.

Ao contrário, a permissão do uso da *internet* para as hipóteses indispensáveis à vida do empregado estabelece condições para que ele se torne mais produtivo, uma vez que evita ausências sistemáticas no trabalho, haja vista que a maior parte do dia dos indivíduos é centrada no trabalho.

Nesse sentido, defendemos o uso social do *e-mail* corporativo, bem como a prática da *internet* pelo empregado no âmbito da empresa, pois acreditamos ser direito do empregado a comunicação externa durante a jornada normal de trabalho, de maneira não abusiva. Note-se que inexiste razão para que o empregador não permita esta prática descrita, pois dela podem advir melhorias para a empresa, desde que não ocasione excessos ou prejuízos, bem como queda do desempenho no trabalho. Por via de consequência, se permitir uma maior liberdade para o empregado realizar suas atividades laborais, sem que esteja em um sistemático clima de medo e com receio de ser dispensado por ter usado o *e-mail* segundo os critérios do princípio da razoabilidade.

V — O DIREITO PORTUGUÊS

Atualmente, a maioria dos países possui, em sua Constituição, dispositivo assegurando a proteção à privacidade e vida privada dos indivíduos. Nesse sentido, a Constituição da República portuguesa, em seu art. 26, prevê:

> A todos são reconhecidos os direitos à identidade pessoal, ao desenvolvimento da personalidade, à capacidade civil, à cidadania, ao bom nome e reputação, à imagem, à palavra, **à reserva da intimidade da vida privada e familiar** e à protecção legal contra quaisquer formas de discriminação. (grifamos)

Assim, à semelhança da Constituição Federal brasileira, aos cidadãos portugueses encontra-se assegurada a proteção à intimidade e à vida privada e familiar.

Como visto, o Brasil não possui legislação específica disciplinando a utilização de *e-mails*, principalmente no meio ambiente corporativo, por sua vez, Portugal, seguindo a linha de países como Reino Unido, França, Bélgica, Estados Unidos da América, entre outros, preferiu normatizar detalhadamente a proteção ao correio eletrônico.

Dessa forma, o Código de Trabalho português, na Subsecção II, reservou um capítulo exclusivo para regular o tratamento dos direitos de personalidade nas relações de trabalho, sendo que dentro desta subsecção encontramos o art. 21 que dispõe minuciosamente sobre as regras para o *e-mail* corporativo:

> Confidencialidade de mensagens e de acesso a informação
>
> **1 — O trabalhador goza do direito de reserva e confidencialidade relativamente ao conteúdo das mensagens de natureza pessoal e acesso a informação de carácter não profissional que envie, receba ou consulte, nomeadamente através do correio electrónico.**
>
> 2 — O disposto no número anterior **não prejudica o poder de o empregador estabelecer regras de utilização dos meios de comunicação na empresa, nomeadamente do correio electrónico.**

Diante do acima, podemos compreender que, na mesma linha do direito brasileiro, o entendimento português segue no sentido de que ao trabalhador é assegurado o direito à privacidade no que se refere a mensagens de cunho pessoal, no entanto, quando se tratarem de mensagens profissionais, via de regra encaminhadas por *e-mails* das empresas, estas poderão ser fiscalizadas, observando sempre o bom senso.

Assim, Portugal permite o monitoramento das atividades eletrônicas dos trabalhadores, todavia, dá a entender que para tanto é sugerido aos empregadores a criação de regras internas dispondo sobre a utilização dos *e-mails* dentro da empresa, coadunando-se com a boa prática empresarial em que se detalha aos trabalhadores como o poder de fiscalização lhe será aplicado.

Nesse sentido, as empresas, para evitarem futuras alegações de desconhecimento das regras de utilização dos meios eletrônicos empresariais, devem cientificar os trabalhadores por meio de um regulamento interno de como se dará o controle e fiscalização do *e-mail*, detalhando que a prática incorreta poderá levar em casos extremos à rescisão do contrato de trabalho.

Concluímos que o Código de Trabalho português não traz grandes inovações sobre como resolver a questão da utilização dos *e-mails* no meio ambiente de trabalho, em que pese ser pioneiro em prever expressamente regras para "confidencialidade de mensagens e de acesso a informação" nas relações de trabalho.

VI — CONSIDERAÇÕES FINAIS

Ex positis, em razão da inserção sistemática da prática da informatização do meio ambiente corporativo, o Direito do Trabalho deve adquirir a incumbência de construir mecanismos jurídicos que permitam a assimilação das novas evoluções tecnológicas, debruçando-se sobre a magna questão, buscando uma equalização entre o poder diretivo do empregador em fiscalizar os *e-mails* do empregado e o respeito ao direito de intimidade e privacidade do empregado.

Assentado nesse binômio, não se deve permitir que o advento das novas tecnologias eletrônicas provoque a extinção ou lesão ao sagrado direito constitucional da privacidade dos empregados na empresa, e que, somente devido a este direito, se entravem os essenciais intercâmbios de informação eletrônica. Impende afirmar que não possuímos ainda permissivos legais para equalização do imbróglio do direito atual que viabilize uma correta aplicação de leis ao caso concreto. Nessa esteira, o mais plausível seria uma reestruturação do direito à intimidade adequando-o às novas tecnologias da informação para que permitam decisões racionais e não que vão de encontro a um pacífico entrosamento entre empregado e empregador.

Entretanto, ressalta-se que o *e-mail* corporativo, segundo nossa abordagem, se trata de uma indispensável ferramenta de trabalho nos dias de hoje, sendo que seu uso deve ser estritamente para o desempenho das funções laborativas. Ademais, no que concerne ao uso particular dos instrumentos de trabalho da empresa, no caso específico da *internet,* sobrecarrega demasiadamente a rede da empresa, subtraindo o tempo de trabalho, causando diminuição de produtividade e a consequente elevação de custos operacionais desta.

Mas, também, depreendemos que a intimidade do empregado deve ser respeitada no ambiente de trabalho, e o sigilo das comunicações em quaisquer de suas modalidades. Porém, nenhum desses direitos deve ser absoluto, sobrepujando os demais semelhantes de nível hierárquico, devendo abrir espaços para sua aplicação quando indispensável para alcançar o objetivo maior do direito, ou seja, atender aos interesses de todos.

Todavia, a fiscalização do correio eletrônico profissional se justifica, quando visa preservar o respeito à honra e à imagem da empresa e garantir um melhor desempenho dos seus empregados no horário de trabalho. Com referência ao *e-mail* profissional ser de propriedade da empresa, disponibilizado ao empregado como ferramenta de trabalho e com fins específicos, a doutrina majoritária aponta para a possibilidade de fiscalização do correio eletrônico profissional, desde que obedecidos certos requisitos de direito.

Diante do quanto exposto, somos da opinião de que o empresário pode acessar o *e-mail* de seus empregados, porém não de uma forma indiscriminada e sistemática, já que o trabalhador tem direitos que podem ser invocados legitimamente, como o direito à inviolabilidade das comunicações e o direito ao exercício de trabalho em condições dignas. Portanto, o empregado não deve sofrer intromissão em sua atividade, de maneira abusiva pelo seu empregador.

Cumpre salientar que entendemos que o empregador poderá exercer o controle tecnológico dos *e-mails* de seus empregados desde que seja analisado caso a caso e atendendo a estritos critérios de *idoneidade, necessidade* e *proporcionalidade*, a utilização de medidas de vigilância e controle que sirvam aos fins a que se pretendam causando o menor impacto possível sobre a intimidade e a dignidade do trabalhador.

Assim sendo, faz-se mister encontrar o ponto de equilíbrio entre o poder diretivo do empregador e a preservação da intimidade e vida privada do empregado. Nessa linha de raciocínio, defendemos a utilização dos meios digitais corporativos de uma *forma racional e objetiva,* desde que não abusiva e alicerçada na condição de que não interfiram nas responsabilidades profissionais (uso social do *e-mail*). Para tanto, a utilização dos meios eletrônicos no meio ambiente do trabalho exige uma conscientização dos empregados, a fim de que não sejam utilizados em demasia para fins pessoais, outrossim, lembramos que durante o horário de expediente estes devem desenvolver suas atividades laborativas, em conformidade ao pacto laboral. Sabe-se que existem empregados que utilizam a *internet* com bom senso, não reduzindo sua produtividade no trabalho; este procedimento é que entendemos ser o adequado.

Em suma, a fim de que inexista descumprimento ao direito protegido pela Constituição Federal, o empregador deve delinear, sensata e ponderadamente, políticas adequadas de controle da atividade que favoreçam um ambiente de trabalho digno, humano, confiável, propiciando a preservação da intimidade, evitando ambiente estressante de mal-estar aos trabalhadores por meio de condutas abusivas sedimentadas no poder de direção do empregador.

Por fim, pugnamos pela elaboração de um código de ética de práticas de uso dos meios eletrônicos no âmbito da empresa, destarte, conduzindo o empregado à utilização correta das comunicações eletrônicas no local de trabalho, tornando-o mais agradável e produtivo, afastando procedimentos de perseguição, terrorismo ou abuso de poder.

VII — REFERÊNCIAS BIBLIOGRÁFICAS

ASCENSÃO, José de Oliveira. *Direito da internet e da sociedade da informação.* Rio de Janeiro: Forense, 2002.

BARBA, Francisco; PIÑERO, Miguel Rodríguez. *Alternativas de regulación de los derechos on-line en el ordenamiento laboral español.* Disponível em: <http://v2.vlex.com/global/redi/detalle_doctrina_redi.asp?articulo=157693>. Último acesso em: 10 de julho de 2007.

BACELLAR, Margareth de Freitas. *O Direito do trabalho na era virtual.* 1. ed. Rio de Janeiro: Renovar, 2003.

BARROS, Alice Monteiro de. *Proteção à intimidade do empregado.* São Paulo: LTr, 1997.

BLUM, Renato M. S. Opice *et al.* (coord.). *Manual de direito eletrônico e internet.* São Paulo: Lex, 2006.

BULOS, Uadi Lammêgo. *Constituição Federal anotada.* 5. ed. rev. e atual. São Paulo: Saraiva, 2003.

CESÁRINO JR.. Direito social brasileiro. 4. ed. v. II, p. 61, *apud* SÜSSEKIND, Arnaldo. *Curso de direito do trabalho.* 2. ed. rev. e atual. Rio de Janeiro: Renovar, 2004.

CORREA, Gustavo Testa. *Aspectos jurídicos da internet.* 2. ed. São Paulo: Saraiva, 2002.

COSTA JÚNIOR, Paulo José da. *Agressões à intimidade:* o episódio Lady Di. São Paulo: Malheiros, 1997.

_____. *O direito de estar só:* tutela penal da intimidade. 21. ed. São Paulo: RT, 1995.

COUTINHO, Aldacy Rachid. *Poder punitivo trabalhista.* São Paulo: LTr, 1999, p. 13-14, *apud* HAINZENREDER JR., Eugênio. *O poder diretivo do empregador frente à intimidade e à vida privada do empregado na relação de emprego: conflitos decorrentes da utilização dos meios informáticos no trabalho.* In: *Questões controvertidas de Direito do Trabalho e outros estudos.* Porto Alegre: Livraria do Advogado, 2006. Disponível em: <http://www.direitonaweb.com.br/dweb.asp?ctd=1014&ccd=3>. Último acesso em: 12 de junho de 2007.

DUPAS, Gilberto. *Ética e poder na sociedade da informação.* São Paulo: UNESP, 2000.

ENGELS, F. Sobre a autoridade, apud K. Marx e F. Engels, Obras escolhidas, v. II. São Paulo: Alfa-Ômega, s/d., p. 185. In: MELHADO, Reginaldo. *Poder e sujeição:* os fundamentos da relação de poder entre capital e trabalho e o conceito de subordinação. São Paulo: LTr, 2003.

FERREIRA, Aluízio. *Direito à informação, direito à comunicação:* direitos fundamentais na Constituição brasileira. São Paulo: Celso Bastos Editor: Instituto Brasileiro de Direito Constitucional, 1997.

FERREIRA, Aurélio Buarque de Holanda. *Novo dicionário Aurélio da língua portuguesa.* 3. ed. Curitiba: Positivo, 2004.

FINATI, Cláudio Roberto. As relações de trabalho na era da informática. In: *Revista Síntese Trabalhista*, p. 21. In: GERHARDT, Roberta Coltro. *Relação de emprego,* internet *e futuro*: uma perspectiva crítica em âmbito brasileiro. São Paulo: LTr, 2002.

GAERTNER, Adriana; SILVA, Helena Pereira da. Privacidade da informação na *internet*: ausência de normalização. In: *Proceedings CINFORM —* Encontro Nacional de Ciência da Informação VI, Salvador — Bahia, 2005.

GERHARDT, Roberta Coltro. *Relação de emprego,* internet *e futuro:* uma perspectiva crítica em âmbito brasileiro. São Paulo: LTr, 2002.

GONÇALVES, Carlos Roberto. *Responsabilidade civil.* 8. ed. ver., de acordo com o novo Código Civil (Lei n. 10.406, de 10.01.2002). São Paulo: Saraiva, 2003.

GONÇALVES, Emílio. *O poder regulamentar do empregador:* o regulamento do pessoal na empresa. 2. ed. São Paulo: LTr, 1997.

GONÇALVES, Sérgio Ricardo Marques. A utilização da *internet* no ambiente de trabalho. In: BLUM, Renato M. S. Opice *et al.* (coord.). *Manual de direito eletrônico e* internet. São Paulo: Lex, 2006.

GROSSI, Bernardo Menicucci. A privacidade e o usuário de correio eletrônico —efeitos no contrato de trabalho. Disponível em: <www.infojus.com.br>. Último acesso em: 24 de junho de 2007.

GUERRA, Sidney. *Direito à privacidade na* internet. Rio de Janeiro: América Jurídica, 2004.

HAINZENREDER JR., Eugênio. O poder diretivo do empregador frente à intimidade e à vida privada do empregado na relação de emprego: conflitos decorrentes da utilização dos meios informáticos no trabalho. In: *Questões controvertidas de direito do trabalho e outros estudos.* Porto Alegre: Livraria do Advogado, 2006.

KRAUSPENHAR, Rogério. *Os limites do poder disciplinar do empregador.* São Paulo: LTr, 2001.

LEWICKI, Bruno. *A privacidade da pessoa humana no ambiente de trabalho.* Rio de Janeiro: Renovar, 2003.

LIMBERGER, Têmis. *O direito à intimidade na era da informática:* a necessidade de proteção dos dados. Porto Alegre: Livraria do Advogado, 2007.

LIPPMANN, Ernesto. Do direito à privacidade do empregado, nos tempos da *internet.* In: *Revista LTr* São Paulo, v. 62, n. 04, p. 483-486, abr. 1998.

LOPES, Vera Maria de Oliveira Nusdeo. *O direito à informação e as concessões de rádio e televisão.* São Paulo: Revista dos Tribunais, 1997.

LOPES JÚNIOR, Osmar. Controle de acesso à *internet* pelas empresas x direito de privacidade. Ccuec. Unicamp. Set. 2000. Disponível em: <http://www.ccuec.unicamp.br/revista/infotec/artigos/osmar2.html>. Acesso em: 16 de março de 2007.

LUCCA, Newton de; SIMÃO FILHO, Adalberto (coord.). *Direito e* internet: aspectos jurídicos relevantes. São Paulo: Quartier Latin, 2005.

MAGANO, Octavio Bueno. *Poder diretivo na empresa.* São Paulo: Saraiva, 1982.

MANTOVANI, João Luiz Alves. O velho contrato de trabalho frente às modernidades tecnológicas. *Jornal Folha de São Paulo*, edição de 25 de abril de 1999, 6º caderno.

MARANHÃO, Délio; SÜSSEKIND, Arnaldo et al. *Instituições de direito do trabalho.* 16. ed. São Paulo: LTr, 1996. v. I.

MARQUES, Antônio Terêncio G. L. *A prova documental na* internet: validade e eficácia do documento eletrônico. 2. ed. Curitiba: Juruá, 2006.

MARTINS, Adalberto. *Manual didático de direito do trabalho.* 2. ed. atualizada e ampliada, São Paulo: Malheiros, 2003.

MARTINS, Sergio Pinto. *Direito do trabalho.* 22. ed. São Paulo: Atlas, 2006.

MARZOCHI, Marcelo de Luca. *Direito.br:* aspectos jurídicos da *internet* no Brasil. São Paulo: LTr, 2000.

MELHADO, Reginaldo. *Poder e sujeição:* os fundamentos da relação de poder entre capital e trabalho e o conceito de subordinação. São Paulo: LTr, 2003.

MELO, Bruno Herlein Correia de. Aspectos jurídicos da fiscalização do correio eletrônico no ambiente de trabalho. *Jus Navigandi,* Teresina, ano 10, n. 973, 1 mar. 2006. Disponível em: <http://jus2.uol.com.br/doutrina/texto.asp?id=8014>. Último acesso em: 31 de agosto de 2007.

MENDES, Adriano Campos de Assis e. Aspectos jurídicos do monitoramento de *e-mails* e de acesso à *internet* em redes corporativas. Disponível em: <http://www.jurisnauta.com.br/>. Último acesso em: 12 de junho de 2007.

MESQUITA, Luiz José de. *Direito disciplinar do trabalho.* 2. ed. São Paulo: LTr, 1991.

MORAES, Alexandre de. Direito constitucional. 12. ed. São Paulo: Atlas, 2002. p. 80. In: PEREIRA, Marcelo Cardoso. *Direito à intimidade na* internet. 4. ed. Curitiba: Juruá, 2006.

_____. Direito constitucional. 15. ed. São Paulo: Atlas, 2004. p. 82 In: VERGUEIRO, Luiz Fabrício Thaumatugo. *Direito à privacidade:* o direito fundamental da modernidade. Disponível em: <http://buscalegis.ufsc.br/arquivos/Dto_fundamental_modernidade.htm>. Acesso em: 10 de janeiro de 2007.

NASCIMENTO, Amauri Mascaro. Princípios do direito do trabalho e direitos fundamentais do trabalhador. In: *Revista LTr*, v. 67, n. 08, agosto de 2003.

NORBERTO, Bobbio; MATTEUCCI, N. Diccionario de política. 2. ed. México: Siglo Veintiuno, 1982. p. 1224, *apud* MELHADO, Reginaldo. *Poder e sujeição:* os fundamentos da relação de poder entre capital e trabalho e o conceito de subordinação. São Paulo: LTr, 2003.

OLIVEIRA NETO, Alberto Emiliano de; COELHO, Luciano Augusto de Toledo. Direito à intimidade e à privacidade — *e-mail* do empregado. *Revista Justiça do Trabalho*, n. 223: maio 2003.

PAESANI, Liliana Minardi (coord.). *O direito na sociedade da informação*. São Paulo: Atlas, 2007.

PAULO, Vicente; ALEXANDRINO, Marcelo. *Direito do trabalho*. 6. ed. Niterói: Impetus, 2005.

PEREIRA, Guilherme Döring Cunha. *Liberdade e responsabilidade dos meios de comunicação*. São Paulo: Revista dos Tribunais, 2002.

PEREIRA, Marcelo Cardoso. *Direito à intimidade na* internet. 4. ed. Curitiba: Juruá, 2006.

PIRES, Leonardo Gurgel Carlos. O *e-mail* e os aspectos probatórios no direito brasileiro. *Jus Navigandi*, Teresina, ano 4, n. 39, fev. 2000. Disponível em: <http://jus2.uol.com.br/doutrina/texto.asp?id=1786>. Acesso em: 07 jan. 2007.

ROCHA, Marcelo Oliveira. *Direito do trabalho e* internet*:* aspectos das novas tendências das relações de trabalho na "era informatizada". São Paulo: Liv. e Ed. Universitária de Direito, 2004.

ROCHA FILHO, Valdir de Oliveira (coord.). *O direito e a* internet. Rio de Janeiro: Forense Universitária, 2002.

SILVA, De Plácido e. *Vocabulário jurídico*. 27. ed. Rio de Janeiro: Forense, 2006.

SILVA NETO, Amaro Moraes e. *Privacidade na* internet: um enfoque jurídico. — São Paulo: EDIPRO, 2001.

SIMÕES, Felipe Siqueira de Queiroz. *Internet:* direito do empregado x interesse do empregador. In: SIMÓN, Sandra Lia. *A proteção constitucional da intimidade e da vida privada do empregado*. São Paulo: LTr, 2000.

SIMÓN, Sandra Lia. *A proteção constitucional da intimidade e da vida privada do empregado*. São Paulo: LTr, 2000.

SOUZA, Mauro Cesar Martins de. *E-mail (...net)* na relação de emprego: poder diretivo do empregador (segurança) & privacidade do empregado. Disponível em: <http://kplus.cosmo.com.br/materia.asp?co=46&rv=Direito>. Último acesso em: 25 de agosto de 2007.

SÜSSEKIND, Arnaldo. *Curso de direito do trabalho*. 2. ed. rev. e atual. Rio de Janeiro: Renovar, 2004.

TORNABENE, María Inês. Internet *para abogados*. Buenos Aires: Editorial Universidad, 1999.

CONFLITO ENTRE NORMAS COLETIVAS DE TRABALHO: TENDÊNCIA DE APLICAÇÃO DA TEORIA DA ESPECIFICIDADE ADOTADA PELO CÓDIGO DO TRABALHO DE PORTUGAL

Graziella Ambrosio[*]

1. CONSIDERAÇÕES INICIAIS

Considerada o melhor sistema para solucionar os problemas que surgem entre o capital e o trabalho, a negociação coletiva apresenta-se como meio autocompositivo de solução dos conflitos trabalhistas, derivando das próprias partes, sem a interferência do Estado.

A negociação coletiva representa um processo de diálogo entre as partes — empregador e empregados —, visando não apenas à melhoria das condições de trabalho como também à própria manutenção dos postos de trabalho, ou seja, a tutela do emprego, principal bem jurídico da relação empregatícia.

A legislação brasileira admite a formalização de dois tipos de acordos de caráter normativo: a convenção coletiva de trabalho, firmada entre entidades sindicais e prevista no art. 611, *caput*, da CLT, e o acordo coletivo de trabalho, pactuado por sindicato(s) profissional(is) e empresa(s), conforme o § 1º do mesmo artigo celetista.

Nesse contexto, podem surgir conflitos entre a convenção coletiva de trabalho e o acordo coletivo de trabalho. O escopo deste trabalho é estudar as possíveis soluções a esse conflito entre normas coletivas de trabalho.

2. CONVENÇÃO COLETIVA DE TRABALHO

A Consolidação das Leis do Trabalho, no art. 611, *caput*, define a convenção coletiva de trabalho como: "Art. 611. Convenção Coletiva de Trabalho é o acordo de caráter normativo, pelo qual dois ou mais Sindicatos representativos de categorias econômicas e profissionais estipulam condições de trabalho aplicáveis, no âmbito das respectivas representações, às relações individuais de trabalho."

---

[*] Especialista em Direito e Processo do Trabalho pela Faculdade de Direito da Universidade de São Paulo (USP) e mestranda em Direito das Relações Sociais na Pontifícia Universidade Católica de São Paulo (PUC/SP). Advogada.

Segundo José Cláudio Monteiro de Brito Filho, a "convenção coletiva de trabalho é dotada de dupla natureza: contratual, para as obrigações que estabelece para os contratantes, e regulamentar, em relação às normas nela inseridas, que passam a regular, genericamente, os contratos individuais de trabalho dos integrantes das categorias representadas pelos pactuantes" (BRITO FILHO, 2009. p. 172-173).

Os sujeitos da contratação coletiva são os sindicatos, as federações e as confederações. Importante destacar que a Seção Especializada em Dissídios Coletivos (SDC) do Tribunal Superior do Trabalho decidiu que, quando o sindicato profissional se recusa a participar da negociação coletiva, é eficaz e legítima a atuação da comissão de empregados para esse fim, pois os titulares dos direitos são os empregados, de forma que o sindicato profissional, como seu representante, deve ajustar-se à vontade que, livremente, expressam e que atende aos seus interesses, mormente se se consideram as peculiaridades que envolvem a prestação de serviços e a realidade econômico-financeira do empregador[1].

Quanto ao campo de aplicação pessoal, dispõe o art. 8º, III, da Constituição Federal, que o sindicato é o representante da categoria e não, somente, dos associados, o que se deve combinar com o prescrito no art. 611, *caput* e § 1º, da CLT, que determina a estipulação de condições de trabalho aplicáveis no âmbito da representação das entidades convenentes, no caso das convenções coletivas e, no âmbito da empresa ou empresas, em se tratando de acordos coletivos.

Além disso, o campo de aplicação geográfico é o que coincide com a base territorial das entidades contratantes que, no Brasil, não pode ser inferior a um município (art. 8º, II, CF/88). Isto, entretanto, considerando o território comum a ambos os contratantes, ou seja, a base física coincidente das entidades sindicais ou empresas que firmam o ajuste.

Segundo Amauri Mascaro Nascimento, a regra que resolve os problemas de aplicação da convenção coletiva, nos casos de não coincidência das bases territoriais dos sindicatos convenentes, é a da limitação àquela de menor amplitude de qualquer dos dois sindicatos (NASCIMENTO, 2009. p. 483).

---

(1) EMENTA: ACORDO COLETIVO. COMISSÃO DE EMPREGADOS. LEGITIMIDADE. Em havendo recusa do sindicato profissional, e até mesmo da federação, em participar da negociação coletiva, que objetiva a formalização de acordo coletivo, legítima é a atuação de comissão de empregados, nos termos do que dispõem os arts. 8º, VI, da Constituição Federal e 617 da CLT. Titulares dos direitos são os empregados, de forma que o sindicato profissional, como seu representante, deve se ajustar à vontade que, livremente, expressam e que atende aos seus interesses, mormente considerando-se as peculiaridades que envolvem a prestação de serviços e a realidade econômico-financeira do empregador. Recurso ordinário conhecido e provido. (TST-RODC-163/2005-000-03-00.9 — Relator Ministro Milton de Moura França — Publicação DJ — 13.04.2007)

3. ACORDO COLETIVO DE TRABALHO

O acordo coletivo de trabalho difere da convenção coletiva por ser o acordo negociado entre uma empresa e um sindicato, sendo válido somente para aqueles empregados da empresa negociante, enquanto a convenção coletiva tem eficácia *erga omnes*, ou seja, suas condições valem para toda a categoria. Dispõe o § 1º do art. 611 da CLT: "§ 1º É facultado aos Sindicatos representativos de categorias profissionais celebrar Acordos Coletivos com uma ou mais empresas da correspondente categoria econômica, que estipulem condições de trabalho, aplicáveis, no âmbito da empresa ou das empresas acordantes, às respectivas relações de trabalho."

Em se tratando de acordo coletivo, a aplicação só ocorrerá em relação aos estabelecimentos do empregador ou dos empregadores que estiverem localizados dentro da base territorial do sindicato ou sindicatos acordantes.

Os acordos e as convenções coletivas de trabalho encontram-se no mesmo patamar na pirâmide hierárquica normativa. Ambos os convênios retiram o seu fundamento de validade dos mesmos dispositivos constitucionais (art. 7º, VI, XIII, XIV e XXVI). Assim, não existe hierarquia entre acordos e convenções coletivas de trabalho, pois ambos podem tratar das mesmas matérias. As diferenças entre eles residem, basicamente, nos sujeitos pactuantes e no grau de abrangência. No acordo, as partes discutem circunstâncias peculiares e individuais da empresa, enquanto a convenção coletiva tem alcance mais genérico.

4. CONTEÚDO DAS NORMAS COLETIVAS

O conteúdo das normas coletivas de trabalho é determinado por cláusulas que estabelecem direitos e obrigações aos sujeitos convenentes.

A negociação coletiva de trabalho só pode ter por objeto o ajuste de condições que incidam sobre os contratos de trabalho (cláusulas normativas), que disciplinem relações entre os sindicatos convenentes (cláusulas obrigacionais), ou que se refiram à própria convenção ou acordo coletivo de trabalho (duração, prorrogação, modificação, multa por descumprimento etc.). Questões estranhas ao contrato de trabalho e às partes envolvidas na negociação não são pertinentes.

Quanto à obrigatoriedade de inclusão das cláusulas, divide-se o conteúdo em cláusulas obrigatórias e cláusulas facultativas, pelo fato de que, nos termos do que está disposto no art. 613, da CLT[2], existe conteúdo mínimo a ser observado, o que impõe aos convenentes, sempre, a observância do que deve ou não constar, imperativamente, de um contrato coletivo. Resulta que não haverá restrições à estipulação de quaisquer outras cláusulas desde que não atentatórias à natureza da convenção coletiva de trabalho.

Além das cláusulas obrigatórias, a CLT faz menção às cláusulas facultativas no art. 621[3]. Este artigo, porém, não é taxativo, sendo possível a inserção de qualquer cláusula negociada entre as partes. Caso essa cláusula não seja obrigatória, ou seja, caso não esteja enumerada no art. 613 do mesmo diploma celetista, então ela será facultativa, cabendo às partes a decisão sobre sua inclusão ou não no convênio coletivo.

Octavio Bueno Magano diz que não há qualquer razão para se fixar conteúdo obrigatório para as convenções coletivas de trabalho. Esse critério, certamente, não estimula a sua prática. Assim, o ideal é que, com propósitos educativos, se faça apenas uma enumeração das cláusulas que possam adequadamente conter (MAGANO, 1972. p. 116).

Quanto ao destinatário das cláusulas, divide-se o conteúdo em cláusulas normativas e cláusulas obrigacionais. As primeiras convertem-se em cláusulas de contratos individuais de trabalho e as segundas estabelecem obrigações entre as partes convenentes. As obrigacionais são dirigidas aos sindicatos e empresas signatárias dos acordos e as normativas dirigidas aos empregados e empresas e aos seus respectivos contratos individuais sobre os quais se projetarão.

---

(2) Art. 613. As Convenções e os Acordos deverão conter obrigatoriamente:
I — Designação dos Sindicatos convenentes ou dos Sindicatos e empresas acordantes;
II — Prazo de vigência;
III — Categorias ou classes de trabalhadores abrangidas pelos respectivos dispositivos;
IV — Condições ajustadas para reger as relações individuais de trabalho durante sua vigência;
V — Normas para a conciliação das divergências sugeridas entre os convenentes por motivos da aplicação de seus dispositivos;
VI — Disposições sobre o processo de sua prorrogação e de revisão total ou parcial de seus dispositivos;
VII — Direitos e deveres dos empregados e empresas;
VIII — Penalidades para os Sindicatos convenentes, os empregados e as empresas em caso de violação de seus dispositivos.
Parágrafo único. As Convenções e os Acordos serão celebrados por escrito, sem emendas nem rasuras, em tantas vias quantos forem os Sindicatos convenentes ou as empresas acordantes, além de uma destinada a registro.
(3) Art. 621. As Convenções e os Acordos poderão incluir entre suas cláusulas disposição sobre a constituição e funcionamento de comissões mistas de consulta e colaboração, no plano da empresa e sobre participação, nos lucros. Estas disposições mencionarão a forma de constituição, o modo de funcionamento e as atribuições das comissões, assim como o plano de participação, quando for o caso.

Segundo Octavio Bueno Magano, o critério mais adequado para a identificação das cláusulas obrigacionais é o de verificar se não se traduzem em vantagens individuais ou genericamente atribuídas aos trabalhadores, abrangidos pela convenção, ou limitando-se, ao contrário, a fixar direitos e obrigações para as partes convenentes. Se a cláusula preceitua, por exemplo, que, durante o prazo de vigência da convenção, o sindicato de empregados não recorrerá à greve, não está conferindo nenhuma vantagem ao trabalhador, mas, apenas, impondo restrição à ação de uma das partes convenentes (MAGANO, 1972. p. 114).

São consideradas cláusulas obrigacionais, segundo Amauri Mascaro Nascimento, dentre outras: de organização da atividade sindical na empresa, destinadas a fazer com que o sindicato possa cumprir as suas funções normais de representação; de segurança sindical como as proibições de admissão de trabalhadores não sindicalizados, muitas em lesão à liberdade sindical individual; que fixam o dever de informação da empresa ao sindicato dos trabalhadores; que criam órgãos como Comissões de negociação, de arbitragem, delegados sindicais, seções sindicais na empresa; que preveem multas de cobrança de contribuições sindicais (NASCIMENTO, 2009. p. 482-483).

As cláusulas normativas são as que se destinam a aplicar-se às relações individuais de trabalho. São consideradas da maior importância. O conteúdo normativo é o núcleo dos acordos e a sua parte principal, a sua verdadeira razão de ser: a constituição das normas para os contratos individuais de trabalho. Apresentam-se como normativas as cláusulas: salariais, como reajustes, aumentos reais, gratificações, auxílios, proteção ao pagamento, pisos, adiantamentos, acúmulo de funções, remuneração dos repousos, licenças, faltas justificadas etc.

5. CONFLITO ENTRE NORMAS COLETIVAS DE TRABALHO

Como já exposto em passagens anteriores, a convenção coletiva de trabalho tem âmbito de abrangência mais amplo do que o acordo coletivo de trabalho. O acordo coletivo é negociado entre uma empresa e um sindicato, sendo válido somente para aqueles empregados da empresa negociante, ao passo que a convenção coletiva tem eficácia *erga omnes*, ou seja, suas disposições valem para toda a categoria.

Nesse sentido, é possível que uma convenção coletiva abranja determinada categoria em todo um Estado da Federação e um acordo coletivo seja celebrado, naquela mesma base territorial, exclusivamente com uma única empresa da mesma categoria econômica. Surge, nessa hipótese, um conflito de regras coletivas.

A Consolidação das Leis do Trabalho tem regra específica a respeito do tema, determinando que as condições estabelecidas em convenção, quando mais favoráveis, prevalecerão sobre as estipuladas em acordo coletivo de trabalho (art. 620 da CLT). Se, porém, o acordo coletivo for mais favorável, ele prevalecerá. Essa disposição celetista afasta a aplicação do critério geral oriundo do Direito Civil.

Maurício Godinho Delgado explica a opção feita pelo legislador no art. 620 da CLT, dizendo que "interessa ao Direito Coletivo valorizar os diplomas negociais mais amplos (como as convenções coletivas), pelo suposto de que contêm maiores garantias aos trabalhadores. Isso ocorre porque a negociação coletiva no plano estritamente empresarial (como permite o acordo coletivo de trabalho, embora com o reforço participatório do sindicato) inevitavelmente reduz a força coletiva dos obreiros: aqui eles não agem, de fato, como categoria, porém como mera comunidade específica de empregados. A propósito, não é por outra razão que o sindicalismo de empresa é considerado uma via de submissão sindical à força do polo empregador" (DELGADO, 2009. p. 1281).

Atualmente, é habitual o conflito entre normas coletivas do trabalho devido ao grande número de acordos e convenções coletivas que são firmados pelas empresas e pelos empregados visando, sobretudo, à manutenção dos níveis de emprego.

Existem quatro teorias para a solução do conflito entre a convenção coletiva e o acordo coletivo de trabalho. Essas teorias serão estudadas a seguir.

5.1. Prevalência da norma coletiva mais favorável

A Consolidação das Leis do Trabalho, ao dispor sobre o conflito entre acordo e convenção coletiva de trabalho, estabelece no art. 620 que "as condições estabelecidas em convenção, quando mais favoráveis, prevalecerão sobre as estipuladas em acordo".

Esse dispositivo preconiza a prevalência do instrumento coletivo mais benéfico, por aplicação do princípio da norma mais favorável ao trabalhador. Quando o intérprete estiver diante de duas ou mais normas que tratam da mesma matéria de forma diversa, em que ambas são aplicáveis ao trabalhador, deverá optar pela mais benéfica. Entretanto, a escolha do que é mais benéfico não é pacífico na doutrina, existindo três correntes a respeito do tema.

5.1.1. Teoria da acumulação, tomista ou atomista

A teoria da acumulação (tomista ou atomista) reúne todos os artigos, dispositivos e vantagens ao trabalhador contidos em cada fonte autônoma comparada, conjugando-as numa só relação jurídica de trabalho, ignorando as desvantagens ao trabalhador.

Mauricio Godinho Delgado afirma que "a teoria da acumulação propõe como procedimento de seleção, análise e classificação das normas cotejadas, o fracionamento do conteúdo dos textos normativos, retirando-se os preceitos e institutos singulares de cada um que se destaquem por seu sentido mais favorável ao trabalhador. À luz dessa teoria acumulam-se, portanto, preceitos favoráveis ao obreiro, cindindo-se diplomas normativos postos em equiparação" (DELGADO, 2009. p. 1279). Afirma esse Autor, ainda, que essa teoria é bastante criticável, pois, embora reúna todas as vantagens normativas ao trabalhador, despreza a noção de Direito como sistema.

Concordamos com as críticas feitas à teoria da acumulação no sentido de que ela desrespeita as características de cada instituto, fracionando-o e fragmentando-o, sem desprezar que a redação literal do art. 620 da CLT possa levar à conclusão de que o legislador adotou essa teoria. É cediço que a interpretação literal, segundo a qual as palavras, em seu sentido gramatical, traduzem toda a intenção do legislador, é considerada a mais pobre de todas, pois essa técnica pode destoar do todo, já que toda legislação pertence ao sistema. Ademais, o sentido exato da norma jurídica não se apura quando esta se considera isoladamente e sim quando apreciada em suas relações com outras normas concernentes à mesma matéria.

5.1.2. Teoria do conglobamento ou do conjunto

A teoria do conglobamento (ou do conjunto) consagra a escolha de uma ou da outra fonte de direito comparando-o em sua integralidade. Considera o caráter unitário de cada regime. O intérprete opta pela fonte mais benéfica no todo ao trabalhador.

Mauricio Godinho Delgado diz que "a teoria do conglobamento constrói um procedimento de seleção, análise e classificação das normas cotejadas sumamente diverso do anterior. Por essa segunda teoria não se fracionam preceitos ou institutos jurídicos. Cada conjunto normativo é apreendido globalmente, considerando o mesmo universo temático; respeitada essa seleção, é o referido conjunto comparado aos demais, também globalmente apreendidos, encaminhando-se, então, pelo cotejo analítico, à determinação do conjunto normativo mais favorável" (DELGADO, 2009. p. 1279).

Por essa teoria, cada regime normativo é mantido na sua integralidade. Assim, a escolha da norma mais favorável é feita considerando o sistema a que se integra. Tal teoria não contém as apontadas críticas da teoria da acumulação. Essa é a teoria prestigiada pela jurisprudência pátria[4].

No entanto, a crítica que se faz é quanto à dificuldade de se examinar a integralidade de duas normas coletivas ou fontes autônomas aplicáveis a um empregado, para se fazer a comparação a fim de escolher qual a mais benéfica.

5.1.3. Teoria intermediária ou eclética ou conglobamento por instituto ou conglobamento mitigado

A teoria intermediária (ou eclética), também chamada por alguns[5] de teoria do conglobamento por instituto ou conglobamento orgânico ou mitigado, determina a aplicação do conjunto de normas agrupadas sob a mesma forma de instituto jurídico desde que mais favorável ao trabalhador, em detrimento daquela matéria prevista em outra fonte de direito também aplicável ao empregado.

---

(4) EMENTA: PRINCÍPIO DA NORMA MAIS FAVORÁVEL. ART. 620 DA CLT. PREVALÊNCIA DO ACORDO COLETIVO. TEORIA DO CONGLOBAMENTO. No âmbito desta Corte Trabalhista tem prevalecido o entendimento de que, na apuração da norma mais vantajosa, deve ser considerado todo o conteúdo dos instrumentos coletivos cotejados, mesmo porque o acordo coletivo pressupõe, na sua essência, que as partes acordantes se compuseram em razão de seus interesses prementes, sendo natural que tenham aberto mão de vantagens para albergar outras exclusivamente visualizadas por elas. (Precedente da SBDI-1). Recurso de embargos conhecido e desprovido. (TST, 3ª Turma, RR-1021/2002-074-15-00.7 — Rel. Maria Cristina Irigoyen Peduzzi, DJU 07.12.06)
EMENTA: REAJUSTES E ABONO ESTABELECIDOS EM CONVENÇÃO COLETIVA E NÃO RATIFICADOS EM ACORDO COLETIVO. OBSERVÂNCIA DO ART. 620 DA CLT E APLICAÇÃO DA TEORIA DO CONGLOBAMENTO. I — O acordo coletivo, em razão de sua especificidade em relação aos empregados da empresa, deve ser preservado, pois é celebrado dentro de um contexto de concessões mútuas, no pleno exercício de autonomia negocial coletiva pelos sindicatos profissionais, que não pode ser desconsiderada, sob pena de frustração da atuação sindical na tentativa de autocomposição dos interesses coletivos de trabalho. II — Na interpretação dos ajustes coletivos prevalece o princípio do conglobamento, segundo o qual as normas coletivas devem ser observadas em sua totalidade e não isoladamente, pois, na negociação coletiva, os empregados obtêm benefícios mediante concessões recíprocas, sendo vedado aplicar, entre as disposições acordadas, apenas o que for mais benéfico aos trabalhadores. III. É inviável a aplicação em parte da Convenção Coletiva, conjugando-se com o acordo coletivo firmado pela categoria, como feito pelo acórdão recorrido. O art. 620 da CLT não autoriza tal procedimento, devendo ser interpretado como determinante da aplicação da norma mais favorável em seu conjunto, e não de forma parcelada. Esse tem sido o entendimento do TST, conforme os precedentes citados. Recurso conhecido e desprovido. (TST, 4ª Turma — RR-638/2003-066-15-00.1 — Rel. Barros Levenhagem, DJU 07.12.2006)
(5) Nesse sentido: BARROS, Alice Monteiro de. *Curso de direito do trabalho*. 5. ed. São Paulo: LTr, 2009. p. 131.

Assim, de acordo com essa teoria, serão respeitadas as características de cada instituto, sem onerar de forma demasiada o empregador e sem beneficiar ilimitadamente o empregado. Dessa forma, as duas fontes autônomas, acordo coletivo e convenção coletiva, são aplicadas à mesma relação de trabalho, sendo que a adoção do instituto jurídico de uma fonte exclui a aplicação do mesmo instituto ou matéria contida na outra.

A Lei n. 7.064/82 (art. 3º, II[6]), que dispõe sobre a situação de trabalhadores brasileiros contratados ou transferidos para prestarem serviços no exterior, expressamente adotou esta teoria. Em sentido contrário, Mauricio Godinho Delgado entende que a lei em comento adotou a teoria do conglobamento no contraponto entre a lei territorial externa e a lei brasileira originária (DELGADO, 2009. p. 1280).

A doutrina[7] fornece o seguinte exemplo para explicar essa teoria: aplica-se ao trabalhador o capítulo "da remuneração" contido na convenção coletiva que fixa um piso salarial muito superior ao previsto no acordo coletivo, somado ao capítulo "da indenização por tempo de serviço" contido no acordo coletivo, desprezando-se o mesmo capítulo previsto na convenção, por menos benéfico.

A jurisprudência tem aplicado a teoria do conglobamento aos conflitos entre normas autônomas e a teoria da acumulação aos conflitos de normas heterônomas ou heterônomas e autônomas. Ou seja, sempre que o Estado participar, deverá ser utilizada a teoria da acumulação, cumulando, somando os institutos. E somente nos casos em que o Estado não estiver presente, é que ao intérprete caberá a escolha de uma das três teorias acima estudadas[8].

5.2. Prevalência da norma coletiva específica (teoria da especificidade)

Essa teoria ressalta que, se o acordo se referir a temas expressamente previstos na Constituição Federal como passíveis de negociação *in pejus* (art. 7º, VI[9], XIII[10] e XIV[11]), prevalecerá esse acordo, ainda

---

(6) Art. 3º A empresa responsável pelo contrato de trabalho do empregado transferido assegurar-lhe-á, independentemente da observância da legislação do local da execução dos serviços:
II — a aplicação da legislação brasileira de proteção ao trabalho, naquilo que não for incompatível com o disposto nesta Lei, quando mais favorável do que a legislação territorial, no conjunto de normas e em relação a cada matéria.
(7) Nesse sentido: CASSAR, Vólia Bomfim. *Direito do trabalho*. 2. ed. Niterói: Impetus, 2008. p. 104.
(8) Nesse sentido: CASSAR, Vólia Bomfim. *Op. cit.*, p. 104-105.
(9) VI — irredutibilidade do salário, salvo o disposto em convenção ou acordo coletivo.
(10) XIII — duração do trabalho normal não superior a oito horas diárias e quarenta e quatro semanais, facultada a compensação de horários e a redução da jornada, mediante acordo ou convenção coletiva de trabalho.
(11) XIV — jornada de seis horas para o trabalho realizado em turnos ininterruptos de revezamento, salvo negociação coletiva.

que menos benéfico que a convenção, em virtude da teoria da especialidade, ou seja, a norma especial revoga a norma geral.

A própria Constituição Federal permite que, em matéria de salários e jornada de trabalho, sejam estipuladas condições coletivas menos favoráveis aos trabalhadores. Trata-se de exceção à regra geral de indisponibilidade dos direitos trabalhistas. Além disso, o acordo coletivo está mais próximo da realidade da empresa do que a convenção coletiva que estabelece regras para toda a categoria.

Mônica Sette Lopes afirma que o acordo coletivo de trabalho deve prevalecer nesse caso específico pela possibilidade de avaliação mais próxima da contingência especial da relação jurídico-trabalhista, e assim, deve ser visto como prioridade, em se tratando da disciplina da mesma faixa de interesses, prevalecendo na hipótese do conflito (SETTE, 1998. p. 164).

Amauri Mascaro Nascimento afirma que a teoria que deve prevalecer, atualmente, para solucionar o conflito de normas coletivas é a teoria da especificidade, sem se perder de vista que os diversos níveis de contratação coletiva evocam a necessidade de uma interpretação que considere a função de cada um. Segundo este Autor, há acordos nacionais que podem fixar mínimos inderrogáveis, obrigatórios para as instâncias negociais menores; acordo de empresa, para evitar dispensas coletivas, e que podem suspender, temporariamente, os contratos individuais de trabalho como forma de defesa do emprego; existem regras gerais de interesse de uma profissão fixadas pelos contratos coletivos de sindicatos de categorias diferenciadas; numa região do país, os sindicatos podem ser suficientemente fortes para atuar perante o poder econômico, em outras, a situação não é igual (NASCIMENTO, 2000. p. 1119-1120).

A propósito do tema, Luiz Carlos Amorim Robortella afirma que se está desenvolvendo aceleradamente a negociação no local de trabalho, descentralizada, ou por empresa. Nesse tipo de negociação descentralizada, as peculiaridades de cada estabelecimento ou empresa são melhor atendidas, eis que se discutem questões mais próximas da situação real de todos, patrões e empregados (ROBORTELLA, 2000. p. 1240).

Os Tribunais brasileiros têm demonstrado uma tendência à aplicação da teoria da especificidade, prestigiando a negociação direta realizada entre as partes interessadas. Segundo tais decisões, os acordos coletivos representam avenças mais específicas firmadas entre as empresas e os sindicatos representativos de seus empregados e, por essa razão, devem prevalecer em relação às convenções coletivas de trabalho que espelham situações mais globais, não ocorrendo violação ao princípio da norma mais benéfica[12].

---

(12) EMENTA: ACORDO COLETIVO DO TRABALHO. PREVALÊNCIA SOBRE A CONVENÇÃO COLETIVA. Nos acordos coletivos, de maneira geral, há uma avença mais específica firmada entre a empresa e o sindicato representativo de seus empregados,

Essa orientação de prevalência do acordo firmado no âmbito da empresa, prestigiando-se a situação específica empresarial, foi mantida no Código do Trabalho de Portugal de 2009, em seu art. 482º, que dispõe: "Art. 482º Concorrência entre instrumentos de regulamentação colectiva de trabalho negociais. 1 — Sempre que exista concorrência entre instrumentos de regulamentação colectiva de trabalho negociais, são observados os seguintes critérios de preferência: a) O acordo de empresa afasta a aplicação do acordo colectivo ou do contrato colectivo; b) O acordo colectivo afasta a aplicação do contrato colectivo. 2 — Nos outros casos, os trabalhadores da empresa em relação aos quais se verifica a concorrência escolhem o instrumento aplicável, por maioria, no prazo de 30 dias a contar da entrada em vigor do instrumento de publicação mais recente, comunicando a escolha ao empregador interessado e ao serviço com competência inspectiva do ministério responsável pela área laboral. 3 — Na ausência de escolha pelos trabalhadores, é aplicável: a) O instrumento de publicação mais recente; b) Sendo os instrumentos em concorrência publicados na mesma data, o que regular a principal actividade da empresa. 4 — A deliberação prevista no n. 2 é irrevogável até ao termo da vigência do instrumento adoptado. 5 — Os critérios de preferência previstos no n. 1 podem ser afastados por instrumento de regulamentação colectiva de trabalho negocial, designadamente através de cláusula de articulação entre convenções colectivas de diferente nível, nomeadamente interconfederal, sectorial ou de empresa."

A aplicação da teoria da especificidade ou especialidade representa uma evolução do pensamento jurídico brasileiro, na medida em que acompanha as evoluções sociais e incentiva a negociação coletiva como meio de solução

---

enquanto que nas convenções coletivas a situação é mais global, abrange todos os empregados e empresas de um mesmo seguimento econômico, não acolhendo situações específicas existentes na relação havida entre as partes envolvidas no acordo. Demais disso, sendo o acordo coletivo, em seu todo, mais favorável ao empregado, não pode ser ele desmembrado, para que sejam adotadas somente as suas cláusulas mais benéficas. (TRT da 3ª Região — 1ª Turma — Processo n. 00851-2004-036-03-00-8 — Data de publicação: 18.02.2005)
EMENTA: CONVENÇÃO COLETIVA — ACORDO COLETIVO — PREVALÊNCIA. O legislador constituinte reconheceu a validade dos Acordos Coletivos e Convenções Coletivas, sem estabelecer qualquer distinção entre um e outro. Celebrando a Reclamada acordo coletivo de trabalho com o sindicato profissional representativo da categoria da Reclamante, este prevalece em detrimento da convenção coletiva firmada com a Federação da categoria econômica, por disciplinar condições específicas, no âmbito da própria empresa que celebrou o acordo coletivo. A situação particularizada entre a representação sindical dos empregados e o empregador se sobrepõe, bastando, para a isto aferir, lembrar-se do aporte ao princípio jurídico segundo o qual a lei específica afasta a aplicação da lei geral. Contudo, o acordo coletivo vige pelo período estabelecido em seu texto. Não tendo a Reclamada juntado aos autos os acordos coletivos alusivos aos períodos pleiteados na petição inicial, aplicam-se as convenções dos mesmos períodos. (TRT 3ª Região — 6ª Turma — Processo n. 00971-2004-111-03-00-7 — Data da publicação: 20.01.2005)

dos conflitos de trabalho. Esse prestígio da autonomia privada coletiva, que faz a adequação das disposições trabalhistas à realidade do mercado de trabalho, chega a ponto de determinar a prevalência do acordo coletivo sobre a convenção coletiva de trabalho, a partir do consciente entendimento de que aquela avença é mais específica e, assim, espelha com mais fidelidade as necessidades das empresas e dos empregados.

O acordo coletivo de trabalho disciplina condições específicas no âmbito da própria empresa que celebrou esse ajuste e, por isso, tem condições de atender mais prontamente à manutenção do pleno emprego, fim último da própria negociação coletiva. Muitas vezes o mais benéfico pode ser a diminuição de alguns direitos devidos à categoria com vistas à preservação dos postos de trabalho.

As normas decorrentes de acordo coletivo devem prevalecer sobre as das convenções coletivas quando forem conflitantes, porque o acordo é mais específico que a convenção. Essa maior vinculação do acordo com uma determinada empresa atende aos anseios mais pormenorizados da categoria, em uma situação menos abrangente, harmonizando e melhor equacionando conflitos de interesses pontuais àquela determinada situação. Assim, torna-se indiferente perquirir acerca de qual das normas seria a mais favorável ao trabalhador, vez que o sindicato, ao celebrar acordo coletivo, expressamente afastou da esfera de aplicação das convenções os empregados da empresa com a qual firmou o acordo.

Ronaldo Lima dos Santos confirma a tendência de aplicação do princípio da especialização que faz prevalecer a norma especial sobre a geral, havendo conflito entre elas, mas ressalta que a prevalência da norma mais favorável é realmente o princípio fundamental para a resolução de conflitos entre contratos coletivos. Segundo este Autor, "um acordo coletivo que, em princípio, apresenta-se menos favorável para os trabalhadores de determinada empresa em comparação com a convenção coletiva da categoria, pode apresentar-se mais idôneo para reger as peculiaridades da realidade da coletividade de trabalhadores para a qual foi elaborado. Um acordo nesse sentido pode tornar-se imediata e efetivamente mais favorável para a coletividade de trabalhadores, obstando os prejuízos que poderiam advir de uma convenção coletiva que se apresentaria imediata e nominalmente mais vantajosa. Por esse critério, aplica-se a norma mais favorável, salvo se a norma mais específica reger uma situação peculiar de determinada coletividade de trabalhadores, que viriam a ser prejudicados pela aplicação de uma norma geral" (SANTOS, 2009. p. 293).

Para concluir, concordamos com Amauri Mascaro Nascimento, segundo o qual, para resolver o problema da hierarquia entre acordos coletivos e convenções coletivas, a CLT (art. 620) declara que prevalecerá o que for mais benéfico para o empregado, mas, como a Constituição Federal autoriza a redução de salários por meio de acordos e convenções coletivas de trabalho (CF, art. 7º, VI), está derrogada a legislação infraconstitucional (NASCIMENTO, 2000. p. 1122). Por outro lado, é lógico que a aplicação do princípio da especialidade, para preservar a finalidade da negociação coletiva que é a tutela do emprego, depende de uma representação sindical adequada, pois, caso contrário, o acordo coletivo representará um mero desprestígio às regras contidas na convenção coletiva de trabalho.

5.3. Prevalência do acordo coletivo de trabalho desde que a convenção coletiva contenha cláusula de adaptação

Essa teoria surgiu da prática existente no mercado de trabalho atualmente, em que determinadas convenções coletivas de trabalho abrem margem expressa, por meio de cláusulas dispositivas, para a prevalência de regras menos vantajosas aos trabalhadores previstas em acordos coletivos de trabalho.

O fundamento para essa teoria reside na própria Constituição Federal que permite, em três hipóteses (art. 7º, incisos VI, XIII e XIV), o estabelecimento de condições *in pejus* para os trabalhadores. Assim, o art. 620 da CLT não seria aplicado em decorrência das disposições constitucionais, pois a Carta Magna é hierarquicamente superior à CLT, trazendo previsão de possibilidade de alteração seja por acordo coletivo, seja por convenção coletiva de trabalho.

Assim, haveria a possibilidade de a convenção coletiva dispor em seu bojo normas dispositivas que prevejam a alteração *in pejus* das condições pactuadas para a categoria pelo acordo coletivo de trabalho firmado pela empresa.

A teoria da prevalência do acordo coletivo de trabalho, nas hipóteses expressamente autorizadas pela Constituição Federal e quando a convenção coletiva de trabalho contiver cláusula autorizativa da predominância do acordo menos favorável, prestigia a realidade de cada empresa, possibilitando que estas façam adequação das normas trabalhistas à sua capacidade econômico-financeira, sobretudo visando à tutela do emprego.

A negociação por empresa é muito importante no atual cenário econômico e social em que as pequenas empresas são as grandes responsáveis pelos empregos com carteira de trabalho assinada e que, não raro, não apresentam condições de arcar com os benefícios previstos em convenção coletiva.

Octavio Bueno Magano, porém, ressalta que a adoção da posição ora em análise poderia ser perigosa na medida em que colocaria em risco os direitos alcançados pela categoria por meio da convenção coletiva de trabalho

(MAGANO, 1990. p. 138). Pensamos que, ainda que seja legítima a preocupação com a supressão de benefícios alcançados pela categoria por meio da convenção coletiva de trabalho, não se pode perder de vista que cada empresa tem sua realidade econômico-financeira, de modo que empresa e sindicato conhecem de forma profunda o contexto em que se dá a prestação de serviços e os benefícios que o empregador tem ou não condição de conceder aos seus empregados. A aceitação dessa realidade permite que empresas possam superar crises, reduzindo, por meio de acordo coletivo, os benefícios concedidos pela convenção coletiva de trabalho.

Sobre o tema, Henrique Macedo Hinz defende a prevalência do acordo coletivo menos benéfico, desde que a convenção coletiva traga, em seu bojo, a chamada *cláusula de adaptação*, a qual autorizaria expressamente a estipulação de condições *in pejus* nos acordos coletivos, pois, sobretudo as micro e pequenas empresas, necessitam de um mecanismo de adequação das regras autônomas celebradas no âmbito da categoria (que envolve muitas empresas grandes e médias) a sua realidade econômica. Nesse caso, não haveria violação ao art. 620 da CLT, pois foi a própria convenção coletiva que autorizou a revogação parcial de suas cláusulas pelo acordo coletivo de trabalho. Entretanto, adverte o Autor que essa adaptabilidade deve ter limites claros, a fim de que tal mecanismo não seja utilizado por empregadores mal-intencionados que visem apenas à redução dos custos em face de seus concorrentes e em detrimento de seus trabalhadores (HINZ, 2007. p. 118, 127-132).

Pensamos que essa contratação coletiva de adaptação atende aos anseios da sociedade brasileira, que tem sua força de trabalho empregada em pequenas e médias empresas, podendo servir de poderoso instrumento para a manutenção dos postos de trabalho em momentos de crise econômica.

5.4. *Prevalência da norma coletiva acordada posteriormente (critério cronológico)*

A teoria cronológica considera que deve prevalecer a norma mais recente em detrimento da norma coletiva mais antiga.

Segundo essa corrente, as cláusulas de acordo coletivo devem prevalecer sobre as de convenção coletiva quando o referido instrumento for celebrado posteriormente a este último e sem qualquer ressalva dos acordantes. Assim, havendo conflito entre convenção coletiva e acordo coletivo, prevalecerá o acordo coletivo, mesmo que menos favorável, porque se inspirou na realidade profissional e capacidade econômica da empresa num momento mais atual.

O Tribunal Superior do Trabalho[13] já proferiu decisão no sentido de que as cláusulas de acordo coletivo devem prevalecer sobre as de convenção coletiva quando o referido instrumento for celebrado posteriormente a este último e sem qualquer ressalva dos acordantes.

Alice Monteiro de Barros concorda com o raciocínio exposto no arresto acima citado, somente se a matéria versar sobre as hipóteses constantes dos incisos VI (redução salarial), XIII (regime de compensação) e XIV (majoração da jornada de seis horas nos turnos ininterruptos de revezamento), em que se permite a alternativa entre acordo ou convenção coletiva (BARROS, 2009. p. 125).

Ronaldo Lima dos Santos explica com clareza porque o critério cronológico não pode ser utilizado para solucionar o conflito entre acordo e convenção coletiva de trabalho, dizendo que "a figuração num mesmo patamar hierárquico e o princípio da norma mais favorável obstam a aplicação das regras da *lex superior* — que soluciona o conflito entre normas que se encontram em escalas distintas na ordem hierárquica —, como também do critério da *lex posterior derogat priori* — pelo qual há prevalência da norma posterior sobre a anterior, pois, em sede de convênios coletivos, não há derrogação de um pelo outro pelos critérios de anterioridade e sucessividade, porque ambos continuam vigendo nos respectivos prazos e nos seus âmbitos de aplicação. O art. 615 da CLT exige que o processo de revogação siga o mesmo procedimento no processo de elaboração da norma coletiva, de forma que não há, em nosso ordenamento jurídico, revogação tácita ou por sucessividade. O critério da *lex posterior derogat priori*, em princípio, teria aplicação na hipótese de instrumentos normativos do mesmo nível firmado entre as mesmas partes, como também nos regimes que admitem esse tipo de revogação tácita ou por sucessividade ou nos países que disponham sobre essa matéria em sua legislação" (SANTOS, 2009. p. 291).

Essa teoria cronológica é minoritária, não desfrutando de prestígio nem na doutrina, nem na jurisprudência brasileira.

---

(13) EMENTA: CONVENÇÃO E ACORDO COLETIVO — PREVALÊNCIA — APLICABILIDADE. As cláusulas de acordo coletivo devem prevalecer sobre as de convenção coletiva quando o referido instrumento for celebrado posteriormente a este último e sem qualquer ressalva dos acordantes, porque deve-se prestigiar o princípio da realidade, ou seja, de que as partes (sindicato profissional e empregador) conhecem de forma mais pormenorizada todo o contexto que envolve a prestação de serviços, e a capacidade econômico-financeira do empregador, e podem, por isso mesmo, direcionar seus interesses atentos a essa realidade que os cerca. *In casu* há de se aplicar a convenção coletiva, visto que o regional consignou serem suas cláusulas mais favoráveis em relação às cláusulas do acordo coletivo, sem apontar a ordem cronológica em que foram firmadas. A violação ao dispositivo legal e ao texto constitucional invocados encontra óbice no Enunciado n. 297 do TST. Aresto convergente. Recurso de Embargos não conhecido. (TST — SDI-1 E-RR-582.976/1999.3 — Rel. Ministro Carlos Alberto Reis de Paula — DJ 06.09.2001)

6. CONSIDERAÇÕES FINAIS

Por todo o exposto neste trabalho, verifica-se que, atualmente, há tendência da jurisprudência em admitir que as normas decorrentes de acordo coletivo devem prevalecer sobre as das convenções coletivas quando forem conflitantes, porque o acordo é mais específico que a convenção.

O acordo coletivo de trabalho disciplina condições específicas no âmbito da própria empresa que celebrou esse ajuste e, por isso, tem condições de atender mais prontamente à manutenção do pleno emprego, fim último da própria negociação coletiva. Ademais, torna-se indiferente perquirir acerca de qual das normas seria a mais favorável ao trabalhador, vez que o sindicato, ao celebrar acordo coletivo, expressamente afastou da esfera de aplicação das convenções os empregados da empresa com a qual firmou o acordo.

Concordamos com essa tendência dos Tribunais brasileiros, na medida em que acompanha as evoluções sociais e incentiva a negociação coletiva como meio de solução dos conflitos de trabalho, sobretudo envolvendo as pequenas empresas que permanecem à margem do processo negocial. A pequena empresa é a grande fonte de empregabilidade no atual mundo do trabalho, razão pela qual a contratação coletiva tende a surtir efeitos mais satisfatórios quando entabulada diretamente entre a empresa e a representação dos trabalhadores.

De qualquer forma, não se pode perder de vista que a finalidade da negociação coletiva é a tutela do emprego, a qual depende de uma representação sindical adequada, pois, caso contrário, o acordo coletivo representará um mero desprestígio às regras contidas na convenção coletiva de trabalho.

7. REFERÊNCIAS BIBLIOGRÁFICAS

BARROS, Alice Monteiro de. *Curso de direito do trabalho*. 5. ed. São Paulo: LTr, 2009.

BRITO FILHO, José Cláudio Monteiro de. *Direito sindical*. 3. ed. São Paulo: LTr, 2009.

CASSAR, Vólia Bomfim. *Direito do trabalho*. 2. ed. Niterói: Impetus, 2008.

DELGADO, Mauricio Godinho. *Curso de direito do trabalho*. 8. ed. São Paulo: LTr, 2009.

HINZ, Henrique Macedo. *Cláusulas normativas de adaptação*. Acordos e convenções coletivos como formas de regulação do trabalho no âmbito das empresas. São Paulo: Saraiva, 2007.

LOPES, Mônica Sette. *A convenção coletiva e sua força vinculante*. São Paulo: LTr, 1998.

MAGANO, Octavio Bueno. *Manual de direito do trabalho*. Direito coletivo do trabalho. 2. ed. São Paulo: LTr, 1990.

_____. *Convenção coletiva de trabalho*. São Paulo: LTr, 1972.

NASCIMENTO, Amauri Mascaro. *Compêndio de direito sindical*. 6. ed. São Paulo: LTr, 2009.

_____. O debate sobre negociação coletiva. *LTr: Revista Legislação do Trabalho*, São Paulo, v. 64, n. 09, p. 1105-1122, set. 2000.

ROBORTELLA, Luiz Carlos Amorim. Prevalência da negociação coletiva sobre a lei. *LTr: Revista Legislação do Trabalho*, São Paulo, v. 64, n. 10, p. 1236-1243, out. 2000.

SANTOS, Ronaldo Lima dos. *Teoria das normas coletivas*. 2. ed. São Paulo: LTr, 2009.

A EXISTÊNCIA DAS CLÁUSULAS DE NÃO CONCORRÊNCIA E DE PERMANÊNCIA NOS ORDENAMENTOS JURÍDICOS BRASILEIRO E PORTUGUÊS

Luciana Helena Brancaglione[*]

1. INTRODUÇÃO

A existência de um mercado competitivo, no qual vivemos, exige a criação de estratégias empresariais que são confrontadas com outros valores também presentes na sociedade e que colocam em xeque o mundo do trabalho. A necessidade de colocar limites à atuação dos atores sociais nas relações laborativas não se dá de forma unilateral. De um lado, a valorização da dignidade da pessoa humana com a evolução histórica do Direito do Trabalho impõe a restrição ao poder do empregador. Hoje podemos dizer que a maior consciência da responsabilidade social do empresariado, a fiscalização do Estado na atividade das empresas e a mobilização para a proteção dos trabalhadores, feita coletiva ou individualmente pelos próprios empregados e por entidades de classe, permitem, em certa extensão, tornar menos expressiva a autonomia da vontade do empregador. Por outro lado, exige-se um olhar menos protecionista ao empregado, não no que tange à sua posição na relação de trabalho, pois este continua tendo menos poder no âmbito do liame estabelecido com o empregador, mas quanto à sua postura e noção do seu papel.

Há, sem dúvida, um novo perfil de trabalhador, como há um novo contorno de empregador. Novos conceitos, que determinam uma revisão sobre a posição das partes perante a relação laborativa, num contexto de confronto entre a manutenção da dignidade da pessoa humana e a competitividade empresarial, são constantemente criados e com mais rapidez ultrapassados. O tema proposto neste estudo, das cláusulas de não concorrência e de permanência, é rico, intrincado, pois envolve a discussão sobre o alcance do comportamento das partes antes, durante e depois da relação de trabalho, em tempos nos quais o constitucionalismo permeia todo o ordenamento jurídico e regula a atuação do homem em todos os meandros da vida social.

---

[*] Mestranda em Direito das Relações Sociais (PUC-SP), Assessora de Desembargador no TRT da 2ª Região, especialista em Direito do Trabalho pela PUC/SP, graduada em Direito pela Universidade de São Paulo e em Administração de Empresas pela Fundação Getúlio Vargas, e coautora da *CLT Interpretada*, Editora Manole.

Será analisado o quanto a legislação europeia avançou na irradiação dos valores constitucionais sobre a legislação infraconstitucional, exemplificando-a com a portuguesa, que arraigou a mais alta concepção ao mesmo tempo humanista e dinâmica da relação de trabalho, distanciando-se, ainda, da realidade brasileira. No que tange às cláusulas de não concorrência e de permanência, a diferença de objetividade e a especificidade entre o ordenamento jurídico brasileiro e o português é evidente, uma vez que no Brasil se estuda a questão contornando as concepções de direitos fundamentais, os princípios constitucionais e de Direito do Trabalho e a falha legislação do trabalho, ao passo que em Portugal há criação legislativa própria, que já traz em seu bojo o avanço constitucional.

Se, por um ângulo, as mencionadas cláusulas têm, respectivamente, os objetivos de proteger o segredo empresarial e evitar a concorrência, e de resguardar determinado investimento feito com o aprimoramento do trabalhador, por outro, também se preocupa com o comportamento ético e com as oportunidades profissionais oferecidas ao empregado.

Nesse contexto, avalia-se o uso do conhecimento adquirido pelo empregado durante a execução do contrato de trabalho e também após a sua extinção, verificando a pretensão de limitar a sua divulgação por meio da cláusula de não concorrência, ou compensar o empregador pelo investimento, por meio da cláusula de permanência.

Diversas variáveis serão apreciadas para então chegar-se a alguma conclusão acerca da legalidade ou não das cláusulas de não concorrência e permanência, considerando que estas, por si mesmas, têm limites, que devem ser aferidos por meio da ponderação.

O foco deste estudo é a possibilidade de existência no contrato de trabalho das cláusulas de não concorrência e de permanência, que, por um lado, são necessárias para a proteção de legítimos interesses da empresa e também do empregado, mas, por outro, devem ser avaliadas à luz de eventual violação da liberdade de trabalho, ofício ou profissão assegurada no art. 5º, inciso XIII, da CF.

No início, propõe-se a conceituação das mencionadas cláusulas, analisando as razões mais importantes para a relevância do estudo do tema, com as justificativas mais significantes para a existência de tais cláusulas em determinados contratos de trabalho.

Em seguida, a ênfase é no Código de Trabalho português, mostrando como o tema é tratado e avaliando a força constitucional que rege a conduta das partes nesse aspecto, para então concluir como a situação é cuidada no direito brasileiro.

Por fim, haverá discussão sobre a licitude das cláusulas de não concorrência e de permanência, à luz dos elementos analisados.

2. CONCEITOS DE CLÁUSULA DE NÃO CONCORRÊNCIA E DE CLÁUSULA DE PERMANÊNCIA

Importante lembrar, de início, que antes, durante e depois de concluído o contrato de trabalho, as partes têm o dever de lealdade. Antes de celebrar o contrato, o trabalhador deve esclarecer ao futuro empregador sobre a verdade de seu histórico profissional e o que pode, de fato, oferecer à empresa, sendo que esta, por sua vez, deve deixar claro todas as obrigações inerentes à relação jurídica vindoura. Durante o contrato, a boa-fé deve reger a relação jurídica, podendo o liame ser rescindido por justa causa de ambas as partes, em caso de grave violação do trabalhador (CLT, art. 482) ou do empregador (CLT, art. 483). Com o fim do contrato, não há falar em quebra do dever de lealdade. Entretanto, as partes devem continuar a agir com boa-fé e de forma proba, mormente quando o empregado tem contato com segredos da empresa, estratégias específicas de mercado, tecnologia exclusiva, e outros conhecimentos, em suma, com o patrimônio industrial e comercial, o *know--how*, que tem um papel fundamental para a sobrevivência do empreendimento.

Ari Possidônio Beltran[1] conceitua a cláusula de não concorrência de um contrato de trabalho como: "... a obrigação pela qual uma das partes contratantes se compromete a não praticar ação que induza desvio de clientela da outra".

Para o caso específico da cláusula pós-contratual, entende que é:

> [...] a obrigação em virtude da qual o empregado se compromete, mediante remuneração, a não praticar, por conta própria ou alheia, após a vigência do contrato de trabalho, dentro de limites de objeto, tempo e espaço, ação que implique desvio de clientela de seu empregador, sob pena de responder por perdas e danos.

Mais que isso, a cláusula de não concorrência pode atingir, além do direto desvio de clientela, a transmissão ao concorrente de segredos com os quais o empregado teve contato durante o labor na empresa anterior, que se não freado pode gerar prejuízos muitas vezes incalculáveis em virtude de atuação maliciosa e fraudulenta.

Verifica-se, com isso, que a cláusula de não concorrência busca evitar que segredos que comprometam o patrimônio imaterial de conhecimento do

---

(1) BELTRAN, Ari Possidônio. A cláusula de não concorrência no direito do trabalho. *Revista do Advogado*, p. 63-68.

empresário sejam revelados, devendo ser analisados os limites nos quais se dá o choque de direitos da liberdade de trabalho e da livre concorrência, pois em geral estabelece um período de tempo no qual o ex-empregado fica sem trabalhar no mesmo ramo de negócios ou ao menos nos concorrentes que potencialmente podem comprometer a ex-empregadora, mediante uma ajustada indenização.

A cláusula de permanência, por sua vez, é aquela na qual o empregado se compromete a não deixar o emprego durante um certo período, após alguns investimentos profissionais feitos à sua pessoa pelo empregador, como o pagamento de um curso ou o envio do trabalhador para treinamento fora do país.

Esta hipótese limita, de certo modo, a liberdade do indivíduo, que poderia querer deixar a empresa após o investimento recebido, por motivos os mais diversos, porém, deve haver inequívoca ciência ao trabalhador de que a especial atenção dada ao seu crescimento profissional deve reverter, ao menos por algum tempo, na medida da razoabilidade de cada caso concreto, em dedicação ao investidor.

Na sequência, serão analisados os principais motivos pelos quais a existência de tais cláusulas no contrato de trabalho se justifica, à luz do fenômeno da constitucionalização do ordenamento jurídico.

3. JUSTIFICATIVAS PARA A EXISTÊNCIA DAS CLÁUSULAS DE NÃO CONCORRÊNCIA E DE PERMANÊNCIA NO CONTRATO DE TRABALHO

3.1. Direitos fundamentais como base para a compreensão da validade das cláusulas de não concorrência e de permanência

Na relação de trabalho, o trabalhador é a parte mais vulnerável à violação de direitos, principalmente os de liberdade e da personalidade. Importa, nesse ponto, tratar da eficácia horizontal dos direitos fundamentais, que coloca em relevo o respeito a tais direitos na relação entre particulares, em oposição à eficácia vertical, que lida com a relação entre o particular e o Estado. Sabe--se que no início da preocupação acerca das prerrogativas da pessoa humana, a primeira inquietação foi a de limitar a invasão do Estado na vida privada, para evitar que o poder do administrador levasse a situações de violação à liberdade e à vida, como nos tempos das ditaduras pelas quais passaram diversos países ou na era Hitler, na qual a influência do poder levou à morte milhões de pessoas. Em um segundo momento, as preocupações voltaram--se para as relações entre os indivíduos nos mais diversos aspectos da vida, como o pessoal e o profissional, tratando-se, portanto, da eficácia horizontal. O empregado não deixa de ser cidadão quando exerce sua atividade laborativa, e deve ter seus direitos respeitados também nesse momento. Assim, insta concluir que os direitos fundamentais incidem também entre os figurantes da relação de trabalho e durante seu desenvolvimento.

Porém, os próprios direitos fundamentais do trabalhador não são absolutos, comportando limitações e trazendo consigo, portanto, um problema de colisão com outros direitos, bens e valores constitucionais, e em razão disso justifica-se a utilização do critério da ponderação.

Assim, embora o inciso XIII, do art. 5º da Constituição Federal disponha que "é livre o exercício de qualquer trabalho, ofício ou profissão, atendidas as qualificações profissionais que a lei estabelecer", não há que se analisar o comando constitucional isoladamente e nem como valor absoluto, pois outras limitações também devem ser consideradas, exigindo a interpretação conjunta, por meio dos critérios da razoabilidade e da proporcionalidade. Outros princípios da Carta Constitucional também são relevantes, como: (a) a garantia de desenvolvimento nacional (art. 3º, II); (b) a livre concorrência (art. 170, IV); (c) a liberdade de exercício da atividade econômica (art. 170, parágrafo único); e (d) a livre iniciativa (art. 1º, IV). Assim, a melhor interpretação é aquela que comporte visão global devidamente estruturada em tais princípios. A liberdade de trabalho, não sendo absoluta, deve caminhar de mãos dadas com os princípios da livre iniciativa e da livre concorrência, como pressupostos básicos do desenvolvimento nacional.

3.2. *A nova teoria da empresa e os novos paradigmas contratuais na visão de colaboração entre os contratantes*

Se por um lado é preciso analisar a raiz constitucional da proteção dos direitos fundamentais, não é possível compreender a existência das cláusulas de não concorrência e de permanência sem ter a visão empresarial.

O Professor Renato Rua de Almeida, em artigo publicado pela LTr[2], enfatizou que a *função social da empresa* na articulação da mão de obra pelo empresário caracteriza-se pela atividade do empregador, como aquele que dirige a prestação pessoal de serviço, o que significa exercer um *direito função*, com maior eficácia dos direitos fundamentais constitucionais nas relações privadas. Assim, a atividade econômica organizada da empresa deverá articular a mão de obra de forma participativa na consecução dos objetivos

---

(2) ALMEIDA, Renato Rua de. A teoria da empresa e a regulação da relação de emprego no contexto da empresa. *Revista LTr*, v. 69, n. 05, maio de 2005, p. 573-580.

de produção ou circulação de bens ou de serviços para o consumo da sociedade. O empresário deve ter consciência de que seu empreendimento vai além de beneficiá-lo pessoalmente ou à sua família. A ideia é a de que a empresa como instituição tem um perfil corporativo que implica a participação dos trabalhadores até na gestão da empresa, na qual o lucro é um regulador da instituição privada, mas não o único objetivo da existência da atividade empresarial.

Teresa Negreiros[3] ensina que no *modelo clássico* de contrato, sob a égide do Código Civil de 1916, a autonomia da vontade explicava e validava: (a) a amplitude da liberdade contratual; (b) a intangibilidade do pactuado; e (c) a relatividade dos seus efeitos.

Porém, no *modelo contemporâneo*, novos princípios surgiram para reger as relações entre os contratantes: (1) boa-fé objetiva; (2) equilíbrio econômico; e (3) função social do contrato.

Explica, a autora, que os modelos devem conviver simultaneamente, ou seja, a nova principiologia não é antagônica à autonomia da vontade, mas invalida o principal pressuposto que presidiu à formulação clássica do princípio da liberdade contratual *lato sensu*: igualdade dos contratantes e inerente justiça do mecanismo contratual. A autonomia da vontade e os princípios que fundaram o modelo clássico de contrato hoje devem ser relidos à luz da Constituição. Não se pode mais, portanto, conformar-se com os paradigmas do modelo clássico. O novo contrato exige uma participação mais efetiva, às claras, com boa-fé e feita de forma equilibrada, podendo ser modificada qualquer situação que rompa com esse equilíbrio, porque a relação interessa à harmonia de toda a sociedade.

E toda essa nova noção contratual se transporta para o contrato de trabalho, que também deve pautar-se pela coexistência dos direitos das duas partes dessa relação jurídica, por meio de regras claras, permeadas pela boa-fé e pela certeza de que o sinalagma deve ser realizado visando ao desenvolvimento do ser humano e ao crescimento econômico e social.

3.3. A boa-fé objetiva na execução e na conclusão do contrato. A responsabilidade pré e pós-contratual

Como dito anteriormente, a boa-fé é de observância obrigatória na realização do contrato, estando presente não somente na execução do

---

[3] NEGREIROS, Teresa. *Teoria do contrato:* novos paradigmas. 2. ed. Rio de Janeiro: Renovar, 2006. p. 105 a 114.

contrato, mas, também, antes e depois da sua celebração. Os arts. 113 (que trata da interpretação dos negócios jurídicos segundo a boa-fé e os usos e costumes), 187 (que considera ato ilícito o titular que excede seu direito sem observar os limites impostos pela finalidade econômica ou social, boa-fé e bons costumes — *abuso do direito*) e 422 ("Os contratantes são obrigados a guardar, assim na conclusão do contrato, como em sua execução, os princípios de probidade e boa-fé") do Código Civil ampliam a proteção pré e pós-contratual.

A *boa-fé objetiva* é cláusula geral prevista no Código Civil que exige que o contrato seja interpretado de modo a alcançar o objetivo para o qual foi criado, além de estabelecer deveres jurídicos anexos, como o de informação, prestação de contas, segurança e colaboração. Além disso, enuncia que todo contrato deve ser balizado por uma conduta ética das partes, conforme a função social do contrato.

Eduardo Milléo Baracat[4] ressalta a responsabilidade pós-contratual, que significa que, depois de extinto um contrato, ainda subsistem deveres para os ex-contratantes, em razão do princípio da boa-fé objetiva que o rege, e que, se descumpridos, implicam em alguma consequência jurídica, em geral uma indenização. O autor salienta uma ordem de cooperação numa nova visão orgânica da relação jurídica, gerando uma complexidade de obrigações e deveres pautados pela boa-fé objetiva que se irradia às fases pré e pós--contratual.

Dessa forma, mesmo depois de extinto o contrato de trabalho, as partes não podem utilizar as informações da relação havida que se traduzam em vantagem para si em detrimento da outra parte da relação de emprego, causando danos. Surge, então, a cláusula de não concorrência, para afirmar a necessidade de manutenção da lealdade contratual, e a cláusula de permanência, que permite o aproveitamento do investimento feito com o empregado, tudo em certos limites de tempo e de espaço, com ampla ciência de deveres e obrigações.

Luis Renato Ferreira da Silva[5] assevera que quando o novo Código Civil passou a funcionalizar o contrato, acabou por reconhecer o direito básico, que é a liberdade de contratar, "em razão e nos limites" da função social do contrato. Com isso está condicionada a manutenção da liberdade enquanto o contrato cumprir sua função social. Assevera, o autor, que no

---

(4) BARACAT, Eduardo Milléo. *A boa-fé no direito individual do trabalho.* São Paulo: LTr, 2006. p. 262-266.
(5) SILVA, Luis Renato Ferreira da. A função social do contrato no novo Código Civil e sua conexão com a solidariedade social. In: *O novo Código Civil e a Constituição.* SARLET, Ingo Wolfgang (Organizador). Porto Alegre: Livraria do Advogado, 2003. p. 127-150.

momento em que isto deixar de ocorrer, a liberdade de contratar não será mais mantida, pois não estará cumprindo sua função.

O novo Código Civil não informou qual seria a função social e quais os mecanismos para assegurá-la, pois isso restou ao intérprete fazer, já que o legislador preferiu estabelecer uma cláusula geral, com a finalidade de que no caso concreto o aplicador da norma tivesse condições de realizar de forma mais aproximada da realidade a viabilidade da subsunção do fato à norma. Nas relações trabalhistas a aplicabilidade da função social tem relação com a responsabilidade social de ambos os contratantes, permeada pela boa-fé e pelo princípio da razoabilidade.

3.4. O know-how e o dever de lealdade das partes

Maria de Fátima Zanetti Barbosa e Santos[6] salienta que o estabelecimento empresarial compõe-se de bens de natureza material e imaterial, sendo que estes englobam não só as criações intelectuais, as marcas, os sinais e a expressão de propaganda, mas ainda o *know-how*, que pode ser o grande diferencial do mercado empresarial no ramo em que atua.

A autora menciona o trabalho de Egon Felix Gottschalk, apresentado ao Departamento de Direito do Trabalho da Faculdade de Direito da USP, publicado na Revista LTr, v. 34, p. 781, que explica que *know-how* "compõe-se, de regra, de tudo o que é a alma de certos negócios ou o verdadeiro segredo da atividade empresarial sem que os seus elementos no conjunto ou separado ainda sejam incabíveis de qualquer modalidade de propriedade industrial".

Segundo Cássio de Mesquita Barros[7]:

> O empregado, ao trabalhar numa empresa, normalmente quando exerce função técnica altamente especializada, ou é um alto executivo, pode tomar conhecimento de segredos de indústria e de comércio da empresa, de inventos, de sua estrutura organizacional ou de métodos específicos para a captação de clientela. Toma conhecimento, inclusive, da própria clientela. Todo esse acervo de conhecimentos especiais compõe o *know-how* da empresa e pertence ao seu *good will*. Faz com que ganhe mercados e por isso deve permanecer em sigilo, como a alma do negócio.

---

(6) SANTOS, Maria de Fátima Zanetti Barbosa e. O segredo é a alma do negócio — direito à liberdade de trabalho e os princípios da livre iniciativa e concorrência — proporcionalidade e razoabilidade. Disponível em: <http://www.granadeiro.adv.br/noticiasanteriores1.htm> Acesso em: 20.07.2010.
(7) BARROS, Cássio de Mesquita. Cláusula de não concorrência no contrato de trabalho. *Revista do Instituto dos Advogados de São Paulo* — 8, p. 22-36.

Não só a empresa tem o *know-how* como patrimônio, pois o empregado é também detentor de conhecimentos que o valorizam no sistema de relações sociais. Por isso ele tem um peso no mercado e também pode ser "disputado" pelo empresariado, que por sua vez tem a obrigação de não promover sua desvalorização antes, durante ou depois de findo o contrato de trabalho.

Diante de todas essas ponderações, temos que a fidelidade é elemento essencial do contrato, devendo estar presente em todos os momentos, com a raiz na boa-fé objetiva.

Não é difícil perceber que a concorrência desleal é prejudicial a um e a outro contratante. Thiago Carvalho Santos[8] traz à luz a afirmação de Gama Cerqueira, para quem a concorrência desleal envolve interesses particulares em duas categorias: a *específica*, que se traduz pela tipificação penal de condutas lesivas aos direitos de propriedade intelectual titularizados por empresários (isto é, os direitos sobre marcas, patentes, título de estabelecimento, nome empresarial); e a *genérica*, que corresponde à responsabilidade extracontratual.

A específica indica que no art. 195 da Lei n. 9.279/1996 há tipificação de crime de concorrência desleal:

Art. 195. Comete crime de concorrência desleal quem:

[...]

III — *emprega meio fraudulento, para desviar, em proveito próprio ou alheio, clientela de outrem*;

[...]

IX — dá ou promete dinheiro ou outra utilidade a empregado de concorrente, para que o empregado, faltando ao dever do emprego, lhe proporcione vantagem;

X — *recebe dinheiro ou outra utilidade, ou aceita promessa de paga ou recompensa, para, faltando ao dever de empregado, proporcionar vantagem a concorrente do empregador*;

XI — *divulga, explora ou utiliza-se, sem autorização, de conhecimentos, informações ou dados confidenciais, utilizáveis na indústria, comércio ou prestação de serviços*, excluídos aqueles que sejam de conhecimento público ou que sejam evidentes para um técnico no assunto, *a que teve acesso mediante relação contratual ou empregatícia, mesmo após o término do contrato*;

XII — divulga, explora ou utiliza-se, sem autorização, de conhecimentos ou informações a que se refere o inciso anterior, obtidos por meios ilícitos ou a que teve acesso mediante fraude; ou

Pena — detenção, de 3 (três) meses a 1 (um) ano, ou multa (grifos não constantes do original).

---

(8) SANTOS, Thiago Carvalho. Trabalhando com o inimigo: a concorrência desleal perpetrada por funcionários e sócios. In: *Revista Jurídica Consulex*, n. 150.

No que tange à concorrência desleal *genérica*, o art. 209 da Lei de Propriedade Intelectual (9.279/96) prevê perdas e danos:

> Art. 209. Fica ressalvado ao prejudicado o direito de haver perdas e danos em ressarcimento de prejuízos causados por atos de violação de direitos de propriedade industrial e *atos de concorrência desleal não previstos nesta Lei, tendentes a prejudicar a reputação ou os negócios alheios, a criar confusão entre estabelecimentos comerciais, industriais ou prestadores de serviço, ou entre os produtos e serviços postos no comércio.*

Portanto, identifica-se a concorrência desleal após análise dos meios empregados pelo empresário para conquistar mercado, ou seja, observando-se se os meios utilizados são ou não condenáveis, ou seja, se se enquadram ou não nos tipos descritos nos arts. 195 e 209 da Lei de Propriedade Intelectual.

4. CLÁUSULAS DE NÃO CONCORRÊNCIA E DE PERMANÊNCIA NO CÓDIGO DE TRABALHO PORTUGUÊS

A legislação estrangeira autoriza a inserção da cláusula de não concorrência com reservas, pois é delicado o limite até onde pode ir a interferência da empresa na liberdade do trabalhador. Daremos ênfase, para esse estudo, ao Direito português, mas que reflete, em grande parte, o avanço do Direito europeu.

José Carlos Vieira de Andrade, professor da Faculdade de Direito de Coimbra, ao tratar dos direitos fundamentais na Constituição portuguesa, ressaltou que:

> [...] as normas de direito privado contêm cláusulas gerais que também permitem à jurisprudência graduar, dentro de certos limites, a influência dos princípios constitucionais, ponderando, consoante as circunstâncias concretas dos casos, numa perspectiva de adequação social, a medida em que o sentimento jurídico comunitário exige a restrição da liberdade de cada indivíduo para a defesa da liberdade e da dignidade dos outros homens.
>
> Fica, pois, aberta a possibilidade de o legislador ou o juiz comprimirem a liberdade individual para a prevenção ou repressão de situações de injustiça a que o abuso da liberdade por vezes conduz, quando sejam intoleráveis para o sentimento jurídico geral.

Isso mostra que todo o ordenamento jurídico de Portugal vem regado da necessária ponderação dos princípios constitucionais, o que se pode conferir no tema das cláusulas de não concorrência e de permanência no Código de Trabalho português.

Em primeiro lugar, trataremos da cláusula de não concorrência, com a transcrição do art. 136 desse Código sobre o assunto:

Art. 136º

Pacto de não concorrência

1 — É nula a cláusula de contrato de trabalho ou de instrumento de regulamentação colectiva de trabalho que, por qualquer forma, possa prejudicar o exercício da liberdade de trabalho após a cessação do contrato.

2 — É lícita a limitação da actividade do trabalhador durante o período máximo de dois anos subsequente à cessação do contrato de trabalho, nas seguintes condições:

a) Constar de acordo escrito, nomeadamente de contrato de trabalho ou de revogação deste;

b) Tratar-se de actividade cujo exercício possa causar prejuízo ao empregador;

c) Atribuir ao trabalhador, durante o período de limitação da actividade, uma compensação que pode ser reduzida equitativamente quando o empregador tiver realizado despesas avultadas com a sua formação profissional.

3 — Em caso de despedimento declarado ilícito ou de resolução com justa causa pelo trabalhador com fundamento em acto ilícito do empregador, a compensação a que se refere a alínea c) do número anterior é elevada até ao valor da retribuição base à data da cessação do contrato, sob pena de não poder ser invocada a limitação da actividade prevista na cláusula de não concorrência.

4 — São deduzidas do montante da compensação referida no número anterior as importâncias auferidas pelo trabalhador no exercício de outra actividade profissional, iniciada após a cessação do contrato de trabalho, até ao valor decorrente da aplicação da alínea c) do n. 2.

5 — Tratando-se de trabalhador afecto ao exercício de actividade cuja natureza suponha especial relação de confiança ou que tenha acesso a informação particularmente sensível no plano da concorrência, a limitação a que se refere o n. 2 pode durar até três anos.

É possível perceber quanto da ordem constitucional está projetado aqui, pois tudo o que está previsto acima vem permeado pelas disposições da Constituição portuguesa, principalmente o art. 1º, que dispõe que "Portugal é uma República soberana, baseada na dignidade da pessoa humana e na vontade popular e empenhada na construção de uma sociedade livre, justa e solidária".

Verifica-se que a primeira preocupação da lei é a de considerar nula qualquer cláusula que limite a liberdade de trabalho depois do fim da relação de trabalho. Essa deve ser mesmo a regra geral, pois se coaduna com a ordem constitucional. Então a lei prevê a exceção, pois a liberdade de trabalho não é absoluta, como já discutimos, permitindo, no art. 136, incisos 1 e 2, que haja cláusula específica com duração máxima de 2 anos: (a) se constar de forma escrita no próprio contrato ou no acordo de cessação deste; (b) se a atividade causar prejuízo ao empregador; e (c) se for atribuída ao empregado, durante a limitação de sua atividade, uma compensação que pode ser reduzida equitativamente quando o empregador tiver realizado despesas avultadas com a sua formação profissional.

Na hipótese de dispensa declarada ilícita ou de resolução com justa causa pelo trabalhador, a compensação mencionada é elevada até o valor da retribuição base à data da cessação do contrato, sob pena de não poder ser invocada a limitação da atividade prevista na cláusula de não concorrência (inciso 3).

São deduzidas da compensação do inciso 3 as importâncias auferidas pelo trabalhador no exercício de outra atividade profissional iniciada após a cessação do contrato, até o valor decorrente da compensação (inciso 4).

Se o trabalhador realizar atividades que importem em especial relação de confiança ou que tenha acesso a informações sensíveis no plano de concorrência, a limitação de período pode durar até 3 anos (inciso 5).

Com efeito, verifica-se que o princípio protetor, informativo do Direito do Trabalho, não pode mais ser visto como o era na subordinação fordista. Assim, Maria do Rosário Palma Ramalho[9], doutrinadora portuguesa, esclareceu que:

> O primeiro princípio geral do Direito do Trabalho, que emerge [sic] sistema normativo, é um princípio de compensação das partes pelo débito alargado que assumem no contrato de trabalho.
>
> Como decorre deste enunciado, o princípio da compensação tem uma estrutura bipolar. Efectivamente, entende-se que ao Direito do Trabalho subjaz, como é de tradição, um princípio geral de protecção, mas considera-se que tal desígnio protectivo não é apenas em favor do trabalhador subordinado, mas também em favor do empregador. Este princípio prossegue um duplo objectivo: relativamente ao trabalhador, o objectivo é compensar a sua inferioridade negocial no contrato de trabalho; relativamente ao empregado, o objectivo é assegurar o cumprimento dos deveres amplos que lhe incumbem no contrato de trabalho e, indirectamente, viabilizar o próprio contrato.
>
> Em consonância com este duplo objectivo, reconhecem-se duas vertentes no princípio da compensação: uma vertente de protecção dos interesses do trabalhador e uma vertente de salvaguarda dos interesses de gestão do empregador.

---

(9) RAMALHO, Maria do Rosário Palma. *Direito do trabalho* — parte I — dogmática geral. Coimbra: Almedina, 2005. p. 490.

No tocante à cláusula de permanência, vale trazer a letra da lei:

Art. 137º

Pacto de permanência

1 — As partes podem convencionar que o trabalhador se obriga a não denunciar o contrato de trabalho, por um período não superior a três anos, como compensação ao empregador por despesas avultadas feitas com a sua formação profissional.

2 — O trabalhador pode desobrigar-se do cumprimento do acordo previsto no número anterior mediante pagamento do montante correspondente às despesas nele referidas.

Verifica-se que o Código do Trabalho de Portugal permite a pactuação por até três anos, sendo que o trabalhador pode dela se desobrigar, mediante o pagamento do montante correspondente às despesas feitas pelo empregador. Vê-se, aqui, a ponderação sobre o equilíbrio de forças no contrato de trabalho, pois a lei estabelece claros limites à conduta das partes, não tornando absoluta a importância da dignidade humana, nem priorizando os interesses econômicos do empresariado.

5. AS CLÁUSULAS DE NÃO CONCORRÊNCIA E DE PERMANÊNCIA NO BRASIL

No Brasil, não há dispositivos na CLT que indiquem expressamente a possibilidade da existência ou da inexistência das cláusulas de não concorrência e de permanência, e, portanto, não há uma regulamentação específica a respeito do assunto.

Dessa forma, para estudar o tema em nosso país há que se ponderar tudo o que já foi dito: a dignidade da pessoa humana, os valores da liberdade de trabalho, da livre concorrência e da livre iniciativa, a globalização, os novos paradigmas de contratação, balizados na boa-fé objetiva, que exige uma conduta ética e responsável por ambos os contratantes, a necessidade da manutenção dos segredos da empresa e a compensação pelo investimento empresarial no empregado.

Sabe-se que durante a **vigência do contrato**, o **art. 482, alínea c, da CLT** dispõe que o empregado deve abster-se de negociar habitualmente por conta própria ou alheia sem a permissão do empregador, e quando constituir ato de concorrência à empresa para a qual trabalha, ou for prejudicial ao serviço, sob pena de **justa causa** para dispensa pela violação do dever de fidelidade, em consequência do princípio da boa-fé.

Tem-se que, se a lei proíbe a negociação que se caracterize por ato de concorrência, fica mais viável defender a existência de uma cláusula de não concorrência depois de terminado o contrato. Após o fim da relação de emprego, essa cláusula se justifica se se fizer necessária a proteção de legítimos interesses e por um determinado período, durante o qual deve ser assegurada ao trabalhador uma indenização.

No entanto, há cizânia doutrinária e jurisprudencial, porquanto não há uma regulamentação específica no direito brasileiro, forçando a busca dos mencionados valores constitucionais relevantes, do direito ao trabalho, da liberdade de trabalho e da livre iniciativa.

O saudoso magistrado e professor José Serson[10], influenciado pela nova ordem constitucional, dizia: "Portanto, a proibição de trabalhar para outras empresas, embora concorrentes, não pode ser objeto de estipulação contratual porque infringe dispositivo constitucional da liberdade de trabalho".

Esse pensamento hoje não se coaduna com os novos paradigmas estudados, mas ocorria, à luz da visão do modelo clássico, consoante o seguinte acórdão da 2ª Região, que foi publicado antes do novo Código Civil, entendendo ser ilegal a cláusula de não concorrência:

> Cláusula de não concorrência. Cumprimento após a rescisão contratual. Ilegalidade. A ordem econômica é fundada, também, na valorização do trabalho, tendo por fim assegurar a todos existência digna, observando dentre outros princípios a busca do pleno emprego. Pelo menos, assim está escrito no art. 170, inciso VIII, da Constituição. O art. 6º do diploma deu ao trabalho grandeza fundamental. A força de trabalho é o bem retribuído com o salário e assim meio indispensável ao sustento próprio e familiar, tanto que a ordem social tem nele o primado para alcançar o bem-estar e a justiça sociais. Finalmente, o contrato de trabalho contempla direitos e obrigações que se encerram com sua extinção. Por tudo, cláusula de não concorrência que se projeta para após a rescisão contratual é nula de pleno direito, a teor do que estabelece o art. 9º da Consolidação das Leis do Trabalho (TRT 2ª Região). AC 20020078747. DOE-SP de 05.03.02. DT n. 06 julho/02.

Alice Monteiro de Barros[11] não crê que a existência da cláusula, guardadas determinadas condições, cerceie a liberdade de exercício de qualquer trabalho, ofício ou profissão (CF, art. 5º, inciso XIII), se a cláusula permitir ao empregado a possibilidade de exercer atividade que lhe é própria, considerando sua experiência e formação, desde que junto a estabelecimentos empresariais não suscetíveis de ocasionar concorrência danosa ao ex--empregador.

A doutrina brasileira tende a aceitar a existência da cláusula de não concorrência em situações excepcionais, sendo ideal a previsão em convenção coletiva, com limitações relativas ao objeto, tempo e espaço. A inserção da cláusula nos contratos deve ser analisada num contexto de razoabilidade, em face dos interesses e liberdade que estão em jogo.

---

(10) SERSON, José. *Curso de rotinas trabalhistas*. 33. ed. atual.. São Paulo: LTr, 1993. p. 479.
(11) BARROS, Alice Monteiro de. *Curso de direito do trabalho*. São Paulo: LTr, 2009. p. 255-261.

A jurisprudência, contudo, inclina-se para duas direções: contrariamente à inserção da cláusula após o término do contrato de trabalho, por ser atentatória à liberdade de trabalho, ou admitindo-a, quando cumpridas determinadas exigências.

Nas decisões mais modernas, como a abaixo transcrita, os novos paradigmas são considerados:

> Cláusula de não concorrência. Validade. A cláusula de não concorrência foi estabelecida por tempo razoável e houve pagamento de indenização. Logo, está dentro dos princípios da razoabilidade e da proporcionalidade. É, portanto, considerada válida. Não há dano moral a ser reparado. (TRT 2ª Região, RO, Relator Sérgio Pinto Martins, 3ª Turma, acórdão n. 20040281579, publicado em 08.06.2004).
>
> DANOS MATERIAIS — INDENIZAÇÃO — INEXISTÊNCIA. Não afronta o art. 5º, inciso XIII, da Constituição Federal de 1988, cláusula contratual firmada por empregado, após ruptura do contrato de trabalho, comprometendo-se a não prestar serviços à empresa concorrente, quer como empregado, quer como autônomo. Inexistência de erro ou coação a anular o pactuado. Não há ilegalidade a macular o pactuado e nem danos materiais decorrentes da limitação expressamente aceita. Impede aqui, invocar-se também o princípio da boa-fé, presente em todos os atos da vida civil e pressupostos deles, mormente quando em ajuste, estão pessoas capazes, de mediano conhecimento jurídico e alto nível profissional, como é o caso das partes envolvidas no Termo de Confidencialidade e Compromissos Recíprocos. (TRT 2ª Região, Ac. n. 20020534536, Proc. n. 20898200290202008, 5ª T., Rel. Rita Maria Silvestre).

Francisco Luciano Minharro[12] afirma que a cláusula de não concorrência é desnecessária "[...] se a concorrência que se pretende impedir será feita pelo empregado utilizando conhecimentos, dados ou informações obtidas na empresa em decorrência da execução do contrato", pois "[...] bens imateriais são reconhecidos ao empregador e sua proteção se opera *ex lege*, apresentando-se supérflua a proteção contratual".

Correto, pois há, para a violação do segredo da empresa, consequências jurídicas no âmbito penal e civil para o ex-empregado, previstas nos arts. 195 e 209 da Lei n. 9.279/1996. Porém, imperioso lembrar que, além da proteção dos bens imateriais do empregador, a cláusula de não concorrência também pode visar ao afastamento do mercado, por algum tempo, do empregado que deixou a empresa, principalmente dos concorrentes mais próximos ou diretos. Isso porque o *know-how* do próprio trabalhador tem valor no mercado, e se parte dele foi adquirido na empresa, é justo que não seja utilizada na concorrência imediatamente após a sua saída daquela instituição.

Quanto à cláusula de permanência, se o empregado faz investimentos de vulto no trabalhador, é bastante razoável que por um tempo esse novo

---

(12) MINHARRO, Francisco Luciano. *A propriedade intelectual no direito do trabalho*. São Paulo: LTr, 2010. p. 112-113.

conhecimento seja revertido e utilizado na empresa, mantendo, assim, um equilíbrio no contrato de trabalho, a plena realização do sinalagma, a troca necessária entre contratante e contratado.

6. DISCUSSÃO SOBRE A LICITUDE DAS CLÁUSULAS DE NÃO CONCORRÊNCIA E DE PERMANÊNCIA

6.1. Considerações iniciais

Há quem considere inconstitucional a existência da cláusula de não concorrência, por afronta à liberdade de trabalho (CF, art. 5º, inciso XIII) e aos princípios da ordem econômica na busca do pleno emprego (CF, art. 170, inciso VIII).

Porém, se nenhum direito se reveste de caráter absoluto, o art. 5º, inciso XIII da CF também não o é. O art. 444 da CLT permite a livre estipulação das partes interessadas, contanto que não vá contra as disposições de proteção ao trabalho, aos contratos coletivos que lhes sejam aplicáveis e às decisões das autoridades competentes. O art. 122 do Código Civil dispõe que: "São lícitas, em geral, todas as condições não contrárias à lei, à ordem pública ou aos bons costumes; entre as condições defesas se incluem as que privarem de todo efeito o negócio jurídico, ou o sujeitarem ao puro arbítrio de uma das partes", sendo que o art. 121 do mesmo Código explica que o elemento condição no contrato é a cláusula que, derivando exclusivamente da vontade das partes, subordina o efeito do negócio jurídico a evento futuro e incerto. Ainda, o art. 422 desse *codex* diz que a probidade e a boa-fé devem ser aplicadas na execução e também na conclusão do contrato.

Desses dispositivos, verifica-se que, se, por um lado, não há disposição regulamentando a cláusula de não concorrência no Brasil, por outro, não se pode concluir que deve ser proibida.

Nos Estados Unidos, em que a legislação federal proíbe qualquer acordo ou ajuste contrário à liberdade de comércio, as cláusulas de não concorrência são admitidas e legítimas. Ressalte-se que a OIT adotou resolução favorável à validade de tal cláusula, respeitados certos limites.

Outros ordenamentos jurídicos que asseguram o livre exercício de trabalho permitem a restrição negociada da liberdade de trabalho, por meio de cláusula ajustada entre empregado e empregador, como nos casos do direito português (Constituição, art. 58, n. 1, e Código do Trabalho, art. 136) e do direito espanhol (*Estatuto de los Trabajadores*, art. 21).

Regiane de Mello João[13] pondera que:

> A admissão da validade da pactuação de cláusula de não concorrência após o término do contrato de trabalho encerra a vinculação moral a uma obrigação, qual seja de não concorrência, contudo, os efeitos práticos da obrigação implicam no reconhecimento de sua exigibilidade.
>
> De nada adianta ao ex-empregador ter reconhecida a validade da obrigação de não concorrência assumida pelo ex-empregado, caso não exista a previsão de meios efetivos de obstar o ato de concorrência deste, ou ainda ser ressarcido dos prejuízos causados pelo ato.

Restrições à concorrência têm relação com o exercício da boa-fé objetiva, antes, durante e depois do contrato, pelo que não se pode concluir que a omissão da legislação brasileira quanto às cláusulas de não concorrência e de permanência não as torna inválidas, a menos que haja expressa vedação legal.

6.2. Critérios de existência e limites das cláusulas de não concorrência e de permanência

Como estabelecer pressupostos e limites para as cláusulas de não concorrência e de permanência se não há legislação específica, como há no Direito português? Por certo que incide aqui a já tratada ponderação, com a adoção do princípio da razoabilidade, a fim de que as regras estipuladas não infrinjam direitos de ambas as partes.

Assim, na cláusula de não concorrência há que se observar, de forma específica, quais as atividades desenvolvidas pelo trabalhador, qual o seu contato com o *know-how* que eventualmente comprometa as estratégias e os segredos empresariais, e se o uso desse conhecimento em outras empresas tem potencial lesivo para a antiga empregadora.

Portanto, não é qualquer empregado que deve submeter-se à cláusula em apreço, mas somente aqueles que atuarão na influência sobre a concorrência empresarial. Ainda, não é qualquer informação que precisa ser protegida, mas aquelas que podem trazer potencial prejuízo para o empregador. Para isso, este precisa deixar claro quais as regras dessa

---

(13) JOÃO, Regiane de Mello. Cláusula de não concorrência inserida no contrato de trabalho a visão do judiciário — uma análise crítica de duas ementas de acórdãos do Tribunal Regional do Trabalho da 2ª Região. *Revista LTr*, São Paulo, v. 71, n. 06, p. 722.

cláusula e as consequências objetivas para sua quebra, indicando o período e o local da restrição, a abrangência das atividades que podem ou não ser realizadas depois de extinto o contrato de trabalho, e a indenização correspondente, que também não deve ser abusiva nem lesar o trabalhador, já que este terá, por algum tempo, grandes limitações no exercício da profissão.

Estêvão Mallet[14] entende que o crédito é parcela trabalhista e beneficia-se de sua proteção (CLT, art. 449, § 1º), sofrendo atualização a partir de seu vencimento, segundo critérios do art. 39, da Lei n. 8.177/1991, mas de natureza indenizatória, porque não se remunera obrigação de não fazer, não havendo falar em contribuições previdenciárias e fiscais.

Mallet[15] também discorreu sobre a eficácia da cláusula de não concorrência no caso de aposentadoria, dispensa sem justa causa, demissão ou distrato, dizendo que ela independe do motivo determinante da extinção do contrato e, portanto, continuará válida. Adverte, porém, que, se houver extinção do estabelecimento ou morte do empregado, por exemplo, não poderá permanecer a obrigação, nem será devida a compensação financeira de contrapartida.

É do mesmo autor a opinião de que, descumprida a obrigação pelo empregado, incide o art. 475 do Código Civil, que permite que a parte lesada peça a restituição dos valores pagos em compensação à restrição pactuada, ou a execução específica da obrigação, e da pena cominada, com imposição de multa diária ou adoção de outras medidas para assegurar a tutela específica (CPC, art. 461), além de perdas e danos. E se é o empregador que descumpre a cláusula, não pagando a compensação ajustada, o empregado pode pedir a resolução do ajuste, com a liberação da obrigação assumida ou o pagamento avençado.

Em resumo, Adriana Calvo[16] aponta que:

> A legislação trabalhista é omissa, contudo a jurisprudência e a doutrina brasileiras, amparadas pelo direito comparado, entendem lícitas referidas cláusulas, desde que observadas as seguintes condições:
>
> 1. a cláusula deve conter **limitações temporais, espaciais e no tocante à atividade**;
>
> 2. deve corresponder a um **interesse legítimo das partes**;

---

(14) MALLET, Estêvão. Cláusula de não concorrência em contrato individual de trabalho. *Revista LTr*, São Paulo, v. 69, n. 10, outubro de 2005, p. 1159-1169.
(15) MALLET, Estêvão. Cláusula de não concorrência em contrato individual de trabalho. *Revista LTr*, São Paulo, v. 69, n. 10, outubro de 2005, p. 1159-1169.
(16) CALVO, Adriana Carrera. *A cláusula de não concorrência no Brasil*. Conteúdo jurídico. Brasília, DF: 1112.2008. Acesso em 04.01.2011.

3. o empregado deve ter uma **compensação financeira** diante da limitação contratual (geralmente o valor do último salário, multiplicado pelo prazo de não concorrência, pode ser pago ao término do contrato de trabalho ou mensalmente durante referido prazo) e;

4. deve haver a previsão de uma **multa contratual em caso de descumprimento** (o valor da multa não pode exceder o da obrigação principal, aplicando-se o Direito Civil, pois a CLT é omissa quanto a isso).

No tocante à cláusula de permanência, o empregador deve indicar de forma clara ao empregado que essa limitação existirá, mas isso deve ocorrer antes do investimento, bem como deve ser pautada pela razoabilidade, para não configurar, de fato, um cerceamento da liberdade de trabalho, devendo, ainda, estabelecer regras de consequência para o caso de quebra da cláusula pelo trabalhador, como a devolução do montante investido ou parte dele.

Eventual discussão entre as partes deverá ser analisada pelo Judiciário com base nos parâmetros já discutidos de boa-fé e com relação às vicissitudes do caso concreto.

6.3. Responsabilidade perante terceiros e de terceiros

Os contratos balizados pelos novos paradigmas do Código Civil impõem a observância de deveres anexos como o da informação. Não pode ser diferente com o contrato de trabalho, cuja necessária atuação de boa-fé imprime lealdade entre as partes, mas também com terceiros.

Dessa forma, o empregado que aceitou a cláusula de não concorrência e deixa de cumpri-la, indo para a concorrência sem avisar o novo empregador de que estaria sob a influência de um contrato anterior, fere a boa-fé objetiva e também pode ser responsabilizado perante terceiros, além de poder perder o novo emprego por justa causa. Note-se, se a empresa não tem conhecimento dessa limitação do novo contratado, não pode ser responsabilizada perante o empregador anterior.

Por outro lado, a cláusula de não concorrência, que em tese vincula apenas empregador e empregado, pode atingir terceiro que não está de boa-fé. Se, no exemplo acima, a empresa tiver ciência da restrição do contrato anterior do trabalhador e ainda assim contratá-lo, caberá uma indenização pelo empregado e pelo terceiro, solidariamente, sendo que ao antigo empregador, que pretende responsabilizar o novo, cumpre o ônus de provar o conhecimento da restrição.

7. CONCLUSÃO

As cláusulas de não concorrência e de permanência são, de alguma forma, redutoras da liberdade de trabalho constitucionalmente prevista. Porém, outros valores também estão contidos na Constituição, como o da livre iniciativa e da livre concorrência, devendo ser lembrado que nenhum deles é absoluto.

É preciso ter em mente vários elementos importantes a serem considerados: os direitos fundamentais envolvidos tanto de empregados quanto de empregadores, a evolução tecnológica e concorrencial, perante a nova teoria da empresa, os novos paradigmas dos contratos e negócios jurídicos tratados à luz do Direito Civil Constitucionalizado, como a exigência da observância da boa-fé e da função social do contrato, que perpassa pelo dever de fidelidade e lealdade do empregado e abstenção de concorrência ilícita durante e depois da execução do contrato de emprego, bem como do empregador de não extrapolar as exigências, impedindo a liberdade de trabalho.

Não há no direito brasileiro um impedimento para a existência de tais cláusulas, mas é preciso ponderação acerca de seu conteúdo, registrando a cláusula deve: (1) ser de conhecimento claro das partes; (2) conter limitações temporais, espaciais e no tocante à atividade; (3) corresponder a um interesse legítimo das partes; (4) estabelecer que o empregado deve ter uma compensação financeira diante da limitação contratual; e (5) haver a previsão de uma multa contratual em caso de descumprimento.

Só assim é possível compreender que as cláusulas de não concorrência e de permanência podem ser validamente pactuadas, com a finalidade de proteger interesse legítimo da empresa, do empregado e, eventualmente, de terceiro, observando, ainda, que não só a empresa tem o *know-how* como patrimônio, pois o empregado é também detentor de conhecimentos que o fazem ter valor no sistema de relações sociais, razão pela qual a ele é importante a manutenção da sua lisura e boa-fé.

8. REFERÊNCIAS BIBLIOGRÁFICAS

ALMEIDA, Renato Rua de. A teoria da empresa e a regulação da relação de emprego no contexto da empresa. *Revista LTr*, São Paulo, v. 69, n. 05, maio de 2005.

BARACAT, Eduardo Milléo. *A boa-fé no direito individual do trabalho*. São Paulo: LTr, 2006.

BARROS, Alice Monteiro de. *Curso de direito do trabalho*. São Paulo: LTr, 2009.

BARROS, Cássio de Mesquita. Cláusula de não concorrência no contrato de trabalho. *Revista do Instituto dos Advogados de São Paulo* — 8, p. 22-36.

BELTRAN, Ari Possidônio. A cláusula de não concorrência no direito do trabalho. *Revista do Advogado*, p. 63-68.

CALVO, Adriana Carrera. *A cláusula de não concorrência no Brasil.* Conteúdo Jurídico. Brasília. DF: 11.12.2008. Acesso em 04.01.2011.

JOÃO, Regiane de Mello. Cláusula de não concorrência inserida no contrato de trabalho: a visão do judiciário — uma análise crítica de duas ementas de acórdãos do Tribunal Regional do Trabalho da 2ª Região. *Revista LTr*, São Paulo, v. 71, n. 06, p. 720-723.

JORGE NETO, Francisco Ferreira e CAVALCANTE, Jouberto de Quadros P. Cláusula da não concorrência no contrato de trabalho. *LTB* 23 — 1108, de 27.02.2006, p. 4-8.

LEITE, Carlos Henrique Bezerra. *Contrato de trabalho e cláusula de não concorrência.* Artigo da PRT 17ª Região.

MALLET, Estêvão. Cláusula de não concorrência em contrato individual de trabalho. *Revista LTr*, v. 69, n. 10, outubro de 2005, p. 1159-1169.

MAZURKEVIC, Arion. A boa-fé objetiva: uma proposta para reaproximação do direito do trabalho ao direito civil. In: NETO, José Affonso Dallegrave; GUNTHER, Luiz Eduardo. *O impacto do novo Código Civil no direito do trabalho.* São Paulo: LTr, 2003.

MINHARRO, Francisco Luciano. *A propriedade intelectual no direito do trabalho.* São Paulo: LTr, 2010.

NEGREIROS, Teresa. *Teoria do contrato:* novos paradigmas. 2. ed. Rio de Janeiro: Renovar, 2006.

RAMALHO, Maria do Rosário Palma. *Direito do trabalho* — parte I — dogmática geral. Coimbra: Almedina, 2005.

SANTOS, Maria de Fátima Zanetti Barbosa e. O segredo é a alma do négocio — direito à liberdade de trabalho e os princípios da livre iniciativa e concorrência — proporcionalidade e razoabilidade. Disponível em: <http://www.granadeiro.adv.br/noticiasanteriores1.htm> Acesso em: 20.07.2010.

SANTOS, Thiago Carvalho. Trabalhando com o inimigo: a concorrência desleal perpetrada por funcionários e sócios. In: *Revista Jurídica Consulex*, n. 150.

SERSON, José. *Curso de rotinas trabalhistas.* 33. ed. atual. São Paulo: LTr, 1993.

SILVA, Luis Renato Ferreira da. A função social do contrato no novo Código Civil e sua conexão com a solidariedade social. In: *O novo Código Civil e a Constituição.* SARLET, Ingo Wolfgang (Organizador). Porto Alegre: Livraria do Advogado, 2003.

A DESPEDIDA COLETIVA NOS ORDENAMENTOS JURÍDICOS BRASILEIRO E PORTUGUÊS: UMA ANÁLISE COMPARATIVA À LUZ DA ATUAL SISTEMÁTICA DOS DIREITOS FUNDAMENTAIS

Ludmilla Souza Ribeiro[*]

1. NOTAS INTRODUTÓRIAS

Considerando o atual contexto de crise econômica mundial, que tem como reflexo imediato a redução maciça dos postos de trabalho, um dos temas justrabalhistas que soa relevante e atual é a necessidade de modernização do tratamento que vem sendo dispensado às demissões em massa no ordenamento jurídico pátrio, mormente sob o ponto de vista da efetivação dos direitos fundamentais do trabalhador.

Recentemente, alguns casos de demissões coletivas chamaram a atenção do país para um problema jurídico de repercussões sociais devastadoras: ausência de regulamentação específica que limite o poder potestativo do empregador no que concerne à liberdade de reduzir, ao seu alvedrio, o quadro de trabalhadores em contextos de crise econômico-financeira. Aqui, o que se está a questionar não é a subsistência do poder potestativo empresarial de rescindir unilateralmente contratos individuais de trabalho, mas a possibilidade de o empregador valer-se dessa "liberdade" contratual em caráter massivo, causando impactos sociais de incalculável monta.

Ilustra-se: o caso Embraer. A Folha de S. Paulo[1], de 19 de fevereiro de 2009, anunciava em letras garrafais que a Embraer — fabricante brasileira de aeronaves, terceira maior fabricante de jatos do mundo —, em razão da crise financeira internacional, reduzia cerca de 20% do seu quadro efetivo, ou seja, mais de 4.000 (quatro mil) funcionários tinham, repentinamente, seus contratos de trabalho rescindidos. Sediada em São José dos Campos, a empresa em questão colocava, em ato único e unilateral, inúmeras famílias ao desamparo,

---

[*] Advogada, Especialista em Direito do Trabalho (PUC/SP), Mestranda em Direito do Trabalho (PUC/SP), docente da Faculdade Estácio-FASE em Aracajú/SE.
[1] Disponível em: <http://www1.folha.uol.com.br/folha/dinheiro/ult91u506698.shtml>. Acesso em: 22 de março de 2010.

causando inúmeros transtornos não só ao núcleo de trabalhadores afetados, mas também à estrutura produtiva de todo um município, agravando ainda mais a crise já instalada.

Por razões semelhantes, inúmeros trabalhadores da Usiminas — Usinas Siderúrgicas de Minas Gerais S/A — perderam, abruptamente, suas fontes de mantença. E assim, diversos postos de trabalho foram sendo deletados, a partir de projeções estatísticas do setor empresarial que reduziam os trabalhadores a elementos descartáveis, meros números a obstaculizar a máxima desenvoltura da atividade empresarial.

Será mesmo, como defendido por muitos, que a ausência de regulamentação específica à despedida coletiva induz seu tratamento como mera soma de despedidas individuais, sob o tradicional manto liberal-individualista que orienta a legislação laboral infraconstitucional? Ou será que as diferenças consubstanciadas entre as despedidas individuais e coletivas impõem ao intérprete um exercício interpretativo-integrativo apto a trazer a lume uma solução mais justa ao caso concreto?

É cediço que alguns acontecimentos recentes ensejaram uma significativa alteração do paradigma teórico-filósofico do Direito. A superação do modelo positivista, com a assunção de uma perspectiva axiológica para a análise do fenômeno jurídico, tem revelado importantes transformações na interpretação e aplicação da norma jurídica[2].

De maneira recorrente, o discurso jurídico passou a abarcar referenciais como a supremacia constitucional, a normatividade dos princípios, o recurso a cláusulas éticas gerais, a valores, etc.

Por sua vez, a despolarização da sociedade (antes centrada nas relações indivíduo-Estado), a partir do reconhecimento de uma sociedade massificada, conduziu à convergência do público ao privado e vice-versa, revelando uma inevitável fragmentação da dicotomia público-privatista, com a superação do modelo da incomunicabilidade Constituição e Código Civil, tornando fluida a relação entre os subsistemas jurídicos[3].

---

(2) Sobre o assunto, BARROSO, Luís Roberto. Neoconstitucionalismo e constitucionalização do direito. O triunfo tardio do direito constitucional no Brasil. *Jus Navigandi*, Teresina, ano 9, n. 851, 1 nov. 2005. Disponível em: <http://jus2.uol.com.br/doutrina/texto.asp?id=7547>. Acesso em: 15 set. 2009. PIOVESAN, Flávia. *Direitos humanos e justiça internacional*. São Paulo: Saraiva, 2006. p. 7-16.

(3) Ensina Judith Martins Costa que o "modelo de incomunicabilidade" foi "uma resposta típica do século XIX ao fenômeno das fontes do Direito. O modelo da incomunicabilidade é fundamentalmente dicotômico, assentado naquela oposição de base entre a Sociedade Civil e o Estado, oposição que, no Brasil, adquirirá contornos particulares, diversos dos que marcaram a dicotomia na Europa continental. Mas a dicotomia estará traduzida por igual, na estatuição dos campos do Direito Privado e do Direito Público: um será o direito da

Tudo isso convergiu no fenômeno da Constitucionalização do Direito Privado, que, de acordo com a doutrina, pode ser compreendido sob dois enfoques ou dimensões. Primeiramente, a partir da migração de vários institutos tipicamente privados para o âmago do texto constitucional, ou seja, as Constituições contemporâneas passam a disciplinar determinados institutos privados, a exemplo da propriedade, família, sucessão, trabalho, personalidade, conferindo a estes institutos um caráter de relevância quase publicista. Daí se falar, por exemplo, em função social da propriedade (que, na realidade, consubstancia a irradiação dos efeitos do princípio da solidariedade sobre o patrimônio individual/particular).

Por sua vez, o segundo enfoque diz respeito à própria irradiação dos efeitos do conteúdo dos preceitos constitucionais, especialmente àqueles que sobrelevem a dignidade humana, no âmbito do direito infraconstitucional privado. Em outras palavras, revela a vinculação material do legislador aos novos preceitos constitucionais e a necessidade de releitura dos institutos do direito privado já consagrados, agora sob a lente da nova ordem suprema vigente[4], numa permanente interação dialética Constituição e Legislação Infraconstitucional.

Exatamente sob o manto da constitucionalização do direito e da Teoria dos Direitos Fundamentais, construir-se-á a linha de raciocínio deste estudo, de maneira a tentar alcançar a interpretação mais adequada quanto aos limites jurídicos que permeiam as despedidas coletivas.

2. RECONHECENDO A IMPOSSIBILIDADE DE IDENTIFICAÇÃO ENTRE AS DESPEDIDAS INDIVIDUAIS E COLETIVAS: PRIMEIRO ENTRAVE A SER SUPERADO

De início, cumpre destacar que até o momento, no ordenamento pátrio, não existe delineamento jurídico específico a tratar da despedida coletiva. É

---

sociedade civil, outro será o direito do Estado. (...) Nesse panorama, o modelo de relacionamento entre o Código Civil e Constituição era basicamente formal, hierarquizado, e não dialético. (...) A antiga equação modificou. (...) O modelo de relacionamento entre Constituição e Código Civil inflete, diretamente, na problemática da eficácia dos Direitos Fundamentais nas relações interprivadas, até porque, a partir da segunda metade do séc. XX, várias Constituições passam a catalogar, expressamente, a tábua de Direitos, dando ensejo à elaboração, por parte da doutrina constitucionalista, de uma espécie de *jus commune* dos Direitos Fundamentais (COSTA, Judith Martins. Os direitos fundamentais e a opção culturalista do novo Código Civil. In: *Constituição, direitos fundamentais e direito privado*. Org. Ingo Wolfgang Sarlet. 2. ed. Porto Alegre: Livraria do Advogado, 2006. p. 68-69).

(4) Cf. FACCHINI NETO, Eugênio. Reflexões histórico-evolutivas sobre a constitucionalização do direito privado. In: *Constituição, direitos fundamentais e direito privado*. Org. Ingo Wolfgang Sarlet. 2. ed. Porto Alegre: Livraria do Advogado, 2006. p. 37-43.

dizer, não há como extrair do sistema jurídico-positivo vigente o conceito de despedida coletiva (a resilição de quantos contratos simultaneamente ou sucessivamente ensejariam o tratamento diferenciado? Dependeria da vinculação a motivos determinados? etc.), tampouco a procedimentalização de tais despedidas a fim de minimizar os efeitos odiosos provocados no seio social.

Em verdade, a legislação trabalhista dispõe, exclusivamente, sobre os reflexos jurídicos das despedidas individuais (por culpa ou sem culpa/por iniciativa do empregador ou do empregado/pelo advento de termo ou condição resolutiva), nada estabelecendo sobre as despedidas coletivas.

O fenômeno da dispensa envolvendo grande número de empregados foi referenciado na Lei n. 4.923 de 1965 (dispensas por conjuntura econômicas), que, embora não retire tais despedidas do âmbito liberal-individualista, prevê a possibilidade de o empregador valer-se de algumas medidas alternativas ao encerramento dos contratos, tais como redução da jornada de trabalho ou redução de salários. Ainda assim, nos termos desta lei, tais medidas revelam alternativas ao alvedrio e conveniência do empregador, e não como aspectos determinantes para a minimização dos efeitos odiosos provocados pelo desemprego em massa.

Fora disso, a Consolidação das Leis Trabalhistas, em seus arts. 502 e 503, estabelece que, em hipótese de força maior, nela compreendida "todo acontecimento *inevitável*, em relação a vontade do empregador, e para a realização do qual este não concorreu, direta ou indiretamente", que torne determinante a extinção da empresa ou de certos estabelecimentos, pode o empregador rescindir os contratos de trabalho desde que compense o trabalhador com uma indenização correspondente a 50% (cinquenta por cento) daquela devida em casos de despedida individual sem força maior. Percebe-se que o legislador infraconstitucional previu uma hipótese de compartilhamento dos riscos, que, em sede trabalhista, em regra, correm exclusivamente por conta do empregador. Esta hipótese, dado seu caráter excepcional, deve ser restritivamente interpretada, não se aplicando aos casos de encerramento massivo dos contratos para reestruturação econômica ou técnica da empresa.

Portanto, não há, no diploma consolidado ou na legislação infraconstitucional, previsão expressa de regramento às despedidas coletivas, o que torna tormentosa a aplicação do direito em casos tais.

Embora o legislador constituinte houvesse, já em 1988, previsto como direito fundamental do trabalhador a proteção contra despedidas arbitrárias ou sem justa causa (art. 7º, inciso I, da CF), a ausência de regulamentação específica pelo legislador infraconstitucional retirou da referida norma, até o momento, a eficácia técnica[5] e social[6] reclamada.

Sob uma perspectiva jurídico-formalista[7], por muito tempo dominante, sustentou-se amplamente na doutrina a imposição às despedidas coletivas do mesmo tratamento conferido às despedidas individuais injustas. Ou seja, aos trabalhadores despedidos em massa restavam, apenas, os direitos às verbas trabalhistas e indenizatórias inerentes à ruptura unilateral imotivada do contrato individual[8].

Dito de outra forma, a proteção contra a despedida arbitrária ou sem justa causa no ordenamento jurídico brasileiro, até o momento, ressalvados os casos de garantia de emprego (gestantes, dirigentes sindicais, acidentados

---

(5) Observa Maria Helena Diniz que a incompletude da norma constitucional decorrente da falta de disposição normativa por ela requerida faz surgir no ordenamento uma lacuna técnica ou *intralegem*, em alusão à classificação enunciada por Kelsen e Paul Foriers. Pontua a autora que tal lacuna "ocorre quando houver ausência de uma norma cuja vigência é condição de outra" (DINIZ, Maria Helena. *Norma constitucional e seus efeitos*. 8. ed. São Paulo: Saraiva, 2009. p. 31).
(6) Maria Helena Diniz apregoa que: "A norma será eficaz se tiver condições fáticas de atuar, por ser adequada à realidade (eficácia semântica); e condições técnicas de atuação (eficácia sintática) por estarem presentes os elementos normativos para adequá-la à produção de efeitos concretos. (...) Consiste a eficácia no fato real da aplicação da norma, tendo, portanto, um caráter experimental por se referir ao cumprimento efetivo da norma por parte de uma sociedade, ao reconhecimento dela pela comunidade, no plano social, ou, mais particularizadamente, aos efeitos sociais que ela suscita pelo seu cumprimento. A eficácia social seria a efetiva correspondência da norma ao querer coletivo, ou dos comportamentos sociais ao seu conteúdo." (DINIZ, Maria Helena. *Compêndio de introdução a ciência do direito*. São Paulo: Saraiva, 2009. p. 407).
(7) Daniel Sarmento esclarece a confusão entre positivismo e formalismo jurídico: "Existe uma frequente associação entre positivismo e o formalismo jurídico, e este último, de fato, não trabalhava com princípios e valores, mas apenas com regras. (...) Na verdade, os autores positivistas mais importantes da atualidade, como Hebert Hart, Genaro Carió, Joseph Raz, e, no Brasil, Celso Antônio Bandeira de Melo, não abraçam as teses do formalismo jurídico. Se considerarmos, na linha de Robert Alexy, que a distinção capital entre teorias positivistas e não positivistas do Direito está na relação entre direito e moral — separação para os positivistas e vinculação para os não positivistas — fica claro que o positivismo não formalista pode, sim, recorrer a princípios e valores, desde que estes não sejam externos a um dado ordenamento, mas possam ser dele extraídos." (SARMENTO, Daniel. Colisões entre direitos fundamentais e interesses públicos. In: *Direitos fundamentais* — estudos em homenagem ao professor Ricardo Lobo Torres. Daniel Sarmento, (org.). 2006. p. 270).
(8) É cediço que, de acordo com a doutrina e jurisprudência dominante, no âmbito individual, vigora no ordenamento pátrio a possibilidade de resilição unilateral imotivada do contrato de trabalho, ou seja, subsiste o poder potestativo de rescisão do contrato pelo empregador, de acordo com a sua livre conveniência. Registra-se, minoritariamente, vozes defensoras de que mesmo as rupturas contratuais individuais estariam revestidas de uma proteção mínima a conferir ao trabalhador o direito de justificação dos motivos da rescisão do contrato. Essa questão será deixada para outro momento, por não se tratar do objeto deste artigo. Importa, nesse momento, que no âmbito individual prevalece a liberdade do empregador em resilir imotivadamente e unilateralmente o contrato de trabalho, garantindo-se ao trabalhador, tão somente, o direito a indenização prevista em lei correspondente a 40% sobre o FGTS.

do trabalho etc.), reduzir-se-ia ao pagamento das verbas rescisórias e da multa de 40% sobre o Fundo de Garantia do Tempo de Serviço (FGTS). Fora disso, seria amplo, consoante a corrente juslaboral formalista, o poder do empregador, em resilir contratos de trabalho, independentemente das repercussões sociais provocadas. Aqui, estaria a prevalecer o conhecido "dogma" da plenitude do ordenamento segundo a máxima de que tudo aquilo que não está expressamente proibido, estaria implicitamente permitido.

Em verdade, essa linha de raciocínio persiste enraizada na doutrina mais conservadora, a exemplo de Sergio Pinto Martins[9], que, ao comentar os fatos ocorridos nas empresas Embraer e Usiminas, pontuou:

> Ninguém é obrigado a fazer ou deixar de fazer alguma coisa a não ser em virtude de lei (art. 5º, II, da Constituição). Não há sanção na lei caso a empresa faça a despedida coletiva. (...) Não existe previsão legal no sentido de que a empresa tenha de motivar as demissões para fazer despedidas coletivas. Se as dispensas coletivas não são proibidas, elas são permitidas. (...) O ordenamento jurídico não tem lacuna para se utilizar o direito comparado ou de analogia, com fundamento no art. 8º, da CLT. O inciso I, do art. 7º, da Constituição trata da dispensa arbitrária ou sem justa causa. A norma constitucional não faz distinção entre dispensa individual e coletiva. Logo o intérprete não pode fazê-lo. Não há, portanto, lacuna no ordenamento constitucional.

O supracitado autor parece identificar os institutos da despedida individual e coletiva como se fossem similares em características e efeitos. Ocorre que, da mesma forma que o interesse coletivo da categoria não se resume à mera soma dos interesses individuais de seus membros[10], não há como ignorar a disparidade dimensional entre as despedidas coletivas e individuais.

Em sentido crítico a referida identificação, já sinalizava Mauricio Godinho Delgado[11]:

---

(9) MARTINS, Sergio Pinto. Despedida coletiva. *Jornal Carta Forense*, 4 de maio de 2009. Disponível em: <http://www.cartaforense.com.br/Materia.aspx?id=4062>. Acessso em: 20 de março de 2010.
(10) Consoante lição de Rodolfo de Camargo Mancuso, o interesse coletivo em essência consiste na síntese dos interesses individuais do grupo. Nesta perspectiva, não haverá que se perquirir da sobreposição de interesses individuais dos membros dos grupos, mas de um novo interesse que decorre da união desses interesses agrupados e harmonizados em sentido confluente. Forma-se, portanto, o que Henri Solus e Roger Perrot denominam de uma "nova realidade, dotada de força autônoma que transcende e absorve o interesse de cada particular" (tradução livre) (MANCUSO, Rodolfo de Camargo. *Interesses difusos*: conceito e legitimação para agir. 6. ed. São Paulo: Revista dos Tribunais, 2004. p. 55)
(11) DELGADO, Mauricio Godinho. *Curso de direito do trabalho*. 3. ed. São Paulo: LTr, 2004. p. 1.153-1.154.

> [...] a despedida coletiva atinge um grupo significativo de trabalhadores vinculados ao respectivo estabelecimento ou empresa, configurando uma prática maciça de rupturas contratuais (*layoff*).
>
> Observe-se, no tocante à presente tipologia, que a amplitude e abrangência que separam as duas modalidades de terminação do contrato de trabalho não se circunscrevem, em rigor, somente ao estabelecimento ou empresa. **É que enquanto a dispensa meramente individual tem parca possibilidade de provocar repercussões no âmbito externo à relação de emprego, a dispensa coletiva certamente detona efeitos no campo da comunidade mais ampla em que se situa a empresa ou o estabelecimento, provocando, em decorrência disso, forte impacto social**.
>
> A dispensa coletiva configura, sem dúvida, frontal agressão aos princípios e regras constitucionais valorizadores do trabalho [...]
>
> [...] as dispensas coletivas não têm contado, na tradição infraconstitucional brasileira, com dispositivos legais regulamentadores. No Brasil, hoje, curiosamente, a lei não se contenta em considerar como ato afirmativo da individualidade do empregador a ruptura unilateral dos contratos de trabalho; até mesmo a dispensa maciça, coletiva, causadora de graves lesões sociais, é descurada pelo direito do trabalho do país.

Numa perspectiva igualmente crítica, mas já sob um enfoque hermenêutico-concretizador, reconhecia Renato Rua de Almeida o problema da ausência de regulamentação[12]:

> Mesmo a despedida simultânea de vários empregados, conhecida como despedida em massa e relacionada a uma causa objetiva da empresa, de ordem econômico-conjuntural ou técnico-estrutural, em razão da ausência de regulamentação da despedida coletiva no direito brasileiro, tem o mesmo tratamento jurídico da proteção da relação de emprego contra a despedida individual sem justa causa, isto é, figura como a soma de despedidas individuais sem justa causa.

O mesmo autor, em artigo jurídico mais recente, dispensou especial atenção ao tema das despedidas coletivas, oportunidade em que argumentou a impossibilidade em restringir o seu tratamento jurídico ao âmbito do direito

---

(12) ALMEIDA, Renato Rua de. O regime geral do direito do trabalho contemporâneo sobre a proteção da relação de emprego contra a despedida individual sem justa causa — estudo comparado entre a legislação brasileira e as legislações portuguesa, espanhola e francesa. In: *Revista LTr,* São Paulo, v. 71, n. 03, março de 2007, p. 336-345.

potestativo do empregador⁽¹³⁾. Com fulcro na teoria dos direitos fundamentais, especificamente no atinente à eficácia horizontal de tais direitos, ou seja, sua oponibilidade nas relações privadas⁽¹⁴⁾, pondera que, ainda que se admita a eficácia meramente indireta do conteúdo constitucional fundamental nas relações trabalhistas, impossível declinar que as despedidas em massa, a teor do art. 7º, inciso I, da Carta Maior (que assegura como direito fundamental dos trabalhadores a proteção contra despedidas arbitrárias), devem revestir--se de uma atuação empresarial condizente com o princípio da boa-fé objetiva e seus deveres conexos.

Na perspectiva delineada pelo autor, a efetivação dos direitos fundamentais (*in casu*, a proteção contra a despedida arbitrária) realizar-se-ia por meio das chamadas "cláusulas gerais" e dos "conceitos indeterminados", no que estariam incluídos os deveres conexos da boa-fé, tais como o dever de informação (art. 5º, inciso XIV, da CF/1988), e de tentativa de negociação (art. 7º, XXVI, do Texto Magno). Na trilha desse raciocínio, conclui o autor que "o não cumprimento pelo empregador desses deveres anexos da boa-fé objetiva na despedida em massa torna-a abusiva, em razão da ilicitude por abuso de direito, pelo que deve ser reparada"⁽¹⁵⁾.

Em síntese, não há mais como pretender ignorar a realidade coletiva, tampouco reduzi-la a soma das realidades individuais. A massificação da

---

(13) ALMEIDA, Renato Rua de. Subsiste no Brasil o direito potestativo do empregador nas despedidas em massa? In: *Revista LTr,* São Paulo, v. 73, n. 04, abril de 2009, p. 391-393.
(14) Em relação aos efeitos dos direitos fundamentais nas relações privadas (eficácia horizontal), distinguem-se, essencialmente, três correntes teóricas: 1) a primeira, nega a eficácia de tais direitos nas relações entre particulares, sob o argumento de que tais direitos constituem verdadeiros direitos de defesa do cidadão perante o Estado, não havendo como estendê-los à relação entre particulares, regidas pela autonomia privada — é de se ressaltar que tal corrente está quase inteiramente superada; 2) uma corrente intermediária defende a eficácia, porém, de maneira indireta ou mediata desses direitos nas relações entre particulares, prescrevendo a necessidade de que a ordem de valores consubstanciada nas normas de direitos fundamentais se realiza na maior medida possível por meio das chamadas cláusulas gerais do direito privado; 3) uma corrente mais incisiva, que defende a eficácia imediata e direta dos direitos fundamentais nas relações entre os particulares, sob o argumento de que também nas relações privadas, por inúmeras circunstâncias — especialmente em razão do exercício dos chamados poderes privados —, há flagrantes violações aos direitos fundamentais do indivíduo, o que não pode ser admitido, bem como a efetivação desses direitos dispensa a intermediação infraconstitucional, haja vista a supremacia do texto magno. É de se ressaltar que a análise das referidas teorias não constitui objeto deste estudo, de modo que a digressão ora estabelecida atende exclusivamente a efeitos didáticos; para aprofundamento, recomenda-se, entre tantos, a leitura de SARLET, Ingo Wolfgang. *A eficácia dos direitos fundamentais.* 8. ed. Porto Alegre: Livraria do Advogado, 2007 e AMARAL, Julio Ricardo de Paula. *Eficácia dos direitos fundamentais nas relações de trabalho.* São Paulo: LTr, 2007.
(15) ALMEIDA, Renato Rua de. Subsiste no Brasil o direito potestativo do empregador nas despedidas em massa? In: *Revista LTr,* São Paulo, v. 73, n. 04, abril de 2009, p. 391-393.

sociedade moderna reclama tratamento diferenciado dos "novos interesses" emergentes. Imperioso visualizar as relações coletivas na sua dimensão própria. Especificamente no que concerne às relações de trabalho, a afirmação coletiva dos trabalhadores constitui um *a priori* para a realização de um direito do trabalho concretizador de uma realidade trabalhista dignificante.

Como bem ressaltado por José João Abrantes, o reconhecimento da ação coletiva dos trabalhadores consigna a relativização aos poderes empresariais de livre direção da atividade produtiva, de modo que, "nem a empresa é vista como domínio privado dos seus titulares, em que estes poderiam dispor em termos absolutos da sua gestão, nem os trabalhadores como meros sujeitos passivos de uma organização alheia". Nessa perspectiva, pontua o autor português que a empresa não mais pode ser concebida e realizada sob o prisma simplista da coordenação dos elementos de produção, passando a constituir, sobretudo, "um espaço de relações humanas, entre pessoas portadoras dos seus direitos e interesses autônomos, tantas vezes contrapostos"[16].

As normas que asseguram as liberdades fundamentais, portanto, inclusive o direito à propriedade, não devem mais ser vistas como fins últimos da ordem constitucional, mas como instrumentos de realização da dignidade humana.

Nesse sentido, a hermenêutica constitucional moderna, especificamente no que concerne à teoria dos direitos fundamentais, muito evoluiu, provocando um nítido redimensionamento desses direitos, mormente nas relações entre particulares.

Realmente, a leitura do direito privado sob a óptica constitucional é um fenômeno que não pode mais ser afastado, o que limita, sobremaneira, a liberdade dos contratantes, conferindo, no que concerne à relação trabalhista, novos contornos ao exercício do poder diretivo do empregador. Não há mais como subsistir a concepção liberal da autonomia privada. Em verdade, consoante pontuado por Teresa Negreiros, a observância das regras e princípios constitucionais impõe "conceber o contrato como um instrumento a serviço da pessoa, sua dignidade e desenvolvimento". A mesma autora pondera que a ideia de constitucionalização do direito privado incorpora ao "horizonte contratual noções e ideais como justiça social, solidariedade, erradicação da pobreza, proteção ao consumidor, a indicar, enfim, que o direito dos contratos não está à parte do projeto social articulado pela ordem jurídica em vigor"[17].

---

(16) ABRANTES, José João. *Contrato de trabalho e direitos fundamentais.* Coimbra: Coimbra, 2005. p. 53.
(17) NEGREIROS, Teresa. *Teoria do contrato:* novos paradigmas. 2. ed. Rio de Janeiro: Renovar, 2006. p. 107 e 108.

Destarte, a irradiação dos efeitos da nova ordem constitucional sobre o direito privado impõe uma releitura da dogmática contratual, com a ruptura dos paradigmas tradicional-liberais. No âmbito trabalhista, cujo núcleo de proteção atinge diretamente os valores sociais mais caros à dignidade do trabalhador/cidadão (fora e dentro do ambiente de trabalho), essa mudança de enfoque reclama um papel ainda mais ativo do intérprete, na adaptação e transformação do direito vigente.

Considerando que as dispensas coletivas provocam efeitos impactantes que transcendem os limites das relações jurídicas desconstituídas, alcançando reflexos desastrosos de cunho econômico, político e social, soa evidente que relegar o encerramento coletivo dos contratos de trabalho ao âmbito do *jus variandi* do empregador caminha em verdadeira contramão à efetivação da justiça social, especialmente consubstanciada por meio dos princípios do pleno emprego, da função social do contrato, e da dignidade do trabalhador.

Não merece amparo, com vênia aos que assim pensam, o argumento de que tudo o que não está expressamente proibido no âmbito trabalhista, está liberado em face do poder diretivo do empregador — âmbito de liberdade e permissividade ampliada. A liberdade de um não pode jamais atingir a dignidade de outro, quiçá de vários, de uma parcela da população.

É compreensível que o legislador, de acordo com os valores vigentes à época — de cunho predominantemente patrimoniais —, tivesse prestigiado o poder diretivo do empregador-proprietário, reduzindo o âmbito de proteção do empregado à esfera compensatória, estabelecendo como limite, apenas, o dever de indenizar os prejuízos resultantes pela perda do emprego.

Ocorre que, no mundo pós-moderno, nem mesmo na esfera individual essa lógica merece persistir, haja vista o prestígio conferido pela sociedade contemporânea à dignidade do trabalhador em detrimento dos valores meramente patrimoniais. Com maior razão, impossível prosperar, no âmbito coletivo, argumento que sustente as despedidas massivas como âmbito do poder potestativo do empregador. Aqui, há valores sociais, econômicos e até mesmo políticos diretamente afetados, que não podem ser amesquinhados ao alvedrio do empregador.

Ainda que se prefira uma argumentação eminentemente dogmática, impossível desconsiderar que o próprio texto constitucional desfere proteção especial a essa modalidade de dispensa, ao estabelecer, em seu art. 7º, inciso I, como direito de todo trabalhador a proteção contra despedida arbitrária e diferenciá-la da proteção contra despedidas sem "justa causa". Sobre o assunto, esclarece Renato Rua de Almeida que, "se a proteção da relação de emprego contra a despedida sem justa causa confunde-se com a despedida individual, é razoável admitir que a proteção da relação de emprego contra a despedida arbitrária refere-se à despedida coletiva"[18].

De fato, a expressão jurídica "justa causa" é consagrada no direito trabalhista interno e internacional como referência da culpa trabalhista, hábil a ensejar o rompimento do contrato pela parte adversa. Ao se analisar "culpa", impossível desconsiderar o elemento de pessoalidade que lhe é intrínseco — trata-se de modalidade de dispensa que só pode ocorrer no âmbito individual. A despedida arbitrária, porém, com aquela não se confunde, devendo estar conectada a causas objetivas da empresa que colocam em risco uma coletividade de trabalhadores.

Com efeito, sob o prisma sociológico, filosófico ou dogmático, impossível tratar o tema da despedida coletiva como mera soma de despedidas individuais, e, como tal, sob o prisma da potestatividade do empregador. Necessário revestir essas despedidas de um procedimento hábil a garantir uma máxima proteção.

3. SISTEMA PORTUGUÊS DE PROTEÇÃO CONTRA A DESPEDIDA COLETIVA

A Constituição portuguesa, em seu art. 53, garante aos trabalhadores a segurança no emprego, sendo proibidas as despedidas sem justa causa ou por motivos políticos ou ideológicos.

Em comentário ao referido dispositivo legal, J. J. Gomes Canotilho e Vital Moreira esclarecem que a segurança no emprego, enquanto parte integrante do rol de direitos fundamentais diretamente trabalhistas, se reveste de um particular significado constitucional, pois, ao adquirir uma dimensão objetiva, implica uma nova concepção de empresa, "em que o empresário--empregador encontra importantes restrições no seu poder de direção na liberdade de empresa e na liberdade negocial e em que os trabalhadores deixaram de ser meros sujeitos passivos de uma organização alheia"[19].

O primeiro, dentre os direitos diretamente trabalhistas aquinhoados com nota de fundamentalidade, é a segurança no emprego, que, na visão dos autores citados, reflete um duplo espectro protetivo: sob uma dimensão positiva implica o dever de implementação de políticas de incentivo ao pleno

---

(18) ALMEIDA, Renato Rua de. O regime geral do direito do trabalho contemporâneo sobre a proteção da relação de emprego contra a despedida individual sem justa causa — estudo comparado entre a legislação brasileira e as legislações portuguesa, espanhola e francesa. In: *Revista LTr,* São Paulo, v. 71, n. 03, março de 2007, p. 336-345.
(19) CANOTILHO, J. J. Gomes; MOREIRA, Vital. *Constituição da República portuguesa anotada.* v. 1. 4. ed. Coimbra: Coimbra Editora. 1. ed. São Paulo: Revista dos Tribunais, 2007. p. 705.

emprego, ao passo que, numa dimensão negativa, representa a garantia de manutenção dos empregos, ou seja, de não privação injustificada do emprego conquistado. É de se atentar, que a manutenção do emprego abrange não só a negativa de potestatividade nas despedidas, mas a proibição de quaisquer ações ou comportamentos tendentes a precarizar a relação de trabalho[20].

Notadamente, o direito fundamental em testilha alcança a proteção contra as despedidas coletivas, mormente quando considerados os graves prejuízos causados por esta modalidade de dispensa para a coletividade dos trabalhadores.

Nesse sentido é que a Lei n. 7, aprovada em 1º de janeiro de 2009 e promulgada em 4 de fevereiro de 2009, que reformou o Código do Trabalho português, ratificou, expressamente, como modalidade de cessação do contrato de trabalho por iniciativa do empregador, o "despedimento colectivo" ou despedida coletiva.

O conceito de despedida coletiva para o direito lusitano leva em consideração critérios de ordem quantitativa e qualitativa. O Novel diploma trabalhista português estabelece em seu art. 359[21] não só a quantidade de contratos rescindidos em determinado lapso temporal, como também os motivos caracterizadores desta modalidade de encerramento contratual.

Em verdade, o Código do Trabalho português, ao contrário do nosso, é minucioso no que diz respeito à proteção do trabalhador contra as demissões em massa. Para tanto, a legislação lusitana estabelece um procedimento

---

(20) CANOTILHO, J. J. Gomes; MOREIRA, Vital. *Constituição da República portuguesa anotada.* v. 1. 4. ed. Coimbra Editora. 1. ed. Revista dos Tribunais, 2007. p. 705-711.
(21) **Art. 359.** "1 — Considera-se despedimento colectivo a cessação de contratos de trabalho promovida pelo empregador e operada simultânea ou sucessivamente no período de três meses, abrangendo, pelo menos, dois ou cinco trabalhadores, conforme se trate, respectivamente, de microempresa ou de pequena empresa, por um lado, ou de média ou grande empresa, por outro, sempre que aquela ocorrência se fundamente em encerramento de uma ou várias secções ou estrutura equivalente ou redução do número de trabalhadores determinada por motivos de mercado, estruturais ou tecnológicos. 2 — Para efeitos do disposto no número anterior consideram-se, nomeadamente: a) Motivos de mercado — redução da actividade da empresa provocada pela diminuição previsível da procura de bens ou serviços ou impossibilidade superveniente, prática ou legal, de colocar esses bens ou serviços no mercado; b) Motivos estruturais — desequilíbrio económico-financeiro, mudança de actividade, reestruturação da organização produtiva ou substituição de produtos dominantes; c) Motivos tecnológicos — alterações nas técnicas ou processos de fabrico, automatização de instrumentos de produção, de controlo ou de movimentação de cargas, bem como informatização de serviços ou automatização de meios de comunicação." (Lei n. 7/2009. Disponível em: <http://www.cite.gov.pt/pt/legis/CodTrab_L1_007.html#L007S09>. Acesso em: 18 de julho de 2010).

prévio, cuja inobservância acarreta a ilicitude da dispensa[22]. Referido procedimento prevê desde a necessidade de comunicação escrita da intenção de despedir[23] — constando motivos invocados, número de trabalhadores e categorias profissionais atingidas, critérios utilizados para a seleção dos trabalhadores, entre outros — a uma fase ampla de informação e de negociação com a estrutura representativa dos trabalhadores, a fim de minimizar o impacto das despedidas para os trabalhadores[24].

---

(22) **Art. 383.** "O despedimento colectivo é ainda ilícito se o empregador: a) Não tiver feito a comunicação prevista nos ns. 1 ou 4 do art. 360º ou promovido a negociação prevista no n. 1 do art. 361º; b) Não tiver observado o prazo para decidir o despedimento, referido no n. 1 do art. 363º; c) Não tiver posto à disposição do trabalhador despedido, até ao termo do prazo de aviso prévio, a compensação a que se refere o art. 366º e os créditos vencidos ou exigíveis em virtude da cessação do contrato de trabalho, sem prejuízo do disposto na parte final do n. 4 do art. 363º" (Lei n. 7/2009. Disponível em: <http://www.cite.gov.pt/pt/legis/CodTrab_L1_007.html#L007S09>. Acesso em: 18 de julho de 2010).
(23) **Art. 360.** "1 — O empregador que pretenda proceder a um despedimento colectivo comunica essa intenção, por escrito, à comissão de trabalhadores ou, na sua falta, à comissão intersindical ou às comissões sindicais da empresa representativas dos trabalhadores a abranger. 2 — Da comunicação a que se refere o número anterior devem constar: a) Os motivos invocados para o despedimento colectivo; b) O quadro de pessoal, discriminado por sectores organizacionais da empresa; c) Os critérios para selecção dos trabalhadores a despedir; d) O número de trabalhadores a despedir e as categorias profissionais abrangidas; e) O período de tempo no decurso do qual se pretende efectuar o despedimento; f) O método de cálculo de compensação a conceder genericamente aos trabalhadores a despedir, se for caso disso, sem prejuízo da compensação estabelecida no art. 366º ou em instrumento de regulamentação colectiva de trabalho. 3 — Na falta das entidades referidas no n. 1, o empregador comunica a intenção de proceder ao despedimento, por escrito, a cada um dos trabalhadores que possam ser abrangidos, os quais podem designar, de entre eles, no prazo de cinco dias úteis a contar da recepção da comunicação, uma comissão representativa com o máximo de três ou cinco membros consoante o despedimento abranja até cinco ou mais trabalhadores. 4 — No caso previsto no número anterior, o empregador envia à comissão neste referida os elementos de informação discriminados no n. 2. 5 — O empregador, na data em que procede à comunicação prevista no n. 1 ou no número anterior, envia cópia da mesma ao serviço do ministério responsável pela área laboral com competência para o acompanhamento e fomento da contratação colectiva. 6 — Constitui contraordenação grave o despedimento efectuado com violação do disposto nos ns. 1 a 4 e constitui contraordenação leve o efectuado com violação do disposto no n. 5" (Lei n. 7/2009. Disponível em: <http://www.cite.gov.pt/pt/legis/CodTrab_L1_007.html#L007S09>. Acesso em: 18 de julho de 2010).
(24) **Art. 361.** "1 — Nos cinco dias posteriores à data do acto previsto nos ns. 1 ou 4 do artigo anterior, o empregador promove uma fase de informações e negociação com a estrutura representativa dos trabalhadores, com vista a um acordo sobre a dimensão e efeitos das medidas a aplicar e, bem assim, de outras medidas que reduzam o número de trabalhadores a despedir, designadamente: a) Suspensão de contratos de trabalho; b) Redução de períodos normais de trabalho; c) Reconversão ou reclassificação profissional; d) Reforma antecipada ou pré-reforma. 2 — A aplicação de medida prevista na alínea a) ou b) do número anterior a trabalhadores abrangidos por procedimento de despedimento colectivo não está sujeita ao disposto nos arts. 299º e 300º. 3 — A aplicação de medida prevista na alínea c) ou d) do n. 1 depende de acordo do trabalhador. 4 — O empregador e a estrutura representativa dos

A lei prevê, ainda, a participação do orgão ministerial responsável pela área trabalhista a fim de fiscalizar a regularidade procedimental e incentivar uma solução conciliatória entre as partes envolvidas.

O ato jurídico da despedida também deve ser revestido de algumas formalidades, a exemplo do aviso prévio proporcional ao tempo de serviço, com menção expressa do motivo e data da cessação do contrato, bem como outras que facilitarão o controle judicial de licitude da cessação do contrato, ao que se ilustra a obrigatoriedade de remessa das atas de reuniões de negociação ao ministério competente pela área laboral[25].

É de se atentar que a lei portuguesa não veda a despedida coletiva, mas a reveste de certas formalidades suscetíveis de atenuar as consequências desta modalidade de despedimento para os trabalhadores. Medidas que se coadunam às diretivas traçadas pela União Europeia (Diretiva 98/59[26] CE e Diretiva 75/129/CEE[27]) com escopo de aproximar as legislações dos Estados-Membros no que toca ao reforço da proteção aos trabalhadores nas despedidas coletivas, por meio do enaltecimento da informação, consulta e participação dos trabalhadores nos processsos de encerramento coletivo de contratos de trabalho.

Nesse sentido, também caminham as disposições estabelecidas pela Organização Internacional do Trabalho concernentes à despedida coletiva, em

---

trabalhadores podem fazer-se assistir cada qual por um perito nas reuniões de negociação. 5 — Deve ser elaborada acta das reuniões de negociação, contendo a matéria acordada, bem como as posições divergentes das partes e as opiniões, sugestões e propostas de cada uma. 6 — Constitui contraordenação grave o despedimento efectuado com violação do disposto nos ns. 1 ou 3" (Lei n. 7/2009. Disponível em: <http://www.cite.gov.pt/pt/legis/CodTrab_L1_007.html#L007S09>. Acesso em: 18 de julho de 2010).
(25) Ilustrativamente, válido registrar decisão do Supremo Tribunal de Justiça português ao exercer controle judicial sobre a fundamentação do ato de rescisão do contrato em despedida coletiva: "Sumário — I — A comunicação ao trabalhador da decisão de despedimento, no âmbito do procedimento de despedimento colectivo, deve conter a 'menção expressa do motivo (...) da cessação do respectivo contrato', o que deve entender-se como constituindo uma referência à causa objectiva da cessação dos contratos de trabalho, relativa à empresa, e ao motivo que permite individualizar os trabalhadores destinatários da medida de gestão empresarial (art. 20º, n. 1, da LCCT); II — É ilícita, por improcedência dos fundamentos invocados (art. 24º, n. 1, alínea e), da LCCT), a decisão de despedimento que não explicita em relação a um determinado trabalhador a inter-relação existente entre a situação funcional desse trabalhador e os motivos económico-financeiros que estiverem na base do despedimento colectivo, a não ser que esta inter-relação resulte, de modo implícito, da descrição do motivo estrutural, tecnológico ou conjuntural que tenha sido invocado para justificar a redução de pessoal" (Portugal, Supremo Tribunal de Justiça. *Jurisprudência*. Processo SJ200610180013244; Relator Ministro Fernandes Cadilha; Data do Acórdão 18.10.2006; Disponível em: <http://www.stj.pt/?idm=546>. Acesso em: 19 de julho de 2010).
(26) Disponível em: <http://www.secola.org/db/3_30/pt-98-59-ce.pdf>. Acesso em: 18 de julho de 2010.
(27) Disponível em: <http://eur-lex.europa.eu/LexUriServ/LexUriServ.do?uri=CELEX:31975 L0129:PT:HTML>. Acesso em: 18 de julho de 2010.

especial a Convenção 158[28] e a Recomendação 163[29], ao consubstanciarem os deveres de prévia negociação e a observância de critérios objetivos proporcionais, que imponham aos trabalhadores e à sociedade o menor sacrifício possível aos seus direitos e liberdades fundamentais.

_____

(28) O art. 13 desta Convenção estabelece: "1. Cuando el empleador prevea terminaciones por motivos económicos, tecnológicos, estructurales o análogos: a) proporcionará a los representantes de los trabajadores interesados, en tiempo oportuno, la información pertinente, incluidos los motivos de las terminaciones previstas, el número y categorías de los trabajadores que puedan ser afectados por ellas y el período durante el cual habrían de llevarse a cabo dichas terminaciones; b) de conformidad con la legislación y la práctica nacionales, ofrecerá a los representantes de los trabajadores interesados, lo antes posible, una oportunidad para entablar consultas sobre las medidas que deban adoptarse para evitar o limitar las terminaciones y las medidas para atenuar las consecuencias adversas de todas las terminaciones para los trabajadores afectados, por ejemplo, encontrándoles otros empleos. 2. La aplicación del párrafo 1 del presente artículo se podrá limitar, mediante los métodos de aplicación mencionados en el artículo 1 del presente Convenio, a los casos en que el número de trabajadores cuya relación de trabajo se prevea dar por terminada sea por lo menos igual a una cifra o a un porcentaje determinados del personal. 3. A los efectos del presente artículo, la expresión **representantes de los trabajadores interesados** se aplica a los representantes de los trabajadores reconocidos como tales por la legislación o la práctica nacionales, de conformidad con el Convenio sobre los representantes de los trabajadores, 1971" (Organização Internacional do Trabalho. **Convenção 158**. Disponível em: <http://www.ilo.org/ilolex/spanish/convdisp1.htm>. Acesso em: 25 de março de 2010).
(29) A Recomendação 163 da OIT trata do incentivo à negociação coletiva como forma de solução do conflito entre trabalhadores e empregadores, ressaltando a relevância no fomento da técnica autocompositiva para a adoção de medidas, especialmente aquelas que possam afetar grande número de trabalhadores. Nesta Recomendação a OIT destaca ainda a fundamentalidade do direito à informação prévia da situação real econômica, técnica e financeira da empresa e mesmo do país, para que as partes convenentes possam legitimamente tomar suas decisões. Registre-se, por oportuno, os itens 7 e 8 da referida Recomendação ao dispor : "7.1) En caso necesario, deberían adoptarse medidas adecuadas a las condiciones nacionales para que las partes dispongan de las informaciones necesarias para poder negociar con conocimiento de causa. 2) Con este objeto: a) a petición de las organizaciones de trabajadores, los empleadores — públicos y privados — deberían proporcionar las informaciones acerca de la situación económica y social de la unidad de negociación y de la empresa en su conjunto que sean necesarias para negociar con conocimiento de causa; si la divulgación de ciertas de esas informaciones pudiese perjudicar a la empresa, su comunicación debería estar sujeta al compromiso de mantener su carácter confidencial en la medida en que esto sea necesario; las informaciones que puedan proporcionarse deberían ser determinadas por acuerdo entre las partes en la negociación colectiva; b) las autoridades públicas deberían proporcionar las informaciones necesarias sobre la situación económica y social global del país y de la rama de actividad en cuestión, en la medida en que la difusión de tales informaciones no resulte perjudicial para los intereses nacionales. 8. En caso necesario, se deberían adoptar medidas adecuadas a las condiciones nacionales para que los procedimientos de solución de los conflictos del trabajo ayuden a las partes a encontrar por sí mismas una solución al conflicto que las oponga, independientemente de que se trate de conflictos sobrevenidos durante la conclusión de los acuerdos, de conflictos respecto a la interpretación o de la aplicación de los acuerdos, o de los conflictos a que se refiere la Recomendación sobre el examen de las reclamaciones, 1967" (Organização Internacional do Trabalho. **Recomendação 163**. Disponível em: <http://www.ilo.org/ilolex/spanish/recdisp1.htm>. Acesso em: 25 de março de 2010).

Portanto, o respeito aos requisitos formais, no ordenamento português, é condição de licitude do ato de dispensa coletiva dos trabalhadores. A inobservância das formalidades legais torna o ato ilícito, impondo ao Judiciário a condenação do empregador a uma indenização por todos os danos causados, patrimoniais e não patrimoniais, bem como à reintegração do trabalhador ilicitamente despedido no mesmo estabelecimento, sem prejuízo de sua categoria e antiguidade, salvo nos casos em que seu retorno às atividades não seja recomendado, hipótese em que lhe será devida uma compensação adicional, que pode variar entre 15 e 60 dias (conforme requerido pelo empregado ou empregador) de remuneração base para cada ano de serviços prestados, proporcional ao dano sofrido e ao grau de ilicitude perpetrada.

4. SISTEMA BRASILEIRO DE PROTEÇÃO

Como já asseverado, o art. 7º, inciso I, garante a todo trabalhador o direito a proteção contra a despedida arbitrária ou sem justa causa. Ocorre que, referido dispositivo, embora carente de regulamentação, reclama uma leitura condizente com a nova ordem constitucional instalada.

Assim como no direito português, o reconhecimento da nota de fundamentalidade dos direitos trabalhistas pressupõe uma ruptura da concepção tradicional de empresa, que sob o viés liberal-patrimonialista reduzia o trabalhador a mero instrumento de realização do capital. Hoje, o que se vislumbra é a proteção do trabalhador-cidadão, imerso num Estado Social de Direito que tem como valor fonte a garantia da dignidade humana.

Percebe-se, então, que a máxima eficácia dos direitos fundamentais nas relações trabalhistas está conectada com a garantia da dignidade do trabalhador. No caso, a exigência de um maior controle e proteção contra a despedida coletiva é reflexo da reconhecida dimensão objetiva dos direitos fundamentais no contrato de trabalho.

De fato, a ascensão dos direitos humanos ao rol positivo constitucional e a irradiação do valor dignificante do homem por todo o ordenamento têm revelado o que a doutrina denomina de repersonalização e despatrimonialização do direito privado.

O dogma da segurança jurídica passa a ser visto de maneira mitigada, isso porque a necessidade de adaptação do direito à frenética sociedade pós-moderna ressalta o papel ativo do aplicador do direito, agora não mais visto como mero autômato — "juiz boca da lei", fato que reclama maior abertura do sistema jurídico-normativo no sentido de permitir amplamente a concretização dos novos direitos, máxime daqueles dotados pela ordem jurídica de uma nota de fundamentalidade[30].

Nessa trilha, as chamadas cláusulas gerais e conceitos indeterminados desempenham papel relevante enquanto "estrutura receptora dos direitos fundamentais"[31]. Tais estruturas inovadoras combinam-se ao conteúdo material albergado pela ordem vigente, cujo ponto nuclear é a dignidade humana, a fim de permitir, na maior medida possível, sua concretização.

O Código Civil de 2002 estampa claramente a incorporação desses novos valores às relações entre particulares, seja no âmbito contratual, seja extracontratual. Assim, o direito privado, cujo núcleo permeava a tutela patrimonial nas relações entre particulares, passa a incorporar valores dantes desestimados, como lealdade, respeito, tolerância, solidariedade, etc., imersos em cláusulas como *boa-fé, função social, abuso de direito*.

Nessa perspectiva é que, embora a lei trabalhista não estabeleça um procedimento específico para as despedidas coletivas, a aderência desses novos valores aos contratos de trabalho torna imperiosa uma atuação contratual voltada à concretização da cidadania na empresa.

A lealdade, boa-fé, solidariedade e função social da empresa, por sua vez, restam evidenciadas quando, de maneira clara e consensual, a despedida coletiva revela medida menos sacrificante aos trabalhadores, ou seja, quando indispensável à preservação da própria empresa, portanto, de um número ainda maior de empregos. Para tanto, a proteção contra a despedida coletiva impõe a transparência quanto às causas ensejadoras da medida, bem como um amplo e sincero procedimento de comunicação e negociação que permita alcançar uma solução menos prejudicial à coletividade envolvida. Do contrário, a despedida coletiva deve ser tida como exercício abusivo do poder diretivo do empregador.

---

(30) Aproveitando as lições de Karl Engisch: "Houve um tempo em que tranquilamente se assentou na ideia de que deveria ser possível estabelecer uma clareza e segurança jurídicas absolutas através de normas rigorosamente elaboradas, e especialmente garantir uma absoluta univocidade a todas as decisões judiciais e a todos os actos administrativos. (...) As leis, porém, são hoje em todos os domínios jurídicos, elaboradas por tal forma que os juízes e os funcionários da administração não descobrem e fundamentam as suas decisões tão somente através da subsunção a conceitos jurídicos fixos, a conceitos cujo conteúdo seja explicitado com segurança através da interpretação, mas antes são chamados a valorar autonomamente e, por vezes, a decidir e agir de um modo semelhante ao do legislador." Seguindo o raciocínio, pontua o autor, que essa esfera aberta de atuação do aplicador do direito é chamada de Direito Equitativo, cuja expressão ocorre em três técnicas distintas: conceitos jurídicos indeterminados, os conceitos discricionários e as cláusulas gerais (ENGISCH, Karl. *Introdução ao pensamento jurídico*. 10. ed. Lisboa: Fundação Calouste Gulbenkian, 2008. p. 206-208).
(31) Expressão utilizada por COSTA, Judith Martins. Os direitos fundamentais e a opção culturalista do novo Código Civil. In: *Constituição, direitos fundamentais e direito privado*. Org. Ingo Wolfgang Sarlet. 2. ed. Porto Alegre: Livraria do Advogado, 2006. p. 65.

É de se ressaltar que algumas categorias mais organizadas, com sindicatos verdadeiramente atuantes, têm feito constar em suas convenções coletivas algumas cláusulas limitativas do poder do empregador de resilir contratos, unilateralmente, por motivos econômicos ou técnicos. Tais convenções, de um modo geral, exigem a prévia informação ao sindicato das condições de sustentabilidade da empresa, inclusive com a exposição fundamentada de motivos — apresentação de demonstrativos, balanços econômicos, projeções de produtividade, etc.; seguida da tentativa de negociação, a fim de minimizar os efeitos à categoria e à sociedade imediatamente afetada — prevendo critérios objetivos para a escolha dos contratos a serem rescindidos, resguardando prioritariamente o emprego daqueles que têm famílias, que estão há mais tempo na empresa, os mais velhos etc.[32]

É verdade que para tais categorias essas convenções valem como regras, que não podem ser afastadas, não havendo, nesses casos, que se falar em lacunas. Para as demais categorias, essas regras podem valer como um parâmetro adotado pela comunidade.

Destaque-se que o controle prévio pela comunidade envolvida de modo algum inviabiliza o controle posterior, exercido pelo Judiciário, no que toca à licitude da medida e dos procedimentos adotados.

Conforme ficou demonstrado, é possível extrair do próprio sistema jurídico brasileiro em vigor princípios norteadores da relação de trabalho no âmbito coletivo, que podem orientar o intérprete na busca pela solução mais adequada, é dizer, mais justa.

Isso porque, os princípios gerais do direito, e, principalmente, do direito do trabalho, consagram valores que não podem ser desmerecidos, antes, contudo, dado seu caráter normativo, devem ser observados.

A boa-fé, que no caso do direito laboral tem como principal dever conexo a necessidade de prévia negociação coletiva (art. 7º, incisos XIII, XIV e XXVI,

---

(32) Ao pesquisar sobre o tema, Nelson Mannrich constatou que "(...) é possível apontar um conjunto de medidas que se limitam a estipular critérios para a dispensa, como os seguintes: a) na ocorrência de dispensa coletiva, as empresas observarão os seguintes critérios preferenciais: a.1) inicialmente, demitindo só os trabalhadores que, consultados previamente, preferem a dispensa; a.2) em segundo lugar que os empregados que já estejam recebendo os benefícios da aposentadoria definitiva pela previdência social ou por alguma forma de previdência privada; a.3) seguir-se-ão os empregados com o menor tempo de casa, e dentre estes, os solteiros, os de menor faixa etária, e os de menores encargos familiares; b) superadas as razões determinantes da dispensa coletiva, as empresas darão preferência à readmissão daqueles que foram atingidos pela dispensa; c) ficam ressalvadas eventuais condições mais favoráveis já existentes e que venham a existir em decorrência de lei" (MANNRICH, Nelson. *Dispensa coletiva*: da liberdade contratual à responsabilidade social. São Paulo: LTr, 2000, p. 472/473).

CF/88), ou, ainda, a função social do contrato, manifestação clara do princípio da solidariedade (art. 3º, I, CF/88) incorporado ao direito privado, são exemplos de princípios gerais do contrato que precisam ser incorporados ao direito trabalhista.

Demais disso, o dever de respeito à família (art. 226, CF/88), aos idosos (art. 230, CF/88), ao valor do trabalho (art. 1º, inciso IV, CF/88), enfim, valores que buscam aquilatar a dignidade humana, e, que, por conseguinte, não podem ser descuidados na interpretação e aplicação do direito.

O julgador, portanto, deverá valer-se de todos esses valores em sua ponderação, a fim de alcançar a solução mais equânime.

Por todo o exposto, impossível perder de vista que, se o homem (em sua coexistência com dignidade) é o centro da positivação, não há como interpretar e aplicar o direito afastado desta perspectiva.

Recentemente, o Tribunal Regional do Trabalho da 2ª Região, ao julgar o dissídio coletivo instaurado no processo epigrafado sob o número 20281200800002001, deixou consignado, em voto de relatoria da desembargadora Ivani Contini Bramante, que a despedida em massa em nosso ordenamento não é proibida, mas, em face dos princípios e regras específicos do direito coletivo do trabalho, deveria ser precedida de negociação coletiva e revestida de uma procedimentalização objetiva apta a minimizar os impactos sociais decorrentes de sua aplicação. Ante a inobservância do referido procedimento prévio, ficou decidido, por unanimidade, que a despedida coletiva era abusiva, portanto, ilícita[33].

Por outro lado, o Tribunal Superior do Trabalho, ao julgar um caso semelhante (recurso ordinário em dissídio coletivo número 309/2009-000-15-00.4), manteve linha de pensamento jurídico-formalista, ao entender que as demissões em massa, sem prévia negociação coletiva, não constituiriam

---

(33) A ementa do acórdão, in casu, consignou que "(...) despedida coletiva é fato coletivo regido por princípios e regras do Direito Coletivo do Trabalho, material e processual. 3. O direito coletivo do trabalho vem vocacionado por normas de ordem pública relativa com regras de procedimentalização. Assim, a despedida coletiva não é proibida, mas está sujeita ao procedimento de negociação coletiva. Portanto, deve ser justificada, apoiada em motivos comprovados, de natureza técnica e econômicos e ainda, deve ser bilateral, precedida de negociação coletiva com o Sindicato, mediante adoção de critérios objetivos. 4. É o que se extrai da interpretação sistemática da Carta Federal e da aplicação das Convenções Internacionais da OIT ratificadas pelo Brasil e dos Princípios Internacionais constantes de Tratados e Convenções Internacionais, que, embora não ratificados, têm força principiológica, máxime nas hipóteses em que o Brasil participa como membro do organismo internacional como é o caso da OIT". Por fim, ficou decidido que deveria "ser declarada nula a dispensa em massa, devendo a empresa observar o procedimento de negociação coletiva, com medidas progressivas de dispensa e fundado em critérios objetivos e de menor impacto social, quais sejam: 1º — abertura de PLANO DE DEMISSÃO VOLUNTÁRIA; 2º — remanejamento de empregados para as outras plantas do grupo econômico; 3º — redução de jornada e de salário; 4º — suspensão do contrato de trabalho com capacitação

afronta à boa-fé, por ausência de vedação expressa no ordenamento, fato que, na percepção da Corte Trabalhista, afastava qualquer abusividade[34].

Percebe-se, portanto, que a efetiva proteção contra a despedida arbitrária no Brasil é uma longa caminhada, ainda percorrida a passos muito lentos. É necessária a evolução do pensamento jurídico no sentido da máxima realização dos direitos fundamentais, o que passa, principalmente, pela superação do conservadorismo enraizado na cultura positivista de um número ainda relevante de juristas pátrios.

5. CONCLUSÃO

Por tudo que foi exposto, é possível concluir que a despedida coletiva no ordenamento jurídico pátrio carece de regulamentação específica, revelando uma lacuna normativa, que só pode ser definitivamente solucionada pela atuação positiva do legislador.

---

e requalificação profissional na forma da lei; 5º — e por último mediante negociação, caso inevitável, que a despedida dos remanescentes seja distribuída no tempo, de modo a minimizar os impactos sociais, devendo atingir preferencialmente os trabalhadores em via de aposentação e os que detêm menores encargos familiares" (Tribunal Regional do Trabalho, Seção de Dissídios Coletivos, **Processo n. 20281200800002001**, Relatora Ivani Contini Bramante; DJ. 22 de dezembro de 2008).

(34) Embora a decisão final do Tribunal Superior do Trabalho tenha prestigiado a permissividade da dispensa coletiva como ato de liberdade do empregador em face da inexistência de regulamentação expressa proibitiva, cumpre destacar o teor do voto vencido do Ministro Relator, Mauricio Godinho Delgado, integralmente acompanhado pela Ministra Kátia Arruda, porém, insuficiente a fazer prevalecer o entendimento: "(...) a boa-fé deve ser observada em todas as relações jurídicas, em especial nas relações trabalhistas, que possuem claro cunho social. No caso dos autos, a ausência de informação e de tentativa de negociação prévia com as entidades sindicais interessadas, ou até mesmo com os próprios trabalhadores, que foram surpreendidos com a decisão repentina da empresa, representaria clara ofensa à boa-fé objetiva, ao princípio da confiança e ao dever de informação. Além de afronta à boa-fé objetiva, a dispensa também constitui abuso de direito, nos termos do art. 187 do Código Civil, já que a empresa excedeu os limites impostos pelo seu fim social e econômico e pela boa-fé, tendo seu ato causado sérias consequências não apenas para os diretamente envolvidos como também para a sociedade como um todo. Na vigência da Constituição de 1988, das convenções internacionais da OIT ratificadas pelo Brasil relativas a direitos humanos e, por consequência, direitos trabalhistas, e em face da leitura atualizada da legislação infraconstitucional do país, é inevitável concluir-se pela presença de um Estado Democrático de Direito no Brasil, de um regime de império da norma jurídica (e não do poder incontrastável privado), de uma sociedade civilizada, de uma cultura de bem--estar social e respeito à dignidade dos seres humanos, tudo repelindo, imperativamente, dispensas massivas de pessoas, abalando empresa, cidade e toda uma importante região. Em consequência de todo o exposto, fica claro, conforme o entendimento deste Relator, que a nulidade das dispensas existiria até que fosse efetivada a negociação coletiva trabalhista, ou, não sendo possível, processado o dissídio coletivo" (Tribunal Superior do Trabalho, Seção de Dissídios Coletivos, **Processo n. TST-RODC-309/2009-000-15-00.4**, Relator Ministro Mauricio Godinho Delgado, DJ 10 de agosto de 2009).

Por outro lado, não merece guarida o argumento que, em face da ausência de regulamentação, pretenda sustentar uma igualdade de tratamento entre as despedidas individuais e coletivas. É indispensável ter em mente os fatores sociais, filosóficos e jurídicos que distinguem as modalidades de encerramento contratual (individual e coletiva), a fim de alcançar o adequado âmbito de proteção de uma e outra.

A fundamentalidade que marca a proteção contra despedida coletiva, por sua vez, implica uma mudança de paradigma do conceito de empresa e de exercício do poder diretivo que torna insubsistente qualquer argumento de potestatividade da decisão de despedir coletivamente.

O sistema português, ao contrário do brasileiro, muito evoluiu no atinente à multicitada proteção, dispondo minuciosamente acerca dos procedimentos *a priori* e *a posteriori* de controle da legalidade dos "despedimentos" coletivos.

No Brasil, inobstante a ausência de regulamentação específica, é possível extrair dos valores e princípios constitucionais e infraconstitucionais, especialmente os da função social da empresa e boa-fé contratual, que a proteção contra a despedida coletiva impõe a transparência quanto às causas ensejadoras da medida, bem como um amplo e sincero procedimento de comunicação e negociação que permita alcançar uma solução menos prejudicial à coletividade envolvida.

REFERÊNCIAS BIBLIOGRÁFICAS

ABRANTES, José João. *Contrato de trabalho e direitos fundamentais*. Coimbra: Coimbra, 2005.

ALMEIDA, Renato Rua de. O regime geral do direito do trabalho contemporâneo sobre a proteção da relação de emprego contra a despedida individual sem justa causa — estudo comparado entre a legislação brasileira e as legislações portuguesa, espanhola e francesa. In: *Revista LTr,* São Paulo, v. 71, n. 03, março de 2007, p. 336-345.

_____. Subsiste no Brasil o direito potestativo do empregador nas despedidas em massa? In: *Revista LTr,* São Paulo, v. 73, n. 04, abril de 2009, p. 391-393.

AMARAL, Julio Ricardo de Paula. *Eficácia dos direitos fundamentais nas relações de trabalho*. São Paulo: LTr, 2007.

BARROSO, Luís Roberto. Neoconstitucionalismo e constitucionalização do direito. O triunfo tardio do direito constitucional no Brasil. *Jus Navigandi*, Teresina, ano 9, n. 851, 1 nov. 2005. Disponível em: <http://jus2.uol.com.br/doutrina/texto.asp?id=7547> Acesso em: 15 set. 2009.

BRASIL. Superior Tribunal de Justiça. Jurisprudência. Processo STJ200610180013244; Relator Ministro Fernandes Cadilha; Data do Acórdão 18.10.2006; Disponível em: <http://www.stj.pt/?idm=546>. Acesso em 19 de julho de 2010;

BRASIL. Tribunal Regional do Trabalho da 2ª Região, Seção de Dissídios Coletivos, *Processo n. 20281200800002001*, Relatora Ivani Contini Bramante; DJ 22 de dezembro de 2008.

_____. Tribunal Superior do Trabalho, Seção de Dissídios Coletivos, *Processo n. TST-RODC-309/2009-000-15-00.4,* Relator Ministro Mauricio Godinho Delgado,DJ 10 de agosto de 2009.

CANOTILHO, J. J. Gomes; MOREIRA, Vital. *Constituição da República portuguesa anotada.* v. 1. 4. ed. Coimbra: Coimbra Editora. 1. ed. São Paulo, Revista dos Tribunais, 2007.

COSTA, Judith Martins. Os direitos fundamentais e a opção culturalista do novo Código Civil. In: *Constituição, direitos fundamentais e direito privado.* Org. Ingo Wolfgang Sarlet. 2. ed. Porto Alegre: Livraria do Advogado, 2006.

DELGADO, Mauricio Godinho. *Curso de direito do trabalho.* 3. ed. São Paulo: LTr, 2004.

DINIZ, Maria Helena. *Norma constitucional e seus efeitos.* 8. ed. São Paulo: Saraiva, 2009.

_____. *Compêndio de introdução à ciência do direito.* São Paulo: Saraiva, 2009.

ENGISCH, Karl. *Introdução ao pensamento jurídico.* 10. ed. Lisboa: Fundação Calouste Gulbenkian, 2008.

FACCHINI NETO, Eugênio. Reflexões histórico-evolutivas sobre a constitucionalização do direito privado. In: *Constituição, direitos fundamentais e direito privado.* Org. Ingo Wolfgang Sarlet. 2. ed. Porto Alegre: Livraria do Advogado, 2006.

MANCUSO, Rodolfo de Camargo. *Interesses difusos:* conceito e legitimação para agir. 6. ed. São Paulo: Revista dos Tribunais, 2004.

MANNRICH, Nelson. *Dispensa coletiva:* da liberdade contratual à responsabilidade social. São Paulo: LTr, 2000.

MARTINS, Sergio Pinto. Despedida coletiva. *Jornal Carta Forense*, 4 de maio de 2009. Disponível em: <http://www.cartaforense.com.br/Materia.aspx?id=4062>. Acesso em: 20 de março de 2010.

NEGREIROS, Teresa. *Teoria do contrato:* novos paradigmas. 2. ed. Rio de Janeiro: Renovar, 2006.

OIT (Organização Internacional do Trabalho). Convenção 158. Disponível em < http://www.ilo.org/ilolex/spanish/convdisp1.htm> Acesso em: 25 de março de 2010.

_____. Recomendação 163. Disponível em: <http://www.ilo.org/ilolex/spanish/recdisp1.htm> Acesso em: 25 de março de 2010.

PIOVESAN, Flávia. *Direitos humanos e justiça internacional.* São Paulo: Saraiva, 2006.

PORTUGAL. Legislação. Lei n. 7/2009. Disponível em: <http://www.cite.gov.pt/pt/legis/CodTrab_L1_007.html#L007S09> Acesso em: 18 de julho de 2010.

_____. Supremo Tribunal de Justiça. *Jurisprudência.* Processo SJ200610180013244; Relator Ministro Fernandes Cadilha; Data do Acórdão 18/10/2006. Disponível em: <http://www.stj.pt/?idm=546> Acesso em: 19 de julho de 2010.

SARLET, Ingo Wolfgang. *A eficácia dos direitos fundamentais.* 8. ed. Porto Alegre: Livraria do Advogado, 2007.

SARMENTO, Daniel. Colisões entre direitos fundamentais e interesses públicos. In: *Direitos fundamentais* — estudos em homenagem ao professor Ricardo Lobo Torres. Daniel Sarmento (org.). São Paulo: Renovar, 2006.

PROTEÇÃO CONTRA A DESPEDIDA ARBITRÁRIA OU SEM JUSTA CAUSA

Renato Rua de Almeida[*]

INTRODUÇÃO

A relação de emprego está protegida no texto constitucional brasileiro contra a despedida arbitrária ou sem justa causa.

Esta proteção está prevista no art. 7º, inciso I, da Constituição Federal de 1988, como direito fundamental.

Pretende-se examinar, numa primeira parte, qual o sentido e o alcance da classificação da proteção da relação de emprego contra a despedida arbitrária ou sem justa causa como direito fundamental, e, numa segunda parte, quais as consequências jurídicas previstas no nosso ordenamento jurídico para as hipóteses de violação desse direito fundamental, isto é, nos casos em que a despedida seja arbitrária ou sem justa causa.

I — A PROTEÇÃO DA RELAÇÃO DE EMPREGO CONTRA A DESPEDIDA ARBITRÁRIA OU SEM JUSTA CAUSA COMO DIREITO FUNDAMENTAL NO TEXTO CONSTITUCIONAL BRASILEIRO

A Constituição brasileira de 1988 consagrou os direitos humanos como direitos fundamentais, como o fizeram anteriormente a Constituição alemã de 1949, a Constituição portuguesa de 1976 e a Constituição espanhola de 1978.

A consagração dos direitos humanos como direitos fundamentais, tanto os assim chamados de primeira geração ou dimensão — os direitos da cidadania previstos pelo art. 5º da Constituição Federal de 1988 —, quanto os de segunda geração ou dimensão — os direitos sociais previstos pelos arts. 6º a 11 da Constituição Federal de 1988 —, implica dizer que essa positivação

---

[*] Advogado trabalhista, doutor em Direito pela Universidade de Paris I (Panthéon--Sorbonne), professor de Direito do Trabalho da Faculdade de Direito da PUC-SP, membro da ANDT e do IBDSCJ.

constitucional dos direitos humanos como direitos fundamentais exige aplicação imediata e vincula as entidades públicas e privadas, isto é, garante a eficácia técnica e social desses direitos perante o Estado e perante as relações privadas.

Essa é a interpretação conforme o art. 5º, § 1º, da Constituição Federal de 1988, ao dispor que "as normas definidoras dos direitos e garantias fundamentais têm aplicação imediata"[1].

A propósito, o art. 18, I, da Constituição da República Portuguesa, é mais claro que o texto constitucional brasileiro na afirmação da efetividade dos direitos fundamentais perante o Estado e perante as relações privadas, ao dispor que "os preceitos constitucionais respeitantes aos direitos, liberdades e garantias são directamente aplicáveis e vinculam as entidades públicas e privadas".

No entanto, o sentido e o alcance da aplicação imediata dos direitos fundamentais e da vinculação das entidades públicas e privadas, tanto no texto constitucional brasileiro quanto no português, são os mesmos, diante da perspectiva da efetividade dos direitos fundamentais numa visão pós-positivista do direito, em que os princípios constitucionais são normas jurídicas, assim como o são as regras jurídicas[2].

Portanto, a proteção da relação de emprego contra a despedida arbitrária ou sem justa causa é, no texto constitucional, um direito fundamental social que exige aplicação imediata e vincula as entidades públicas e privadas[3].

Trata-se de direito fundamental social que adquiriu autonomia, como espécie, em relação ao direito ao trabalho, como gênero, na interpretação sistemática dos arts. 6º e 7º, inciso I, ambos da Constituição Federal de 1988.

Aliás, essa distinção entre gênero e espécie de direito fundamental social é feita, também com maior clareza, pela Constituição da República Portuguesa de 1976, no cotejo da leitura dos arts. 53, que consagra a estabilidade no emprego, e 58, ao assegurar o direito ao trabalho, incumbindo ao Estado a execução de políticas de pleno emprego[4].

Na verdade, a proteção da relação de emprego contra a despedida arbitrária ou sem justa causa vincula negativamente o empregador, na busca

---

(1) SARLET, Ingo Wolfgang. *A eficácia dos direitos fundamentais na perspectiva constitucional*. 10. ed. Porto Alegre: Livraria do Advogado, 2009.
(2) ALEXY, Robert. *Teoria dos direitos fundamentais*. São Paulo: Malheiros, 2008.
DWORKIN, Ronald. *Levando o direito a sério*. Rio de Janeiro: Martins Fontes, 2002.
(3) ALMEIDA, Renato Rua de. *Eficácia dos direitos fundamentais nas relações de trabalho*. In Direitos fundamentais aplicados ao Direito do Trabalho. São Paulo: LTr, 2010. p. 143-149.
(4) CAUPERS, João. *Os direitos fundamentais dos trabalhadores e a Constituição*. Lisboa: Livraria Almedina, 1985.

da eficácia horizontal dessa espécie de direito fundamental social, ao passo que o direito ao emprego vincula positivamente as entidades estatais na promoção de políticas públicas de pleno emprego, tendo em vista a eficácia vertical desse gênero de direito fundamental social.

Essa distinção entre o direito ao trabalho, como gênero, e a proteção da relação de emprego contra a despedida arbitrária ou sem justa causa, como espécie autônoma de direito fundamental social, é importante para a efetividade dos conceitos da aplicação imediata e da vinculação das entidades públicas e privadas.

Por fim, é preciso dizer que a proteção da relação de emprego contra a despedida arbitrária refere-se à hipótese da despedida coletiva (conhecida no Brasil também como despedida em massa), que seria justificada quando houver uma causa objetiva da empresa, de ordem econômico-conjuntural ou técnico-estrutural, ao passo que a proteção contra a despedida sem justa causa refere-se à hipótese da despedida individual, que seria justificada quando o empregado praticar falta disciplinar ou contratual[5].

II — AS CONSEQUÊNCIAS JURÍDICAS PREVISTAS PELO ORDENAMENTO JURÍDICO NAS HIPÓTESES DA DESPEDIDA ARBITRÁRIA OU SEM JUSTA CAUSA

A proteção da relação de emprego contra a despedida arbitrária ou sem justa causa catalogada no texto constitucional brasileiro como direito fundamental implica dizer que conceitualmente o empregador não mais possui o direito potestativo de despedir.

O exercício do direito do empregador de despedir só ocorrerá quando a despedida coletiva não for arbitrária ou quando a despedida individual for em decorrência do cometimento pelo empregado de falta disciplinar ou contratual.

Daí concluir-se que tanto as despedidas coletivas quanto as individuais só teriam validade se justificadas.

Não havendo justificação para as despedidas coletivas e individuais, isto é, ocorrendo a despedida arbitrária ou sem justa causa, o ato unilateral do empregador é ilícito.

---

(5) ALMEIDA, Renato Rua de. O regime geral do direito do trabalho contemporâneo sobre a proteção da relação de emprego contra a despedida individual sem justa causa. Estudo comparado entre a legislação brasileira e as legislações portuguesa, espanhola e francesa. São Paulo, *Revista LTr*, Editora LTr, ano de 1971, março de 2007, p. 336-345.

Na despedida individual sem justa causa, a ilicitude está estipulada pelo art. 186 do Código Civil, em decorrência do direito fundamental previsto pelo art. 7º, inciso I, da Constituição Federal de 1988, ao garantir, como visto, aos trabalhadores que a relação de emprego é protegida contra a despedida sem justa causa.

A ilicitude da despedida individual sem justa causa acarreta dano ao empregado pela perda do emprego.

Consequentemente, o art. 7º, inciso I, da Constituição Federal de 1988, prevê indenização compensatória decorrente da ilicitude do ato unilateral do empregador que ensejou a despedida sem justa causa e provocou dano ao empregado.

Daí concluir-se que esse princípio normativo constitucional autoriza dizer que a ilicitude da despedida sem justa causa, causadora do dano do desemprego, encontra também fundamento no art. 186 do Código Civil, pelo que deverá ser reparada, nos termos do art. 927 do mesmo diploma comum.

A indenização compensatória, nos termos dos arts. 7º, inciso I, da Constituição Federal de 1988, 10, inciso I, do Ato das Disposições Constitucionais Transitórias da Constituição Federal de 1988, e 18, § 1º, da Lei n. 8.036, de 11 de maio de 1990, corresponde ao pagamento de quarenta por cento do montante de todos os depósitos do FGTS realizados na conta vinculada do empregado, até que lei complementar venha a regulamentar o valor dessa indenização compensatória.

No entanto, a despedida individual sem justa causa poderá também ser revestida de outra ilicitude, aquela por abuso de direito, tal qual prevista pelo art. 187 do Código Civil, isto é, quando a despedida violar a boa-fé objetiva, já que, na conformidade dos arts. 422 e 472 do Código Civil, compete às partes, no caso ao empregador, guardar os princípios da boa-fé objetiva, tanto na conclusão e na execução do contrato, quanto na extinção.

A despedida abusiva ocorre nas hipóteses da violação pelo empregador da boa-fé objetiva consubstanciada, por exemplo, na figura do *venire contra factum proprium*, encontrada, quase sempre, na prática do assédio moral.

Portanto, ocorrendo a despedida abusiva, além da indenização compensatória prevista pela despedida sem justa causa, o empregador arcará com outra indenização a ser arbitrada em função do abuso de direito cometido, nos termos dos arts. 927 e 944, ambos do Código Civil.

Ainda em relação à proteção constitucional da relação de emprego contra a despedida individual sem justa causa, poderá ocorrer abuso de direito do empregador, nos termos dos arts. 187 e 422 do Código Civil, quando, na hipótese de alegação de justa causa, não for assegurado ao empregado, antes da consumação da despedida, o direito à informação do motivo alegado, bem como o direito ao contraditório e à ampla defesa, uma vez que o trabalhador goza do direito da cidadania da presunção de inocência (art. 5º, inciso LVII, da Constituição Federal de 1988), mesmo na relação de emprego[6].

Aliás, assim como o direito à presunção de inocência, são também direitos fundamentais do trabalhador-cidadão, isto é, são direitos fundamentais do cidadão-trabalhador na relação de emprego, o direito à informação (art. 5º, inciso XIV, da Constituição Federal de 1988) e o direito ao contraditório e à ampla defesa (art. 5º, inciso LV, da Constituição Federal de 1988) (direitos inespecíficos dos trabalhadores na relação de emprego conforme a expressão "cidadão-trabalhador que os exerce enquanto trabalhador-cidadão" desenvolvida por Palomeque Lopes)[7], que vinculam as entidades públicas e privadas.

Portanto, a despedida sob a alegação de justa causa, se não precedida do direito do empregado à informação do motivo alegado, bem como do direito ao contraditório e à ampla defesa, em razão do direito à presunção de inocência de que também goza o trabalhador enquanto empregado, implicará a caracterização de despedida abusiva, a ser reparada por indenização a ser arbitrada.

No tocante à proteção constitucional da relação de emprego contra a despedida arbitrária, que, como visto, refere-se à despedida coletiva, implica dizer que ela só será admitida, sob pena de ilicitude por abuso de direito[8], prevista pelos arts. 187 e 422, ambos do Código Civil, quando precedida do cumprimento pelo empregador dos deveres anexos da boa-fé objetiva.

Esses deveres anexos da boa-fé objetiva na despedida coletiva compreendem o dever de informação ao conjunto dos trabalhadores e seus representantes (eleitos na empresa ou, na sua falta, sindicais) da causa objetiva da empresa, de ordem econômico-conjuntural ou técnico-estrutural, a justificar a despedida coletiva (o direito à informação é direito fundamental do conjunto dos trabalhadores, conforme o art. 5º, inciso XIV, da Constituição Federal de 1988), bem como o dever da tentativa da negociação coletiva (é direito fundamental dos trabalhadores participarem da negociação coletiva, conforme o art. 7º, inciso XXVI, da Constituição Federal de 1988 e Convenções

---

(6) MENEZES, Cláudio Armando Couce e outros (3). Direitos fundamentais e poderes do empregador. O poder disciplinar e a presunção de inocência do trabalhador. São Paulo: *Revista LTr*, LTr Editora, v. 73, n. 8, agosto de 2009, p. 963-972.
(7) MOREIRA, Teresa Alexandra Coelho. *Da esfera privada do trabalhador e o controlo do empregador*. Coimbra: Coimbra Editora, 2004. p. 584.
(8) ALMEIDA, Renato Rua de. Susbsiste no Brasil o direito potestativo do empregador nas despedidas em massa? São Paulo, *Revista LTr*, Editora LTR, ano 73, abril 2009, p. 391-393.

98 e 154 da OIT, ratificadas pelo Brasil), visando à substituição da extinção do contrato por mecanismos encontrados no ordenamento jurídico brasileiro, como, por exemplo, a suspensão dos contratos de trabalho para participação dos trabalhadores em programa ou curso de qualificação profissional, com recebimento do empregador de ajuda compensatória mensal de recursos provenientes do FAT, nos termos dos arts. 476-A e seguintes da CLT, e, também, os institutos das férias coletivas, do trabalho a tempo parcial, da redução da jornada e do salário, sendo esta última hipótese, a teor do art. 7º, inciso VI, da Constituição Federal de 1988 e Lei n. 4.923, de 23 de dezembro de 1965[9].

Vê-se, portanto, que a efetividade da aplicação imediata do direito fundamental social da proteção da relação de emprego contra a despedida arbitrária ou sem justa causa e da vinculação das entidades públicas e privadas passa pela aplicação dos institutos das cláusulas gerais (boa-fé objetiva e função social do contrato) existentes no direito civil constitucionalizado brasileiro (Código Civil de 2002 e seus arts. 187, 421 e 422), em razão da força irradiante e da dimensão objetiva dos direitos fundamentais[10].

CONCLUSÃO

A proteção da relação de emprego contra a despedida arbitrária ou sem justa causa positivada no texto constitucional brasileiro como direito fundamental enseja aplicação imediata e a vinculação das entidades públicas e privadas.

A violação desse direito fundamental social dos trabalhadores implica a prática da ilicitude pelo empregador, tanto na despedida coletiva quanto na despedida individual, resultando-lhe a obrigação de indenizar como reparação pelo dano do desemprego causado aos trabalhadores. Essa indenização corresponde ao pagamento de quarenta por cento do montante de todos os depósitos do FGTS realizados na conta vinculada do empregado.

Portanto, as despedidas coletivas e individuais só serão admitidas se justificadas, já que o direito fundamental social da proteção da relação de emprego contra a despedida arbitrária ou sem justa causa extinguiu o direito potestativo do empregador de despedir.

Ademais, o princípio constitucional da proteção da relação de emprego contra a despedida arbitrária ou sem justa causa, como direito fundamental dos trabalhadores, tem força normativa irradiante e sua dimensão objetiva

---

(9) ALMEIDA, Renato Rua de. Subsiste no Brasil o direito potestativo do empregador nas despedidas em massa? *Op. cit.*
(10) PANCOTTI, José Antonio. Aspectos jurídicos das dispensas coletivas no Brasil. São Paulo, *Revista LTr*, Editora LTr, v. 74, n. 5, maio de 2010, p. 529-541.

impregna o direito civil dos valores constitucionais, que, por meio das cláusulas gerais da boa-fé objetiva e da função social do contrato, fulmina de abusividade tanto as despedidas coletivas quanto as individuais, estas em situações especiais acima examinadas, quando não precedidas dos deveres anexos da boa-fé objetiva e garante aos trabalhadores a indenização reparadora a ser arbitrada de acordo com a extensão do dano causado.

BIBLIOGRAFIA

ALEXY, Robert. *Teoria dos direitos fundamentais*. São Paulo: Malheiros, 2008.

ALMEIDA, Renato Rua de. *Eficácia dos direitos fundamentais nas relações de trabalho*. In: Direitos fundamentais aplicados ao Direito do Trabalho. São Paulo: LTr, 2010. p. 143-149.

_____. O regime geral do direito do trabalho contemporâneo sobre a proteção da relação de emprego contra a despedida individual sem justa causa. Estudo comparado entre a legislação brasileira e as legislações portuguesa, espanhola e francesa. São Paulo, *Revista LTr*, Editora LTr, ano de 1971, março de 2007, p. 336-345.

_____. Susbsiste no Brasil o direito potestativo do empregador nas despedidas em massa? São Paulo, *Revista LTr*, Editora LTr, ano 73, abril 2009, p. 391-393.

CAUPERS, João. *Os direitos fundamentais dos trabalhadores e a Constituição*. Lisboa: Livraria Almedina, 1985.

DWORKIN, Ronald. *Levando o direito a sério*. Rio de Janeiro: Martins Fontes, 2002.

MENEZES, Cláudio Armando Couce e outros (3), Direitos fundamentais e poderes do empregador. O poder disciplinar e a presunção de inocência do trabalhador, São Paulo, *Revista Ltr*, Editora LTr, v. 73, n. 8, agosto de 2009, p. 963-972.

MOREIRA, Teresa Alexandra Coelho. *Da esfera privada do trabalhador e o controlo do empregador*. Coimbra: Coimbra Editora, 2004. p. 584.

PANCOTTI, José Antonio. Aspectos jurídicos das dispensas coletivas no Brasil. São Paulo, *Revista LTr*, Editora LTr, v. 74, n. 5, maio de 2010, p. 529-541.

SARLET, Ingo Wolfgang. *A eficácia dos direitos fundamentais na perspectiva constitucional*. 10. ed. Porto Alegre: Livraria do Advogado, 2009.

O PRINCÍPIO DA PROPORCIONALIDADE COMO MECANISMO DE LIMITAÇÃO AOS DIREITOS FUNDAMENTAIS — ANÁLISE DO ART. 18º, 2, DA CONSTITUIÇÃO FEDERAL PORTUGUESA

Renato Sabino Carvalho Filho(*)

1. INTRODUÇÃO — EFICÁCIA HORIZONTAL DOS DIREITOS FUNDAMENTAIS

Sem qualquer pretensão de fazer um histórico ou de se debruçar sobre as diversas possibilidades de conceituação dos direitos fundamentais, este trabalho objetiva analisar a aplicação do princípio da proporcionalidade como uma forma de se atestar a validade de uma restrição a direito fundamental.

Não se há de negar que os direitos fundamentais merecem o devido alcance do operador do direito, a fim de que sejam aplicados de acordo com a sua máxima eficácia. De fato, a interpretação constitucional é regida, entre outros, pelo princípio da máxima efetividade do seu texto, que encerra uma regra de que todas as normas devem ter aplicabilidade, ainda que com eficácia negativa, com vistas a impedir comportamentos que não estejam em consonância com os valores nela propostos. Em suma, o intérprete deve dar à norma constitucional a máxima eficácia possível.

Em tal ponto, deve-se recordar que os direitos fundamentais são dotados tanto de eficácia vertical, quanto de eficácia horizontal.

No primeiro caso, trata-se da vinculação dos poderes públicos a tal categoria de direitos, que pode dar-se de forma positiva, que permite a intervenção estatal para que os direitos fundamentais sejam respeitados, bem como de forma negativa, que se constitui como um meio de defesa do cidadão contra o Estado.

Já a eficácia horizontal dos direitos fundamentais, em contraposição à eficácia vertical, traz o comando de que o respeito a eles também deve dar-se nas relações entre os particulares.

Ainda, prevalece o entendimento segundo o qual os direitos fundamentais devem irradiar sua eficácia tanto nas relações estatais quanto nas privadas. Ao comentar sobre a polêmica existente acerca da eficácia horizontal dos direitos fundamentais, Ingo Wolfgang Sarlet ainda ressalta que

> o problema poder-se-á considerar parcialmente resolvido no caso dos direitos fundamentais que, em virtude de sua formulação, se

---

(*) Mestrando em Direito do Trabalho pela PUC/SP, Juiz do Trabalho Substituto da 24ª Região. Ex-Juiz do Trabalho Substituto da 23ª Região. Professor m diversos cursos de Especialização. Autor do livro *Estudos Dirigidos — OAB*, publicado pela Editora *JusPodivin*.

dirigem (ao menos também) diretamente aos particulares (...). Tal ocorre também com diversos dos direitos sociais, de modo especial no que diz com os direitos dos trabalhadores que têm por destinatário os empregadores, em regra, particulares. Em todas as hipóteses referidas, não há, na verdade, questionar uma vinculação dos particulares aos direitos fundamentais.[1]

Aliás, "a grande diferença existente entre os poderes públicos e os particulares, no que tange à forma de tratamento, é o fato de que, em relação a estes últimos, há apenas uma vinculação negativa aos direitos fundamentais".[2]

Nesse sentido, forçoso é concluir que os direitos sociais têm eficácia horizontal, inclusive nas relações de trabalho, eficácia esta que deve ser imediata e direta. Não se pode admitir, portanto, que o empregador viole qualquer dos direitos fundamentais.

A problemática mostra-se presente quando se constata que os direitos fundamentais, conquanto sejam objeto de proteção constitucional, estão sujeitos a limitações, mormente quando eles colidem com outros direitos fundamentais.

Ao contrário da Constituição Federal do Brasil, a Lei Maior portuguesa traz expressamente, em seu art. 18º, a medida da proteção dos direitos fundamentais, tal como segue:

Art. 18º — (Força jurídica)

1. Os preceitos constitucionais respeitantes aos direitos, liberdades e garantias são directamente aplicáveis e vinculam as entidades públicas e privadas.

2. A lei só pode restringir os direitos, liberdades e garantias nos casos expressamente previstos na Constituição, devendo as restrições limitar-se ao necessário para salvaguardar outros direitos ou interesses constitucionalmente protegidos.

3. As leis restritivas de direitos, liberdades e garantias têm de revestir carácter geral e abstrato e não podem ter efeito retroactivo nem diminuir a extensão e o alcance do conteúdo essencial dos preceitos constitucionais.

Vê-se, assim, que houve a adoção do princípio da proporcionalidade como forma de solução para que a limitação de direitos respeite o seu conteúdo essencial, tema sobre o qual passamos a nos debruçar.

2. A POSSIBILIDADE DE LIMITAÇÃO DOS DIREITOS FUNDAMENTAIS

Conforme já exposto no item anterior, os direitos fundamentais têm larga aplicação, direta e imediata, nas relações de trabalho, mormente porque, nestas, eles assumem maior relevância, por haver a sujeição de uma parte à outra.

---

(1) SARLET, Ingo Wolfgang. *A eficácia dos direitos fundamentais*. 10. ed. Porto Alegre: Livraria do Advogado, 2009. p. 376-377.
(2) AMARAL, Júlio Ricardo de Paula. *Eficácia dos direitos fundamentais nas relações trabalhistas*. São Paulo: LTr, 2007. p. 61

Cumpre agora analisar as formas como podem ser feitas as limitações a tal categoria de direitos, sobretudo com relação ao princípio da proporcionalidade.

Os direitos fundamentais estão sujeitos a choques, caso em que se deve ponderar qual deles deve prevalecer no caso concreto. Robert Alexy, ao comentar sobre o sopesamento entre os princípios, em raciocínio que pode ser perfeitamente aplicado às limitações dos direitos fundamentais, propõe que a Lei da colisão seja assim anunciada: "As condições sobre as quais um princípio tem precedência em face de outro constituem o suporte fático de uma regra que expressa a consequência jurídica do princípio que tem preferência".[3]

A ideia do Professor alemão é a de que não há uma precedência absoluta de um dos princípios, ou seja, o conflito não se resolve pela invalidade de um dos princípios, ou pela introdução de uma exceção, mas sim pelo estabelecimento de uma relação de precedência condicionada entre ele, com base nas circunstâncias do caso concreto. Tal situação foi resumida por Alexy na fórmula "(P1 **P** P2) C" ou "(P2 **P** P1) C" (O Princípio 1 prevalece sobre o Princípio 2 na Circunstância 1, mas, por outro lado, o Princípio 2 prevalece sobre o Princípio 1 na Circunstância 2).[4]

Como exemplo, comenta o Caso Lebach, no qual a emissora ZDF pretendia exibir um documentário sobre o assassinato dos soldados de Lebach. Um dos assassinos, porém, estava prestes a sair da cadeia e tinha receio de que a exibição do programa, com a sua foto, prejudicasse a sua ressocialização. Por tal razão, tentou obstar a exibição, tendo obtido êxito no Tribunal Constitucional, na solução do conflito entre o direito à informação e o direito à proteção da personalidade. Chegou-se à conclusão de que a precedência geral do direito de informar não deveria prevalecer à proteção da personalidade naquele caso concreto, pois o crime havia ocorrido há muito tempo, não mais havendo interesse atual pela informação.[5]

Nesse ponto, importante questão a ser debatida seria a medida da limitação das normas limitadoras de direitos fundamentais. Ora, se é certo que os direitos fundamentais não são absolutos, podendo sofrer limitações, também é fato que as normas que impõem esses limites são relativas. E, de acordo com os ensinamentos de Júlio Ricardo de Paula Amaral, a força expansiva das normas que regulam os direitos fundamentais é que encerram o alcance dos limites que incidem sobre elas[6].

Da mesma forma, Alexandre de Moraes propõe o princípio da relatividade ou da convivência das liberdades públicas, pelo qual os direitos fundamentais "encontram seus limites nos demais direitos igualmente consagrados na Carta Magna".[7] Em tal ponto, o intérprete deve aplicar o princípio da concordância

---

(3) ALEXY, Robert. *Teoria dos direitos fundamentais.* São Paulo: Malheiros, 2008. p. 99.
(4) *Op. cit.,* p. 97-8.
(5) *Op. cit.,* p. 99-103.
(6) *Op. cit.,* p. 90.
(7) *Direito constitucional.* 23. ed. São Paulo: Atlas, 2008. p. 33.

prática ou da harmonização, para que um dos bens jurídicos protegidos não seja totalmente excluído, mas sim que haja uma redução do seu alcance, a fim de que eles sejam coordenados em equilíbrio.

O mesmo autor ainda recorda que a limitação dos direitos fundamentais está prevista no art. 29 da Declaração dos Direitos Humanos das Nações Unidas:

> toda pessoa tem deveres com a comunidade, posto que somente nela pode-se desenvolver livre e plenamente a sua personalidade. No exercício dos seus direitos e no desfrute de suas liberdades, todas as pessoas estarão sujeitas às limitações estabelecidas pela lei com a única finalidade de assegurar o respeito dos direitos e liberdades dos demais, e de satisfazer as justas exigências da moral, da ordem pública e do bem-estar de uma sociedade democrática. Estes direitos e liberdades não podem, em nenhum caso, ser exercidos em oposição com os propósitos e princípios das Nações Unidas. Nada na presente Declaração poderá ser interpretado no sentido de conferir direito algum ao Estado, a um grupo ou uma pessoa, para empreender e desenvolver atividades ou realizar atos tendentes a supressão de qualquer dos direitos e liberdades proclamados nessa Declaração.[8]

Ingo Wolfgang Sarlet ainda acrescenta que são os limites dos limites dos direitos fndamentais.[9] Tais limites devem, ainda, ser interpretados com critérios restritivos, no sentido mais favorável à eficácia e à essência dos direitos fundamentais[10].

Acrescente-se que a justificativa de uma restrição deve estar em uma norma constitucional, pois só é possível uma limitação a direito fundamental para se garantir outros bens e direitos também garantidos na Constituição Federal. O Magistrado paranaense ainda arremata que, se não estiverem no plano constitucional, não há sequer falar em aplicação do princípio da proporcionalidade.[11]

Nesse sentido, Sarlet, defende que a limitação deve ser formal e materialmente constitucional.

No primeiro caso, ela se justifica porque a Constituição Federal ocupa primazia no ordenamento jurídico. O controle formal seria feito por meio da investigação da competência, da forma e do procedimento adotados pela autoridade estatal.

A limitação materialmente constitucional, por sua vez, se explica por a Lei Maior estabelece uma série de princípios substanciais, calçados na dignidade da pessoa humana e proteção aos direitos fundamentais, que devem

---

(8) *Op. cit.*, p. 33.
(9) *Op. cit.*, p. 394 e ss.
(10) AMARAL, Júlio Ricardo de Paula. *Op. cit.*, p. 90.
(11) *Op. cit.*, p. 97.

ser respeitados. Tal controle diz respeito à proteção do núcleo essencial dos direitos fundamentais, por meio do princípio da proporcionalidade, que é objeto de estudo no próximo tópico.[12]

Fica afastada, portanto, a adoção da "cláusula da comunidade", advinda da jurisprudência alemã, pela qual poderia haver a restrição de um direito fundamental para se proteger bens jurídicos necessários para a existência da comunidade, independentemente de eles merecerem proteção ou reconhecimento constitucional. Isso porque tal entendimento esvazia os direitos fundamentais, pois os deixam sujeitos a limitações inesgotáveis, colocando, no mesmo plano, bens carentes de proteção constitucional e direitos do homem.[13]

3. O PRINCÍPIO DA PROPORCIONALIDADE

3.1. Conceito e terminologia

O princípio da proporcionalidade é o mecanismo pelo qual se pode concretamente fazer a limitação dos direitos fundamentais. Tem ele caráter vinculante para os Poderes do Estado, evitando as suas intromissões arbitrárias nos direitos dos cidadãos, mas também deve ser aplicado nas relações privadas. Vale lembrar que,

> no âmbito do ordenamento jurídico, mesmo que apresente de forma implícita em sede constitucional, o princípio da proporcionalidade não se mostra como sendo uma espécie de direito fundamental, mas deve ser compreendido como um critério para controlar a extensão e o alcance de uma limitação estabelecida aos direitos e liberdades constitucionais. Diferentemente daquilo que ocorre com os direitos fundamentais, substancialmente o significado do princípio da proporcionalidade não recai no *que*, mas precisamente no *como*[14].

André Ramos Tavares o conceitua como "a exigência de racionalidade, a imposição de que os atos estatais não sejam desprovidos de um mínimo de sustentabilidade".[15] É claro que, apesar de a definição estar voltada ao direito público, deve-se recordar que o princípio se aplica a diversos ramos, seja penal, civilista e, inclusive, o trabalhista.

Historicamente, no período pós-guerra, ele foi alçado a princípio no plano constitucional, seguindo posição consolidada no Tribunal Constitucional da

---
(12) *Op. cit.*, p. 395.
(13) MORAES, Guilherme Braga Peña de. *Dos direitos fundamentais:* contribuição para uma teoria. São Paulo: LTr, 1997. p. 208.
(14) AMARAL, Júlio Ricardo de Paula. *Op. cit.*, p. 91.
(15) *Curso de direito constitucional.* 2. ed. São Paulo: Saraiva, 2003. p. 531.

República Federal alemã. Na verdade, sua origem foi no ordenamento suíço, mas teve maior elaboração teórica e efetiva aplicação na Alemanha[16].

Importante ponderação a ser feita é a de que o princípio serve para se medir a proporção de afetação de preceitos constitucionais. Não se pode, assim, cogitar de arguir a inconstitucionalidade de alguma medida por violar o princípio da proporcionalidade. Ao contrário, o princípio traz raciocínio pelo qual um direito prevalece sobre o outro; no caso, a inconstitucionalidade seria pela violação a direito constitucionalmente assegurado.

Como exemplo, a jurisprudência debate acerca da possibilidade de instalação de câmeras de vigilância no ambiente de trabalho. Na hipótese vertente, há uma ponderação entre o direito à propriedade privada do empregador e à intimidade dos empregados, que será solucionada pelas regras do princípio da proporcionalidade. Nessa linha, eventual inconstitucionalidade com a instalação das câmeras não deverá ser arguida por violação ao princípio da proporcionalidade (raciocínio usado para solucionar a colisão dos direitos), mas sim pela violação ao direito fundamental à intimidade do trabalhador.

No que tange à terminologia, Virgílio Afonso da Silva traz as diferenciações entre princípio, máxima, postulado e regra.

Segundo ele, a proporcionalidade não deveria ser denominada de *princípio*, pois este seria a norma que exige uma realização na maior medida possível diante das condições fáticas e jurídicas do caso concreto. Ocorre que a proporcionalidade não segue esse raciocínio, pois tem a estrutura de regra, em razão de impor um dever definitivo. "Se for o caso de aplicá-la, esta aplicação não está sujeita a condicionantes fáticas e jurídicas do caso concreto. Sua aplicação é, portanto, feita no todo."[17]

Critica, ainda, a utilização da denominação *máxima* da proporcionalidade, que seria a tradução direta do termo alemão. Isso porque, no Brasil, poderia passar a impressão de que a sua aplicação não é um dever, mas sim uma recomendação, além de não ser termo muito usado em nossa linguagem.

A denominação *postulado* da proporcionalidade também deveria ser afastada, pois se refere a uma norma que estabelece a estrutura de aplicação de outras normas, ou seja, a uma metanorma. Ocorre que, segundo o autor, a proporcionalidade é uma regra de aplicação de outras regras.

Conclui que a melhor nomenclatura seria *regra* da proporcionalidade, mas desde que entendida como uma regra especial, de segundo nível ou uma metarregra. Não seria, assim, uma regra como as de conduta ou competência.

---

(16) TAVARES, André Ramos. *Op. cit.*, p. 531.
(17) SILVA, Virgílio Afonso da. *Direitos fundamentais:* conteúdo essencial, restrições e eficácia. São Paulo: Malheiros, 2009. p. 168.

Em que pesem os respeitáveis ensinamentos do professor, utilizaremos neste trabalho a expressão *princípio da proporcionalidade*, que é o usualmente usado na doutrina e na jurisprudência.

3.2. Previsão constitucional

Não existe uniformidade na doutrina quanto à exata previsão constitucional do princípio da proporcionalidade, razão pela qual se conclui que ele tem diversas matrizes constitucionais. De tudo o que será exposto neste tópico, a única conclusão a que se chega é a de que a identificação constitucional do princípio da proporcionalidade pode ser feita com mais de um dispositivo da Lei Maior.

3.2.1. O princípio da proporcionalidade como decorrência do Estado Democrático de Direito

Em primeiro lugar, é forte a tese segundo a qual, baseada na doutrina alemã, o princípio da proporcionalidade seria decorrente do princípio do Estado Democrático de Direito, como uma vedação do arbítrio e excesso de poder. Ele é princípio constitucional não escrito derivado do Estado Democrático de Direito, pois garante o núcleo essencial dos direitos fundamentais por meio da acomodação de diversos interesses em jogo.[18] Como consequência, há uma vinculação também do Poder Legislativo ao princípio em estudo.

Na Constituição Federal do Brasil, ele estaria presente, portanto, em seu art. 1º. Da mesma forma, a teoria também foi adotada pelo art. 18º, 2, da Constituição Federal de Portugal, na medida em que prevê que a lei só pode restringir os direitos, liberdades e garantias nos casos expressamente previstos na Constituição, devendo as restrições limitar-se ao necessário para salvaguardar outros direitos ou interesses constitucionalmente protegidos.

Ao comentar o dispositivo, Willis Santiago Guerra Filho ainda pondera que ele traz, mormente em sua parte final, a essência e a destinação do princípio, que é a proteção aos direitos fundamentais, o que se compatibiliza com a essência e a destinação da própria Constituição.[19]

A propósito, José João Abrantes, ao comentar o art. 18º da Constituição Federal portuguesa, ensina:

---

(18) TAVARES, André Ramos. *Op. cit.*, p. 532.
(19) *Processo constitucional e direitos fundamentais.* São Paulo: Instituto Brasileiro de Direito Constitucional/Celso Bastos Editor, 1999. p. 61.

Por conseguinte, os poderes do empregador e a liberdade negocial têm por limite intransponível a *intangibilidade do conteúdo essencial* de qualquer dos direitos fundamentais do trabalhador. O sacrifício destes direitos e as limitações que lhes sejam impostas terão sempre que respeitar esse "conteúdo essencial", isto é, apenas poderão ir até onde não afectem *a extensão e o alcance do conteúdo essencial* de qualquer deles.

Se esse conteúdo for atingido, a limitação da liberdade deixa de ser válida, é nula.

Mutatis mutandis, será aqui aplicável a regra do n. 3 do art. 18º da Constituição, que define um critério que, segundo julgamos, tem carácter geral, valendo (também) para definir até que ponto os direitos fundamentais podem ser limitados pela actuação dos particulares, uma vez que o "conteúdo essencial" desses direitos, precisamente porque visa garantir a dignidade humana, é intangível, constituindo um limite intransponível quer para entidades públicas quer privadas.

Além disso, tais limitações não podem ser *injustificadas, arbitrárias* ou *desrazoáveis*, tendo, pelo contrário, de mostrar-se necessárias e adequadas ao fim por elas prosseguido, que é — só pode ser — a correcta execução do contrato.[20]

3.2.2. O princípio da proporcionalidade como decorrência do devido processo legal

Uma segunda corrente, amplamente difundida pela doutrina norte-americana, é a de que o princípio da proporcionalidade seria decorrente do devido processo legal substantivo, que é a limitação constitucional dos poderes do Estado, atrelada aos direitos fundamentais. Por tal corrente, a previsão constitucional do princípio estaria no inciso LIV do art. 5º da Lei Maior.

Tal corrente tem sido adotada por Luís Roberto Barroso[21] e Gilmar Ferreira Mendes[22], também encampada em alguns julgados do Supremo Tribunal Federal, conforme o abaixo transcrito:

(...)

---

(20) *Contrato de trabalho e direitos fundamentais*. Coimbra: Coimbra Editora, 2005. p. 197.
(21) *Curso de direito constitucional contemporâneo*: os conceitos fundamentais e a construção do novo modelo. São Paulo: Saraiva, 2009. p. 304-5.
(22) *Direitos fundamentais e controle de constitucionalidade:* estudos de direito constitucional. São Paulo: Celso Bastos, 1998. p. 83, *apud* SARLET, Ingo Wolfgang. *Op. cit.*, p. 396.

2. A igualdade das partes é imanente ao *procedural due process of law*; quando uma das partes é o Estado, a jurisprudência tem transigido com alguns favores legais que, além da vetustez, tem sido reputados não arbitrários por visarem a compensar dificuldades da defesa em juízo das entidades públicas; se, ao contrário, desafiam a medida da razoabilidade ou da proporcionalidade, caracterizam privilégios inconstitucionais: parece ser esse o caso das inovações discutidas, de favorecimento unilateral aparentemente não explicável por diferenças reais entre as partes e que, somadas a outras vantagens processuais da Fazenda Pública, agravam a consequência perversa de retardar sem limites a satisfação do direito do particular já reconhecido em juízo.

(...)

(ADI/MC 1.753, rel. Min. Sepúlveda Pertence, DJU 12.06.1998)

Tal teoria se liga a três fases empíricas do desenvolvimento do devido processo legal nos Estados Unidos.[23]

Inicia-se com a fase adjetiva, que é a do devido processo legal como garantias do réu, oportunidade em que o foco da atenção era o procedimento, o contraditório e a ampla defesa.

Após, partiu-se para a fase substantiva, do devido processo legal como instrumento de avaliação de constitucionalidade das leis estaduais e do Congresso, em que, a partir da "regra da razão", os Tribunais passaram a limitar o poder do Estado. Era ligada ao Estado Liberal, em que havia forte limitação das ingerências estatais e fortes garantias individuais, dando aos julgadores poder inigualável.

Finalmente, veio um terceiro momento, ainda na *fase substantiva*, marcado pelo Estado Social, em que os juízes continuam a verificar a razoabilidade dos atos estatais, mas adstritos a critérios de justiça material, por meio de maior intervenção estatal e relativização dos direitos fundamentais em prol do interesse coletivo. Aqui, há um processo técnico de adequação das leis aos princípios fundamentais do direito, controle este que é realizado por meio da adoção do princípio da proporcionalidade.

3.2.3. O princípio da proporcionalidade como decorrência do art. 5º, § 2º, da Constituição Federal

Após lembrar a ausência de previsão constitucional expressa do princípio da proporcionalidade, André Ramos Tavares admite que "seu fundamento jurídico pode ser encontrado no art. 5º, § 2º, da Constituição Federal de 1988[24], porém sem aprofundar a tese.

---

(23) TAVARES, André Ramos. *Op. cit.*, p. 532-4.
(24) *Op. cit.*, p. 531.

Com a devida vênia, não concordamos com tal teoria, uma vez que o mencionado dispositivo apenas permite que outros direitos e garantias fundamentais, ainda que não expressos no texto constitucional, possam ser adotados, desde que decorrentes do regime e dos princípios adotados pela Constituição. Na verdade, trata-se de regra que imprime caráter exemplificativo ao rol de direitos fundamentais elencados no art. 5º, mas, a nosso ver, não traz implícita a possibilidade de aplicação do princípio, até mesmo por não abordar especificamente a hipótese de colisão de direitos.

3.2.4. O princípio da proporcionalidade como decorrência do princípio da isonomia

Paulo Bonavides é quem advoga a tese. Para ele, a noção da abrangência do princípio deve ser abstraída de outros princípios que lhe são afins, principalmente o da igualdade. Ressalta o mestre que se deve atentar para a passagem da igualdade-identidade para a igualdade-proporcional, característica da derradeira fase do Estado de Direito.[25]

Com efeito, a proporcionalidade estaria ligada com a ideia de isonomia, principalmente em razão da igualdade proporcional, presente na justiça distributiva. Ele estaria ligado ao aspecto material do princípio da isonomia, como critério da justa medida de distribuição dos direitos e deveres sociais.[26]

Nessa esteira, o princípio estará presente no *caput* do art. 5º da Constituição Federal.

3.3. Funções

Muitas são as funções assumidas pelo princípio da proporcionalidade em nosso ordenamento jurídico, das quais destacamos três.

3.3.1. Função de interpretação

Enquanto um princípio, a proporcionalidade é um vetor interpretativo, que se presta a solucionar questões conflituosas. Com efeito, o ordenamento atual é composto por um sistema aberto de normas, no qual o princípio da proporcionalidade pode e deve ser utilizado, inclusive com o objetivo de otimização.

---

(25) *Curso de direito constitucional.* 7. ed. São Paulo: Malheiros, 1997, *apud* TAVARES, André Ramos. *Op. cit.,* p. 535.
(26) GUERRA FILHO, Willis Santiago. *Op. cit.,* p. 63.

Nessa linha, o princípio da proporcionalidade serve como critério de sopesamento quando há conflito, bem como quando se deve impor algum limite aos direitos fundamentais.

Como observa André Ramos Tavares, citando Paulo Buechele, ele é um princípio de interpretação constitucional, que tem ligação com o Princípio da Concordância Prática de Hesse e, em última análise, do Princípio da Unidade da Constituição.[27]

A crítica que se faz a tal função é a de que o princípio traria grande grau de subjetividade, o que acabaria por atribuir enormes poderes aos juízes. Por outro lado, deve-se ponderar que a indeterminação do conteúdo de um princípio é exatamente aquilo que caracteriza uma norma constitucional, como a que determina a aplicação dos direitos fundamentais. Isso porque a aplicação da Constituição depende do sentido a ela atribuído pelo seu intérprete. Como limitação aos juízes em sua atividade interpretativa, deve-se considerar que a interpretação deve ser conforme a Constituição.[28]

3.3.2. Função de proibição da proteção insuficiente

Por tal função, é feito um controle da proteção insuficiente do Estado ao cumprir o seu dever de proteção aos cidadãos. Liga-se, assim, às omissões constitucionais do Estado, ou seja, é como se fosse uma desproporção negativa, na qual o Estado não age de maneira a garantir o cumprimento dos seus deveres.

3.3.3. Função de proibição do excesso

A função de proibição do excesso é um contraponto da função anterior, pois diz respeito à desproporção positiva. Por ela, o Estado não pode afetar os direitos fundamentais dos outros indivíduos para poder dar proteção a alguns.

Assim, ele também deve respeitar a proporcionalidade no momento em que estiver protegendo e garantindo o respeito aos direitos fundamentais de outrem. Na verdade, ele não pode, sob o escudo da proteção, violar desproporcionalmente os direitos dos outros.

Constata-se, então, que a proporcionalidade seria uma forma de se controlar a legitimidade constitucional de medidas restritivas de direitos fundamentais, o que teria forte aplicação no direito do trabalho. É em tal função que o princípio se desdobra nos seus elementos, subcritérios ou subprincípios constitutivos.

---

(27) *Op. cit.*, p. 536.
(28) TAVARES, André Ramos. *Op. cit.*, p. 537.

Recorde-se, entretanto, que o princípio da proporcionalidade deve ser aplicado quando houver desigualdade entre as partes nas relações de direito privado, mas apenas quando a lei não previr expressamente a forma de solução para o confronto de direito.[29]

3.4. Subprincípios constitutivos

O princípio da proporcionalidade é dividido pela doutrina em três grandes elementos, subcritérios, princípios ou subprincípios, que devem ser seguidamente analisados para se poder verificar se determinada restrição ao direito fundamental é ou não proporcional.

Dessa forma, deve-se verificar se a restrição é adequada e necessária para, depois, se analisar se ela atende ao subprincípio da proporcionalidade em sentido estrito.

Se qualquer um desses critérios não for atingido, a restrição não deverá ser considerada válida, por ausência de legitimidade constitucional.

3.4.1. Princípio da adequação

Por esse subprincípio, a restrição deve ser apta e adequada para se possibilitar a proteção de outro direito ou bem jurídico, desde que eles também sejam destinatários de proteção constitucional.

Em uma análise prática, é a verificação da possibilidade de a medida restritiva alcançar a finalidade, ou seja, é a constatação de que o fim pode ser alcançado pelo meio eleito.

Há certa discussão doutrinária acerca da finalidade da adequação; se ela seria necessária apenas para fomentar o objeto perseguido ou para realizá--lo por completo.

Defendendo corrente minoritária, Gilmar Ferreira Mendes ensina que não seria apenas para fomentar, mas para realizar por completo o objetivo perseguido.[30] Por outro lado, Virgílio Afonso da Silva pondera que a realização

---

(29) SABINO, João Filipe Moreira Lacerda. Os direitos fundamentais nas relações de trabalho. In: PIOVESAN, Flávia; CARVALHO, Luciana Paula Vaz de (coord.). *Direitos humanos e direito do trabalho*. São Paulo: Atlas, 2010. p. 78.
(30) O princípio da proporcionalidade na jurisprudência do Supremo Tribunal Federal: novas leituras. *Repertório IOB de Jurisprudência: tributário, constitucional e administrativo* 14, 2000. p. 371, apud SILVA, Virgílio Afonso da. *Direitos fundamentais:* conteúdo essencial, restrições e eficácia. São Paulo: Malheiros, 2009. p. 170.

por completo é contraproducente, uma vez que nunca se saberá, de antemão, se uma medida efetivamente realizará a medida à qual se propõe. Segundo ele, a exigência de plena realização é impossível de ser cumprida.

Ressalte-se que, aqui, não há nenhum juízo de valor, pois a análise é meramente técnica. Assim, o meio eleito deve servir, ainda que parcialmente, para que o objetivo pretendido seja realizado, sem que seja feita qualquer consideração sobre o grau de aptidão.[31]

Virgílio também pondera que o objetivo a ser alcançado deve ser constitucionalmente legítimo, que, normalmente, seria a realização de outro direito fundamental.[32] É por tal razão que Carlos Bernal Pulido chama o subprincípio de princípio da idoneidade, uma vez que haveria a exigência da legitimidade constitucional do objetivo, aliada à idoneidade da medida examinada.[33]

3.4.2. Princípio da necessidade

Por esse princípio, tem-se que a medida da limitação deve ser imprescindível para se alcançar o objetivo pretendido. Deve-se buscar o meio menos gravoso para se atingir, *com a mesma eficácia*, o objetivo final.[34]

Nesse ponto, é feito um teste comparativo para se verificar se o ato limitador é necessário quando comparado com outras alternativas.

Essa é exatamente a diferença entre a necessidade e a adequação. Nesta, há um teste absoluto e linear, para constatar se há relação de meio e fim entre uma medida e um objetivo. Aquela, por sua vez, traz um componente adicional, que é o exame necessariamente comparativo.[35]

Pondere-se, inclusive, que a necessidade também é relativa, ou seja, a sua análise deve ser feita de acordo com a finalidade proposta pelo legislador, ou, ao menos, com idêntica intensidade.

De acordo com Ingo Wolfgang Sarlet, o exame da necessidade envolve duas etapas distintas. Em primeiro lugar, deve-se examinar a igualdade de adequação dos meios, para se verificar se os meios alternativos promovem igualmente o fim. Após, é feito o exame do meio menos restritivo, para ver se

---

(31) AMARAL, Júlio Ricardo de Paula. *Op. cit.,* p. 94.
(32) *Op. cit.,* p. 169-70.
(33) *El principio de proporcionalidad y los derechos fundamentales:* el principio de proporcionalidad como criterio para determinar el contenido de los derechos fundamentales vinculante para el legislador. Madri: Centro de Estudios Políticos y Constitucionales, 2003, *apud* AMARAL, Júlio Ricardo de Paula. *Op. cit.,* p. 94.
(34) AMARAL, Júlio Ricardo de Paula. *Op. cit.,* p. 95.
(35) SILVA, Virgílio Afonso da. *Op. cit.,* p. 171.

os meios alternativos restringem os direitos fundamentais em menor medida. Trata-se da feição de comparação presente no princípio.[36]

Há, assim, duas variáveis. A primeira delas seria a eficiência das medidas para a realização do direito, ou seja, a análise do grau em que o direito seria realizado por cada uma das medidas. A segunda, por outro lado, seria o grau de restrição do direito fundamental atingido.

Importante questionamento seria sobre qual é a variável mais importante, uma vez que a medida mais eficiente pode ser também a mais gravosa, mas, em outro norte, a menos gravosa também pode ser a menos eficiente. Em sua obra, Virgílio Afonso da Silva ressalta que deve prevalecer a que for mais eficiente.[37]

A primeira justificativa seria o fato de que, se a medida menos gravosa fosse a preferencial, então a resposta para a necessidade seria sempre a omissão do Estado, que, embora ineficiente, é a menos gravosa.

Ademais, no caso da medida mais eficiente, porém mais gravosa, o direito atingido não ficará sem proteção, mas será analisado no terceiro subprincípio, que é a proporcionalidade em sentido estrito.

Entretanto, um questionamento decorrente da resposta anterior seria a utilidade de se questionar o grau de restrição ao direito, na hipótese de se buscar sempre a medida mais eficiente. Afinal, por tal linha de raciocínio haveria sempre uma medida mais eficiente, independentemente do grau de restrição.

Continuando o seu raciocínio, a resposta é dada pelo próprio professor do Largo de São Francisco. Ao estabelecer que a medida deve promover o objetivo *com igual eficiência*, percebe-se que o grau de restrição tem a sua importância quando houver medidas com igual grau de eficiência. Ademais, não se deve questionar se há medidas mais eficientes para garantir o objetivo, mas sim se há medidas tão eficientes quanto, com uma menor restrição de direito.

Por fim, deve-se recordar a lição de J. J. Gomes Canotilho, citado por André Ramos Tavares[38], que traz as condições inerentes à noção de necessidade. Para ele, há: a) a necessidade material, pela qual o meio deve ser o mais poupado possível em relação à limitação dos direitos fundamentais; b) a exigibilidade espacial, que encerra a necessidade de se limitar o âmbito da intervenção; c) a exigibilidade temporal, ou seja, a necessidade de se limitar o tempo da medida coativa do poder público; e, ainda, d) a exigibilidade pessoal, que propõe que a medida deve limitar-se à pessoa ou às pessoas cujos interesses devem ser sacrificados.

---

(36) *Op. cit.*, p. 398.
(37) *Op. cit.*, p. 172-3.
(38) *Direito constitucional.* Coimbra: Livraria Almedina, 1991. p. 388, *apud* TAVARES, André Ramos. *Op. cit.*, p. 539.

3.4.3. Princípio da proporcionalidade em sentido estrito

O princípio, chamado de proibição do excesso por Abrantes[39], informa que deve haver um equilíbrio entre os benefícios que se obtêm com a proteção do direito, valor ou fim que motiva a limitação do direito fundamental e os prejuízos que derivem para o direito de quem sofreu a intervenção. Em resumo, a limitação deve gerar mais benefícios para a coletividade do que prejuízos sobre outros bens ou valores em conflito, de maneira que haja uma relação de razoabilidade entre o sacrifício de um determinado direito individual e a finalidade que se pretende alcançar.[40]

Ao contrário dos princípios anteriores, aqui há uma análise axiológica ou valorativa, e não meramente técnica e objetiva. Vê-se, assim, que os dois primeiros princípios correspondem aos pressupostos fáticos da proporcionalidade, enquanto o terceiro princípio equivale à sua ponderação jurídica.[41]

Apesar de se poder criticar a subjetividade advinda da análise da proporcionalidade em sentido estrito, não é demais lembrar que a verificação da necessidade ainda continua sendo subjetiva.[42]

Ingo Wolfgang Sarlet ainda acrescenta que a supressão da terceira fase da análise não retira a subjetividade na aplicação da proporcionalidade, uma vez que o exame do sopesamento ou da hierarquia entre os bens tutelados não deixará de existir. Na verdade, a consequência é que ela seria deslocada para as duas etapas anteriores, mas fato é que a verificação do equilíbrio entre os meios utilizados e os fins almejados é intrínseca à proporcionalidade. Lembra, ainda, o jurista gaúcho que alguns chamam o princípio de razoabilidade ou justa medida, pois mesmo uma medida adequada e necessária pode ser desproporcional.[43]

3.4.4. Finalidade constitucionalmente legítima

Embora reconheça que não seria um quarto elemento, Sarlet ressalta que deve haver uma justificativa constitucional para a restrição a um direito fundamental. A aferição da proporcionalidade de uma medida restritiva deve partir do pressuposto de que a compreensão de um direito encontra a sua razão de ser na tutela de outro bem jurídico constitucionalmente relevante.[44]

---

(39) *Op. cit.*, p. 198.
(40) AMARAL, Júlio Ricardo de Paula. *Op. cit.*, p. 97.
(41) TAVARES, André Ramos. *Op. cit.*, p. 538.
(42) SILVA, Virgílio Afonso da. *Op. cit.*, p. 178.
(43) *Op. cit.*, p. 398-9.
(44) *Op. cit.*, p. 398.

Assim, independentemente de a limitação ser adequada, necessária e proporcional, ela não seria válida se a restrição não objetivasse proteger outro direito, valor ou bem jurídico constitucionalmente tutelado.

Deve-se ponderar, ainda, que a restrição deve observar a manutenção do núcleo essencial do direito fundamental, pois, sem ele, a sua natureza é esvaziada.

Aqui merece destaque a diferença entre a Constituição Federal do Brasil e a de Portugal. É que, enquanto a Constituição portuguesa garante expressamente a proteção ao núcleo essencial dos direitos fundamentais[45], a Lei Maior pátria assim não o fez expressamente, por ter assumido uma postura declaratória. Isso, entretanto, não impede o reconhecimento dessa garantia.[46]

Aliás, a Excelsa Corte já se manifestou quanto à proteção do núcleo essencial dos direitos fundamentais, em Ação Direta de Inconstitucionalidade que ficou assim ementada:

> EMENTA: I. Ação direta de inconstitucionalidade: seu cabimento — sedimentado na jurisprudência do Tribunal — para questionar a compatibilidade de emenda constitucional com os limites formais ou materiais impostos pela Constituição ao poder constituinte derivado: precedentes.
>
> (...)
>
> 1. A *forma federativa de Estado* — elevado a princípio intangível por todas as Constituições da República — não pode ser conceituada a partir de um modelo ideal e apriorístico de Federação, mas, sim, daquele que o constituinte originário concretamente adotou e, como o adotou, erigiu em limite material imposto às futuras emendas à Constituição; de resto as limitações materiais ao poder constituinte de reforma, que o art. 60, § 4º, da Lei Fundamental enumera, não significam a intangibilidade literal da respectiva disciplina na Constituição originária, mas apenas a proteção do núcleo essencial dos princípios e institutos cuja preservação nelas se protege.
>
> (...)
>
> (ADI 2024, rel. Min. Sepúlveda Pertence, DJ 22.06.2007)

Vê-se, assim, que, para o Supremo Tribunal Federal, o art. 60, § 4º, I, da Constituição Federal, ao mencionar "tendente a abolir", visou proteger o núcleo essencial dos direitos fundamentais, e não simplesmente uma intangibilidade literal do texto constitucional originário.

3.5. Proporcionalidade x razoabilidade

Não há pacificação na doutrina quanto à diferenciação entre o princípio da proporcionalidade e o da razoabilidade, prevalecendo, entretanto, a vertente segundo a qual se trata de institutos diferentes.

---

(45) Art. 18º, 3: As leis restritivas de direitos, liberdades e garantias têm de revestir carácter geral e abstrato e não podem ter efeito retroactivo nem diminuir a **extensão e o alcance do conteúdo essencial dos preceitos constitucionais**. (grifo nosso)
(46) SARLET, Ingo Wolfgang. *Op. cit.,* p. 403.

Luís Roberto Barroso afirma que haveria fungibilidade entre ambos, uma vez que possuem conceitos próximos o suficiente para serem considerados como intercambiáveis. Defende o professor que, "sem embargo da origem e do desenvolvimento diversos, um e outro abrigam os mesmos valores subjacentes: racionalidade, justiça, medida adequada, senso comum, rejeição aos atos arbitrários ou caprichosos".[47]

Todavia, prevalece na doutrina o posicionamento segundo o qual não há identidade entre eles.

Em primeiro lugar, há diferença na origem dos princípios. Enquanto a proporcionalidade deriva do direito alemão, a razoabilidade teve sua origem no direito anglo-saxão, tendo se destacado sobremaneira no direito norte--americano.

Ademais, a razoabilidade não demanda uma análise comparativa entre meios de restrição de direitos. Na proporcionalidade, há a análise comparativa trifásica entre um meio adotado e os outros possíveis. Já na razoabilidade, é feita apenas a verificação da pertinência de apenas uma medida, sem que seja realizado qualquer procedimento trifásico.

Como exemplo, se uma pessoa mata a outra porque foi xingada, tal conduta fere a razoabilidade, e não a proporcionalidade. Isso porque não se faz a análise comparativa entre a conduta tomada e outra possível, mas sim é feita uma verificação da conduta tomada em si.

Ainda, há outro traço diferenciador, que é a divisão em proporcionalidade em sentido estrito e em sentido amplo, o que não ocorre com a razoabilidade. Em verdade, o ponto de maior contato entre a proporcionalidade e a razoabilidade seria a proporcionalidade em sentido estrito (cf. item 3.4.3), pois ela reclama uma comparação entre a importância da realização do fim e a intensidade da restrição.[48]

Aliás, apesar de mencionar expressamente a proporcionalidade, a jurisprudência brasileira, justamente por não fazer a análise trifásica, normalmente acaba fazendo a verificação da mera razoabilidade.

Em outro norte, Raphael Augusto Sofiati Queiroz sustenta que a razoabilidade é mais ampla do que a proporcionalidade, acrescentando que, caso se sustente a fungibilidade entre elas, estar-se-ia dando um raio de aplicação maior do que as possibilidades. Para ele, a razoabilidade tem ligação com a *qualidade* da ação concreta, enquanto a proporcionalidade tem ligação com a *quantidade*, visando à proibição do excesso.[49]

---

(47) *Op. cit.*, p. 304.
(48) SARLET, Ingo Wolfgang. *Op. cit.*, p. 400-1.
(49) *Os princípios da razoabilidade e proporcionalidade das normas e sua repercussão no processo civil brasileiro*. Rio de Janeiro: Lumen Juris, 2000. p. 45, *apud* TAVARES, André Ramos. *Op. cit.*, p. 539-40.

4. PRINCÍPIO DA PROPORCIONALIDADE NO DIREITO DO TRABALHO

Até aqui, foram analisados os principais aspectos do princípio da proporcionalidade como um método de solução de conflitos entre direitos e bens constitucionalmente tutelados.

É inegável que tais princípios guardam pertinência com o Direito do Trabalho, pois em tal seara é muito comum o embate entre os direitos fundamentais dos trabalhadores e direitos do empregador também constitucionalmente tutelados, tais como a proteção à propriedade e a garantia da livre iniciativa e concorrência.

Entretanto, também não se pode esquecer de que os juízes devem adequar os direitos fundamentais dos trabalhadores à normatização infraconstitucional sobre o contrato de trabalho. Assim, não se nega que os empregadores tenham direitos protegidos pela Lei Maior, mas fato é que, quando houver a colisão com as garantias dos trabalhadores, a solução se dará pelo princípio da proporcionalidade.[50]

Conforme preceitua a Constituição Federal de Portugal, o conteúdo essencial dos direitos fundamentais deve ser sempre preservado. E, nas relações de trabalho, esse conteúdo essencial é o exato limite dos poderes do empregador quando eles se chocarem com a proteção constitucional à dignidade do trabalhador, enquanto ser humano, sob pena de reconhecimento da nulidade da limitação.

Constata-se, assim, que as restrições aos direitos fundamentais dos trabalhadores só serão possíveis se, e à medida que, o exercício deles colidir com os interesses relevantes da empresa, ligados ao seu bom funcionamento e ao correto desenvolvimento das prestações contratuais e, ainda, desde que respeitado o seu conteúdo mínimo. Observe-se que não é o caso de se sujeitar a liberdade do trabalhador a um interesse da empresa, de maneira que o titular possa fazer tudo o que não fosse especificamente proibido por via legal, convencional ou contratual; na verdade, a regra é exatamente o oposto, ou seja, a de que só se poderia limitar a liberdade do trabalhador quando isso fosse expressamente admitido por lei, convenção ou contrato ou, ainda, quando os interesses da empresa, no caso concreto, se mostrem merecedores de uma tutela superior ao da liberdade do trabalhador.[51]

Ausentes tais requisitos, a limitação dos direitos fundamentais dos trabalhadores pelas faculdades empresariais seria considerada inconstitucional, por violação ao direito fundamental restringido. Enfatiza-se,

---

(50) AMARAL, Júlio Ricardo de Paula. *Op. cit.*, p. 99.
(51) ABRANTES, José João. *Op. cit.*, p. 199-200.

também, que a observância do princípio da proporcionalidade deve ocorrer sobretudo naqueles poderes que se aproximem de um poder público, tais como o fiscalizatório e o disciplinar.

Raquel Denize Stumm arremata no sentido de que a cautela com a aplicação da proporcionalidade é justificada pelo risco de se transformar a indeterminação de um direito fundamental em um direito fundamental genérico. Especificamente quanto ao Direito do Trabalho, cita a instabilidade jurídica gerada pela aplicação do princípio para fundamentar a criação judicial, desautorizando a lei.[52]

Sem adentrar no conteúdo dos demais artigos desta obra coletiva, vejamos um exemplo da atuação concreta do princípio da proporcionalidade em sua análise trifásica.

Imagine-se que uma empresa que fabrica roupas íntimas, a fim de proteger o seu patrimônio contra alguns pequenos furtos praticados pelos seus empregados, estabeleça a necessidade de realização de revistas íntimas, nas quais os seus funcionários devem ficar nus na frente de um segurança do mesmo sexo, em detrimento da instalação de câmeras de segurança nos ambientes de uso comum.

Não há dúvida de que a medida é adequada, uma vez que, por meio da revista íntima, é possível atingir a finalidade de proteção aos bens jurídicos que a empresa busca tutelar.

Ainda, há necessidade da medida, pois, comparando-se as duas alternativas, é inegável que a revista íntima permitiria que a finalidade fosse atingida com maior eficiência, ainda que a restrição aos direitos dos trabalhadores fosse mais gravosa.

Entretanto, analisando-se a proporcionalidade em sentido estrito, chega-se à conclusão de que as vantagens trazidas pela limitação não são superiores às desvantagens dela advindas. Isso porque a ocorrência de pequenos furtos traz prejuízos de pouca monta à empresa, o que estaria inserido no custo empresarial. Ademais, há outros meios de que o empregador pode utilizar-se para poder evitar a prática de crimes, tais como o aumento de segurança ostensiva.

Não se está aqui a admitir que a empresa pode somar prejuízo com os furtos e nada pode ser feito. O que se quer demonstrar é que foge à proporcionalidade a determinação de que *todos* os trabalhadores fiquem despidos em razão disso, em clara ofensa ao seu direito fundamental à intimidade. A questão não é proibir que a empresa tome qualquer medida

---

(52) *Princípio da proporcionalidade no direito constitucional brasileiro*. Porto Alegre: Livraria do Advogado, 1995. p. 83, *apud* TAVARES, André Ramos. *Op. cit.*, p. 541.

restritiva a direitos fundamentais dos trabalhadores, mas apenas garantir que essa medida limitadora tenha mais vantagens do que desvantagens, analisando-se os direitos fundamentais em choque.

No caso, a realização de revistas íntimas não passa pelo crivo da análise trifásica da proporcionalidade e, em razão disso, deve ser reputada inconstitucional, não por violação ao princípio da proporcionalidade, mas sim pela lesão ao direito fundamental à intimidade, garantido no art. 5º, X, da Constituição Federal.

BIBLIOGRAFIA

ABRANTES, José João. *Contrato de trabalho e direitos fundamentais*. Coimbra: Coimbra Editora, 2005.

ALEXY, Robert. *Teoria dos direitos fundamentais*. São Paulo: Malheiros, 2008.

AMARAL, Júlio Ricardo de Paula. *Eficácia dos direitos fundamentais nas relações trabalhistas*. São Paulo: LTr, 2007.

BARROSO, Luís Roberto. *Curso de direito constitucional contemporâneo*: os conceitos fundamentais e a construção do novo modelo. São Paulo: Saraiva, 2009.

CANOTILHO, J. J. Gomes. *Direito constitucional e teoria da Constituição*. 7. ed. Coimbra: Edições Almedina, 2003.

GUERRA FILHO, Willis Santiago. *Processo constitucional e direitos fundamentais*. São Paulo: Instituto Brasileiro de Direito Constitucional/Celso Bastos Editor, 1999.

MORAES, Alexandre de. *Direito constitucional*. 23. ed. São Paulo: Atlas, 2008.

MORAES, Guilherme Braga Peña de. *Dos direitos fundamentais:* contribuição para uma teoria. São Paulo: LTr, 1997.

SABINO, João Filipe Moreira Lacerda. Os direitos fundamentais nas relações de trabalho. In: PIOVESAN, Flávia; CARVALHO, Luciana Paula Vaz de (coord.). *Direitos humanos e direito do trabalho*. São Paulo: Atlas, 2010. p. 64-83.

SARLET, Ingo Wolfgang. *A eficácia dos direitos fundamentais*. 10. ed. Porto Alegre: Livraria do Advogado, 2009.

SILVA, Virgílio Afonso da. *Direitos fundamentais:* conteúdo essencial, restrições e eficácia. São Paulo: Malheiros, 2009.

TAVARES, André Ramos. *Curso de direito constitucional*. 2. ed. São Paulo: Saraiva, 2003.